Rolf Gabler
Der steinerne Zeuge der Apokalypse

Rolf Gabler

Der
steinerne Zeuge
der Apokalypse

Chavin de Huantar
Eine Botschaft der Überlebenden

Die Bibliografische Information der Deutschen Nationalbibliothek

Die Deutsche Nationalbibliothek verzeichnet diese Publikation
in der Deutschen Nationalbibliografie; detaillierte bibliografische
Daten sind im Internet über www.d-nb.de abrufbar.

Einbandabbildung: *Eingang zu Chavin de Huantar* © Rolf Gabler
Herstellung und Verlag: BoD- Books on Demand, Norderstedt
© 2020 Rolf Gabler
ISBN 978-3-7504-2636-8

Inhalt

Vorwort

Warum ausgerechnet Chavin de Huantar? Und dann noch ein Thema, das womöglich keine zehn Personen wirklich interessiert? Chavin de Huantar gehört nicht zu den archäologischen Orten, die man von Südamerika kennen muss, denn es liegt zu weit abgelegen von den uns bekannten archäologischen Höhepunkten Südamerikas und es fehlt ihm einfach das gewisse Etwas, so schön einfach könnte es sein.

Selbst die mysteriöse Chachapoya-Kultur kennt man besser als Chavin. Dies ist einer der Gründe, weshalb ich mehrere Jahre brauchte, mein Buch über Chavin de Huantar zu schreiben. Hinzu kommt, dass erst meine Familie an der Reihe war, und dies war nicht immer leicht; erst dann konnte ich mich meinen Erörterungen über Chavin zuwenden.

Letztlich wurde mir bewusst, dass unsere Ansicht über Chavin es verhinderte, sein wahres Sein zu erkennen. Wir stehen uns in diesem Fall wohl selbst im Wege, aber wir werden es wohl nie zugeben und das macht es so unnötig schwierig.

Chavin de Huantar mit El Lanzon ist das Vermächtnis einer frühen Hochkultur, geschaffen von den wenigen Überlebenden der Apokalypse, welchen wir alles verdanken, denn sie schufen die Voraussetzungen für unsere heutige Existenz. Leider missverstehen wir dieses Vermächtnis gründlich und deshalb werde ich anhand von Indizien versuchen, meine Theorie plausibel darzulegen.

Weder bin ich Archäologe noch Ethnologe, und dies machte es noch schwieriger, als es ohnehin schon war. Meine Idee hielt ich für gewagt und es ging viel Zeit damit verloren, meine Argumente nach Schwachstellen zu untersuchen.

Je überzeugter ich von meiner Idee war, umso gründlicher

suchte ich nach Argumenten, die meine These untermauerten. Das eigentliche Problem für mich bestand darin, dass unsere Zivilisation keine Hochkultur vor 10.000 Jahren zulassen will und die Sintflut eine so schöne Geschichte in der Bibel ist.

Ist es nur eine schöne Geschichte, oder steckt doch mehr dahinter? Warum weigern wir uns, die Sintflut als das zu sehen, was sie tatsächlich war? Für uns ist es wohl einfacher, sie als lokale Flut zu sehen, denn selbst wir können nicht ermessen, trotz all unserer Computer, was eine globale Flut verursacht. Tatsache ist aber auch, dass historische Ereignisse durch machtpolitische Interessen und durch die jeweiligen ideologischen Ansichten in der Vergangenheit manipuliert wurden und noch immer werden, und diesen Umgang mit unserer ureigensten Geschichte haben wir Menschen nicht verdient.

Mit meinen Erörterungen über Chavin de Huantar möchte ich dazu beitragen, unsere Frühgeschichte einmal von einer anderen Seite zu sehen und nicht immer gleich alles Mysteriöse und Unerklärliche mit Außerirdischen in Verbindung zu bringen. Wobei ich zugeben muss, dass dies ein schöner Gedanke ist, aber das würde auch bedeuten, dass unsere Vorfahren keine Leuchten waren, und wir sind nun mal ihre Nachkommen. Bei unserer Lebensart können aber schon Zweifel daran aufkommen. Dieses Buch wird hoffentlich dazu beitragen, der oder den frühen Hochkultur(en) den Weg in unsere Zeit zu bereiten, und dadurch unseren frühen Vorfahren Gerechtigkeit widerfahren lassen. Denn wir sind ihre direkten Nachkommen, auch wenn wir der Meinung sind, wir seien so viel besser.

Danken möchte ich in diesem Zusammenhang meiner Frau Mirian, dass sie mir die Zeit zum Schreiben einräumte. Meine Kinder mögen mir verzeihen, dass ich nicht immer die Zeit für sie hatte, deren sie bedurften. Bei meinem Sohn Oliver möchte ich mich dafür bedanken, dass er mich während meiner Südamerika-Zeit mit Literatur versorgte und mir bei der Recherche sehr hilfreich war. Besonderer Dank gilt meinem Freund Christian W. Lohs, der immer dann hilfreich zur Seite stand, wenn es nötig war. Klaus Franke war es, der mich überzeugte, das Buch zu Ende zu schreiben, und der mit seiner Kritik wesentlich zu seinem Gelingen beigetragen hat.

Andy Jagst bin ich dankbar für seine Fragen, welche mir halfen, zum Thema zurückzufinden.

Meinen Eltern gilt besonderer Dank, denn sie verstanden es, mir Geschichte schmackhaft zu machen.

Auch möchte ich mich bei meiner Lektorin Frau Stangl für ihre Mühe und Geduld bedanken, welcher es bedurfte, mein Verständnis des DUDEN mit dem ihren in Einklang zu bringen.

Besonderer Dank gilt auch meiner Tochter Tairona, welche mir immer hilfreich zur Seite stand und somit wesentlich zum Gelingen des Buches beigetragen hat.

Hermsdorf, im Januar 2020

Prolog

Chavin de Huantar,
das missverstandene Vermächtnis

„Jede Geschichte muss in ihren geografischen Raum betrachtet werden, und jeder geografische Raum hat seine Geschichte."
Herodot

In einem Land vor unserer Zeit, einer mythischen Zeit der Menschheit, wollen wir über die geheimnisvollen Erbauer von Chavin de Huantar berichten, welches in der Gebirgsfeste der Cordillera de los Andes erbaut wurde. Was bewog jenes geheimnisvolle Volk, dort, fernab jeglicher Zivilisation, so etwas zu erbauen? (Bei 9°35′37.28′′S – 77°19′40.38′′W., 3163 m über dem Meer, nur damit Sie in etwa wissen, wo Sie zu suchen haben.) Jeder Reiseführer – und es gibt mehr als einen – über Chavin de Huantar beginnt in etwa so: *„Einer der reizvollsten Ausflüge von Huaraz aus ist der nach Chavin de Huanta, der wohl rätselhaftesten Tempelanlage in Südamerika."*

Diese Aussage trifft es aber nicht annähernd, denn es ist weit mehr als nur reizvoll, es ist Nervenkitzel pur – mit anderen Worten, man bewegt sich wie in einer Landschaft à la Hollywood für einen neuen Indiana-Jones-Film.

Chavin de Huantar ist nicht annähernd so imposant und schön wie Machu Picchu und es fehlt ihm die Größe von Tiwanaku, aber dennoch hat es etwas Mystisches, und genau das macht seinen eigentlichen Reiz aus. Denn die Frage, die sich hier stellt, muss doch lauten: Um was für eine geheimnisvolle Ruine handelt es sich hier und wer waren ihre Erbauer? Diese Frage konnte die orthodoxe Archäologie bis heute nicht wirklich zufriedenstellend klären, und besonders eilig hat man es damit auch nicht. Man sucht, man findet, man interpretiert immer in der Hoffnung, den Stein von Rosette zu finden, falls es so etwas in der Cordillera gibt (steinerne Stele mit drei Schriften – altgriechisch, demotisch, Hieroglyphen, gefunden am 15. Juli 1799 bei Rosette im Niltal). Dies ist wahrscheinlich der Grund, warum es in Chavin de Huantar nicht wirklich voranschreitet, man verliert sich in Details.

Das Quellgebiet des Rio Maranón und des Rio Santa (Callejón de Conchucos, nördlich der Sierra von Peru) zeigt die bizarre Schönheit der Region, befinden sich in diesem idyllischen Tal doch die Überreste der mysteriösen Kultur von Chavin de Huantar. Man könnte glauben, dass Perus imposanter Huascaran mit seinem weithin sichtbaren Gletscher und seinen 6768 m Höhe über Chavin de Huantar wacht, und er tut es, mit Sicherheit. Denn wer, wenn nicht er soll über die mysteriösen Ruinen von ganz Südamerika wachen und ihnen Schutz angedeihen lassen?

Die indigene Bevölkerung im Santa-Tal zwischen der Cordillera Blanca und der Cordillera Negra sind genügsame, einfache und freundliche Menschen, die sich im Laufe ihrer Entwicklung an das Klima im Hochtal angepasst haben. Ganz in der Nähe von Huaraz, der größten Stadt in der Provinz Ancash, befinden sich die Ruinen von Willkawain, welche aus der Zeit vor den Inka stammen. Sie trotzen seit Jahrhunderten jedem Erdbeben und jeder anderen Widrigkeit, welche die Cordillera so anzubieten hat, und sie hat davon weiß Gott genug anzubieten. Die Dachkonstruktion ist das eigentlich Bemerkenswerte daran, denn einer der Dachziegel, wenn er denn die Bezeichnung als solche verdient, soll es auf geschätzte 15 Tonnen bringen und wiegt gefühlt gut das

Doppelte, und es gibt mehr als einen Dachziegel.

Ich selbst habe noch nie so eine innere Ruhe und Zufriedenheit verspürt wie an jenem magischen Ort Willkawain. Dieser Ort hat etwas, das man nicht in Worte fassen kann, man spürt es und es wird unvergessen bleiben. Von Huaraz aus den alten Weg zu beschreiten, der nach Willkawain führt, ist ein besonderes Erlebnis, denn man weiß, dass ihn schon die alten Völker vor den Inka benutzten. Man spürt hier förmlich die urgewaltige Kraft, die von der Naturkulisse auf uns Menschen einwirkt; nur hier spürt man etwas von der spirituellen Kraft dieses Ortes. Erklären kann man es aber deshalb noch lange nicht, und es ist vielleicht auch gut so, es beim Bauchgefühl zu belassen. Man muss nicht immer alles erklären wollen, manches sollte man einfach annehmen!

Bei dem Leben in dieser Höhe sollte man vermuten, dass kriegerische Auseinandersetzungen nicht zum Alltag gehörten, denn das Alltagsleben zu meistern erforderte von jedem Einzelnen alles, sodass größere Konflikte zwischen den verschiedenen Völkern in der Regel weitgehend auszuschließen sind. Aber dem war nicht so. Durch Pedro de Cieza de León wissen wir, dass die Völker der Kordilleren sich mehr oder weniger in einem permanenten Kleinkrieg befanden. Diese Konflikte wurden mit aller Härte und Brutalität durchgeführt, anders formuliert, sie benahmen sich so wie ihre Verwandten im Rest der Welt. Was uns wiederum vor Augen hält, dass wir alle Kinder derselben Pachamama sind. Wir verfügen halt nicht über das göttliche Gen und wir sollten deshalb versuchen, mit diesem Makel der Geburt unser Leben zu meistern und wenn möglich dazuzulernen, vielleicht bekommen wir dann nach bestandener Prüfung das göttliche Gen zugesprochen?

Eine Besonderheit von Huaraz ist, dass man, wenn man dort einmal längere Zeit gelebt hat, jeden Tag in den Genuss der vier Jahreszeiten kommt, was mitunter aber auch stressig sein kann. Ich habe es so empfunden: Es beginnt beim Aufstehen im Frühling, kurz vor Mittag setzt der Sommer ein, gegen 14 Uhr beginnt schon wieder der Herbst und ab 17 Uhr hält der Winter Einzug.

Die Cordillera Negra schirmt das Santa-Tal von der Pazifikseite her ab und die Cordillera Blanca vom Amazonasbecken, und schon hat man zur Traumkulisse auch noch ein traumhaft schönes Wetter. Sollte es einmal schlechtes Wetter geben, was regelmäßig vorkommt, dann bietet sich einem eine schaurig schöne Kulisse dar, die einen fast schon unheimlichen Reiz ausstrahlt.

Auf der Fahrt von Huaraz nach Chavin de Huantar kann man dieses Naturschauspiel genießen, solange einen die Eindrücke solch einer Fahrt nicht allzu stark ablenken. Hier wird einem erst so richtig bewusst, in was für einer grandiosen Naturkulisse man sich bewegt, und die Cordillera Blanca überrascht jedes Mal aufs Neue mit ihrem schon fast unheimlichen Spiel aus Licht und Schatten, das aber durch den Wind erst den richtigen Rahmen erhält. Dies alles ist aber nur der Rahmen für etwas wahrhaft Bedeutendes, denn hier, am Ende der Cordillera Blanca, befindet sich eine der rätselhaftesten archäologischen Stätten von Peru, wenn nicht gar von Südamerika: die mysteriöse Ruine von Chavin de Huantar.

Südlich von Huaraz bei Catac, bei km 35, wendet man sich nach links und folgt der Bergstraße in Richtung Cordillera Blanca. Die Straße zeichnet sich dadurch aus, dass sie nicht einen Zentimeter breiter ist als unbedingt notwendig, was bei Gegenverkehr unweigerlich zu einer extremem Adrenalin-Ausschüttung führt. Man braucht sich bei einem Unfall hier in der Abgeschiedenheit der Cordillera keine Gedanken mehr zu machen, das erübrigt sich, und Kreuze werden nur noch bei zerschmetterten Bussen aufgestellt, denn es gibt selten Überlebende. Dies sollte einen aber nicht von einen Besuch dieser Stätte abhalten, denn man versäumt etwas, und dieses Etwas ist es wert!

Man bewegt sich hier oben durch die karge Puna-Landschaft, welche für diese Höhe so bezeichnend ist, vorbei an der Laguna Queracocha, in deren türkisblauem Wasser sich der schneebedeckte Gipfel des 5340 m hohen Pucaraju spiegelt. Man folgt dem weiteren Verlauf der Straße und kommt bei km 75 zum Cahuish-Pass, welcher die stattliche Höhe von 4510 m vorweisen kann. Man sollte mit körperlichen Aktivitäten tunlichst sparsam umgehen, denn man merkt sehr schnell, dass es einem hier am nötigen Sauerstoff mangelt.

Hier befindet sich der grausigste Ort der gesamten Strecke, der berüchtigte Cahuish-Tunnel mit einer gefühlten Unendlichkeit, und seine 500 Meter Einsamkeit haben es in sich; unweigerlich fällt einem Einsteins Relativitätstheorie ein. Ein Tunnel ohne Ampelanlage im Nirgendwo, das kostet, man sollte also genügend Nerven bereithalten oder sie besser gleich zu Hause lassen, denn sie können hier sehr leicht verloren gehen, jedenfalls uns verwöhnten Europäern. Er ist durch den blanken Fels gehauen und das muss langen, von der Decke fallen immer mal wieder lose Gesteinsbrocken herab und die Fahrbahn ist gewöhnungsbedürftig mit ihren Schlaglöchern.

Wer dann glaubt, er habe das Schlimmste hinter sich, muss sich eines Besseren belehren lassen. Jetzt erst beginnt der von Abgründen begleitete Abstieg ins Mosna-Tal auf der östlichen Seite der Cordillera Blanca, der, je nachdem, wie man veranlagt ist, als abenteuerlich oder einfach nur als furchterregend wahrgenommen wird. Die Natur nötigt einen dann auch noch ständig, in den Abgrund zu schauen, man weiß nicht wirklich, wie es sich vermeiden lässt.

Bei km 109 unmittelbar vor der Ortschaft Chavin de Huantar auf einer Höhe von circa 3150 m liegen die geheimnisumwitterten Ruinen, die man nach der Ortschaft Chavin de Huantar benannt hat, denn man weiß so gut wie nichts über ihre Erbauer und nichts über dieses geheimnisvolle Volk hoch oben in den Kordilleren. Über die imposanten Bauten gibt es nur Vermutungen, denn wir wissen nicht wirklich, um was für eine Kultur es sich hier handelt und wie alt sie sein könnte.

Die Peruaner haben sich lange Zeit nicht besonders für die Ruinen von Chavin de Huantar interessiert. Das änderte sich ironischerweise erst im 19. Jahrhundert durch den deutschen Archäologen Ernst Middendorf, der den Anstoß zur Erforschung gab. Von ihm stammt auch die These eines Chavin-Imperiums; sie hat sich jedoch nicht bestätigt, es gibt keinen Anhaltspunkt für einen Staat. Es handelt sich hier nicht um ein Imperium, es ist das Vermächtnis an die Menschheit schlechthin.

Eine der interessantesten Erscheinungen in Chavin de Huantar des 19. Jahrhunderts ist mit Sicherheit Antonio Raimondi (1824 – 1890), seines Zeichen italienischstämmiger Peruaner. Sein Interesse galt mehr der Mineralogie, weniger der Archäologie. Nach ihm ist die wunderschöne Pflanze *Puya Raimondi* benannt, welche einzigartig ist, sie gehört zu den Bromeliengewächsen, ihr Verbreitungsgebiet umfasst den Norden von Chile und zieht sich über Bolivien bis nach Peru, wo sie in Callejo de Huayla, Departamento Ancash vorkommt. Nach ca. 50 bis 70 Jahren bildet sie einen bis zu 8 m (abhängig vom Standort) hohen Blütenstamm, an welchem Tausende von Einzelblüten einen wahrlich beeindruckenden Anblick bieten. Sie blüht nur einmal für ca. 9 Monate, danach stirbt sie langsam ab. Einzelne Exemplare werden 100 Jahre alt. Ein Anblick, den man nicht wieder vergessen wird, denn diese Blütenpracht in dieser Höhe ist wahrlich atemberaubend und einzigartig in der Welt; man glaubt erst an dieses Wunder, wenn einem Pachamama einen Blick darauf gestattet.

Antonio Raimondi war es auch, der bei einer indigenen Bauernfamilie die heute so berühmte, nach ihm benannte Raimondi-Stele entdeckte. Die Stele soll der Legende nach als Tischplatte benutzt worden sein, die einzigartige Gravur, die sie so begehrenswert macht, war auf der Unterseite des Tisches, somit konnte sie keinen Schaden nehmen. Sie ist heute in Lima im National-Museum zu bewundern und dieses Museum kann man nur empfehlen, ein Besuch ist ein unbedingtes Muss.

Als Mineraloge stellte Raimondi fest, dass die Ruinen von Chavin de Huantar aus Granit bestanden, welcher aber im Mosna-Tal nicht vorkommt. Das macht es noch mysteriöser, als es ohnehin schon ist, denn wir befinden uns in den Hoch-Anden, wo die Straßen, wenn denn die Bezeichnung „Straße" angemessen ist, doch unsere Achtung verdienen, und es gibt sie noch nicht lange. Wir sollten nicht so überheblich sein und uns über die Straßen lustig machen, denn wir befinden uns in einer Region unseres Planeten, wo täglich ungezählte Mikrobeben stattfinden, von den spürbaren Beben ganz zu schweigen; dazu kommt das unberechenbare Wetter mit Schnee, Hagel und Sturzbächen von Regen, wie sie für die Anden so typisch sind. Zur damaligen Zeit dürfte es Straßen nach unserem heutigen Verständnis so nicht gegeben haben, und wie man den Granit transportierte, entzieht sich erst mal unserer Kenntnis. Aber sie haben ihn transportiert und das Ergebnis ist wahrlich überzeugend. Warum gerade Granit? Was wollte man damit erreichen? Diese Frage wird uns noch beschäftigen.

Zu Beginn des 20. Jahrhunderts wurden die Ruinen endlich salonfähig, der Vater der peruanischen Archäologie, Julio C. Tello, erforschte sie in den Jahren 1923 und 1942. Er erklärte Chavin de Huantar zur *cultura matriz*, was nichts anderes bedeutet als „Perus Mutterkultur". Aufgrund der Ikonographie (viele jaguarartige Darstellungen) in den Ruinen von Chavin vermutete er, dass die Ursprünge im Amazonas-Tiefland liegen müssten. Er vertrat die Meinung, dass die verschiedenen Kulturen Perus sich aus einer eigenen Dynamik heraus entwickelt hätten, und zwar ohne Fremdeinwirkung. Das brachte ihm in der damaligen Zeit viel Respekt ein. Tello gelang es durch seine Arbeit, das Interesse der Regierung Perus an den Ruinen von Chavin de Huantar zu wecken. Tellos Fehler, sofern man von einem solchen überhaupt sprechen kann, liegt in seiner Epoche begründet, denn ihm ging es wie unseren heutigen Archäologen: Es durfte keine Hochkultur vor der unseren existieren.

Luis Lumbreas forschte 1966 – 1972 sehr umfangreich vor Ort. Seit den 90er Jahren fanden weitere Ausgrabungen statt. Das bedeutet auch, dass es noch einiges zu den Ruinen zu sagen geben wird, denn diese beeindruckenden Ruinen haben ihr Geheimnis bis heute noch nicht preisgegeben und werden es auch noch eine Weile zu bewahren wissen. Der Ort ist auch deshalb von Interesse, weil sich in Chavin de Huantar zwei Routen kreuzen, die aus Amazonien kommende und zum Pazifik führende Route und die Route, die dem Verlauf der Anden in Nord-Süd-Richtung folgt.

Was wir mit Sicherheit wissen, ist, dass der Einfluss von Chavin de Huantar auf den ganzen Andenraum ausstrahlte und noch heute spürbar ist. Bei Geweben und Keramikwaren finden sich lange nach der Blütezeit von Chavin de Huantar noch Spuren des sogenannten Raubtiergottes. Der Raubtiergott ist hier zu hinterfragen, denn mit an Sicherheit grenzender Wahrscheinlichkeit handelt es sich nicht um einen Raubtiergott; wir interpretieren hier etwas, von dem wir *glauben*, dass es ein Raubtier darstellt.

Wir sollten aber besser davon ausgehen, dass dies die einzige Möglichkeit war, die den Erbauern blieb, um etwas aus der Vergangenheit als Mahnung an die Zukunft zu hinterlassen. Dass in den Jahrtausenden die eigentliche Botschaft verloren ging, hat mehrere Ursachen, die der jeweiligen Zeit geschuldet sind. Wir Menschen des 21. Jahrhunderts sind nicht in der Lage, zu sehen, was sie uns zu sehen hinterlassen haben.

Man vermutet die Blütezeit im 1. Jahrtausend vor Christus, aber Genaues weiß man nicht. Wir sollten davon ausgehen, dass die Anfänge viel weiter zurückreichen. Dem Volk, das die Ruinen von Chavin de Huantar in so einer exponierten Lage gebaut hat, sollten wir schon zutrauen, dass es in seiner Entwicklung wesentlich weiter war, als wir geneigt sind, ihm zuzugestehen. Es muss für die Kultur von Chavin de Huantar einen zwingenden Grund gegeben haben, in dieser Höhe ein solch großes Monument zu erbauen, und solange es dazu keine glaubwürdigen Beweise gibt, werden wir uns schwertun, diesen mysteriösen Ort fernab jeglicher Zivilisation zu verstehen.

Unsere Zivilisation hätte heute noch die größten logistischen Schwierigkeiten, an solch einem Ort so etwas Gigantisches zu erbauen. In der menschlichen Entwicklung lässt sich nachweisen, dass imposante Bauwerke dieser Art meist einen religiösen Hintergrund hatten. Die Ruinen liegen selbst für heutige Verhältnisse am Ende der Welt und dann noch auf über 3150 m Höhe – aber um auf 3150 m zu kommen, muss man erst über den Conococha-Pass mit der Kleinigkeit von 4080 Höhenmetern, dabei ist es egal, ob von der Pazifikküste oder von Huaraz kommend. Man kommt heute noch bequemer nach Tiwanaku bzw. nach Machu Picchu und das dürfte vor Christus nicht viel anders gewesen sein. Es muss in der Vergangenheit ein Ereignis stattgefunden haben, das letztlich zum Bau von Chavin de Huantar führte. Dieses Ereignis zu lokalisieren und wenn möglich zu beweisen soll Ziel dieses Buches sein.

Wir können davon ausgehen, dass es Vorläufer gegeben hat, denn das geheimnisvolle Chavin de Huantar, so wie wir es heute zu kennen glauben und wie es auch heute noch zu bestaunen ist, ist das Ergebnis einer langen Reihe von älteren Tempeln, die ihren Tribut an die Zeit zahlten und durch immer neuere und größere Anlagen ersetzt wurden.

Pedro de Cieza de Leon, der große Chronist der Geschichte des Inkareiches, macht uns in seinem beeindruckenden Werk *Auf den Königstrassen der Inkas* auf Folgendes aufmerksam. *„Einst war, was nicht mehr ist; und an dem, was noch da ist, können wir ermessen, wie es einst war."*

Man kann diesem Satz wahrlich nichts mehr hinzufügen, er sagt alles aus. Den Beweis können wir heute Lebenden nur noch an der meisterhaften Ausführung der antiken Bauarbeiten erahnen. Aber wir sollten den zweiten Schritt nicht vor dem ersten machen, denn eine derart meisterhafte Bauausführung setzt Planung voraus, die wir unseren Urahnen noch nicht bereit sind zuzugestehen, und das ist nur die halbe Wahrheit. Es bedarf spezieller Arbeitskräfte, heute nennt man sie „Spezialisten", und diese auch noch in ausreichender Zahl – dazu, diese an so einen abgelegenen Ort zu verpflichten, bedarf es schon etwas mehr als nur überzeugender Argumente. Es bedurfte hier wohl einer Priesterkaste, die sich bewusst war, um was für eine Anlage es sich hier handelte und was man damit der Nachwelt hinterlassen wollte: Der Chavin de Huantar sollte eine, nein, die wohl wichtigste Botschaft an die Menschheit übermitteln, um zu verhindern, dass sich die Vergangenheit wiederholt. Nur Priester waren in der Lage, die Bauleitung für den Gesamtkomplex Chavin de Huantar zu übernehmen, sie planten und beaufsichtigten den gesamten Bauprozess. Als geistiger Vater von Chavin de Huantar könnte Tici Viracocha gelten, denn auf seinem Weg nach Norden muss er hier vorbeigekommen sein. Doch dazu kommen wir später.

Dies schreibt sich so lässig, aber man vergisst sehr leicht, dass dies eine hochentwickelte Kultur voraussetzt. Wir sollten diesem geheimnisvollen Volk genauso viel Respekt entgegenbringen, wie wir ihn den Alten Ägyptern angedeihen lassen oder anderen Kulturen, die uns durch die Geschichte halt näher liegen. Unsere heutige Zivilisation ist so von sich überzeugt, dass sie zwischen Kultur und Zivilisation nicht mehr wirklich unterscheidet und neben sich nichts akzeptiert – und schon befinden wir uns in einen Dilemma, aus dem wir uns nicht so leicht wieder befreien können.

Bei den Ruinen von Chavin de Huantar handelt es sich um ein bedeutendes religiöses Zeremonialzentrum, und zwar um die Wächter. Die Aufgabe der Wächter bestand darin, den Herrn der Apokalypse, die Inkarnation des Bösen, zu bewachen und zu verhindern, dass sich so etwas jemals wiederholen werde. Dies war und ist die zentrale Aufgabe von „El Castillo".

Die spanischen Konquistadoren bezeichneten den Haupttempel als El Castillo, denn es fiel ihnen beim Anblick desselben nichts anderes ein, und damit liegen sie meiner Meinung nach richtiger, als uns lieb ist. Es handelt sich hier zwar in erster Linie um ein Zeremonialzentrum, aber mit dem Charakter einer Festung, welches seinesgleichen in der Welt sucht. Die Ruinen lassen sich nur dann verstehen, wenn man beides in diesem Kontext betrachtet.

Man geht heute allgemein davon aus, dass die Ruinen

ihre Vorläufer in Sechin hatten, was so weit wahrscheinlich auch historisch korrekt sein mag, es sagt nur leider nichts über die Anfänge aus.

Dadurch, dass die Ruinen von Chavin de Huantar als die ältesten in Südamerika gelten, ist es etwas verwirrend, den Überblick zu behalten. Um das Ganze besser verstehen zu können, begeben wir uns nach Süden und besuchen im Norden von Bolivien die mächtigen Ruinen von Tiwanaku. Hier sollte es möglich sein, eine überzeugende Zeitangabe zu finden, mit deren Hilfe man glaubwürdig den Ursprung der Ruinen von Chavin de Huantar erklären könnte.

Der verstorbene Arthur Posnansky, in Österreich geboren, liefert hierfür recht stichhaltige Argumente. Er hat viele Jahre seines Lebens der Erforschung Tiahuanacos (heute Tiwanaku) gewidmet, was schließlich zu seiner epochalen Neudatierung führte, welche man heute mit guten Recht mit der Orion-Konstellation von Robert Bauval vergleichen kann, die aber von der orthodoxen Archäologie nicht wirklich zur Kenntnis genommen wird. Beide Theorien passen nicht in das derzeitige Bild unserer Ansicht über Geschichte, und schon treten wir wieder freudig auf der Stelle, weil alles beim Alten bleibt und wir keine schönen alten Bäume für neue Geschichtsbücher fällen müssen.

Arthur Posnansky war Offizier der österreichischen Marine, Geschäftsmann und Abenteurer und, wie es scheint, genau der richtige Mann für so eine Aufgabe. Man könnte glauben, Indiana Jones sei eine Erfindung Österreichs. Er war es, der das Sonnentor von Tiwanaku wieder aufstellte und mit seinen archäologisch-astronomischen Berechnungen das Alter von Tiwanaku bezifferte, einzig und allein basierend auf Berechnungen der Präzession, der Pendelbewegung der Erde. Robert Bauval ging denselben Weg und beide brachten ein bestehendes Weltbild zum Wanken. Leider nur zum Wanken; für ein geschichtliches Erdbeben, das die verhärteten Krusten hätte aufbrechen können, hat es leider nicht gereicht. Dies zeigt uns aber nur, dass die etablierte Geschichtsschreibung erdbebensicher konstruiert ist – und die, die Archäologie erst möglich machen, sprich bezahlen, sind daran interessiert, dass alles so bleibt. Warum?

Das Ergebnis, zu dem Arthur Posnansky kam, hat alles nur noch verkompliziert, denn mit einem Alter von 17.000 Jahren kann unsere Wissenschaft nicht wirklich etwas anfangen. Da ihm bewusst war, dass diese Angaben auf Widerspruch stoßen würden, ließ er zwischen 1927 und 1930 seine Ergebnisse überprüfen.

Dr. Hans Ludendorff, damals der Leiter der Sternwarte Potsdam, reiste nach Bolivien, von der Spekula Vaticanica war Dr. Friedrich Becker vertreten, und als Astronomen vertreten waren Professor Arnold Kohlschüter von der Universität Bonn sowie Professor Dr. Rolf Müller vom Astrophysikalischen Institut Potsdam. Sie konnten nur noch das bestätigen, was Arthur Posnansky schon berechnet hatte. Aber je nachdem, wie man an das Thema herangeht, hat mal die Wissenschaft, mal Arthur Posnansky recht. Dies führt uns nicht wirklich weiter, ist aber so gewollt; man spricht kaum über Arthur Posnansky.

Dass in Tiwanaku erst 500 v. Chr. mit dem Bau begonnen worden sein soll, ist auch nicht wirklich überzeugend, denn diese Anlage ist einfach zu perfekt für diese Zeit. Tiwanaku ist Gigantismus der edelsten Art, wer also brauchte so etwas Gigantisches, perfekt bis ins kleinste Detail und an so einer exponierten Stelle in den Hoch-Anden? Wer waren die Vorläufer und wo findet man sie?

Das Bauwerk, an dem Arthur Posnansky seine Berechnungen durchführte, nennt man heute „Unterirdischer Tempel", in der Sprache der Aymara heißt er *Kalasasaya*, und so wollen wir ihn auch in Zukunft nennen. Die Kalasasaya ist das wichtigste Bauwerk von Tiwanaku und es ist astronomisch exakt ausgerichtet; durch seine Position war man in der Lage, astronomische Himmelsbeobachtungen durchzuführen, immer vorausgesetzt, man akzeptiert, dass unsere Vorfahren zu solchen Leistungen fähig waren. Es sieht aber so aus, als ob alle bekannten antiken Hochkulturen mit diesem Hang zum Megalithbau über solch ein astronomisches Wissen verfügten. Wir sollten bereit sein, zu akzeptieren, dass unsere Vorfahren über dieses Wissen verfügten und es anzuwenden wussten. Man kann dies gar nicht hoch genug einschätzen, wenn man bedenkt, mit welchem Aufwand wir heute die Astronomie fördern, mit allem, was für nötig erachtet wird, nur um dann festzustellen, dass die alten Säcke es vor Jahrtausenden auch schon draufhatten. Deshalb lassen wir hier das leidige Thema „Kalender", denn hier waren sie uns ganz offensichtlich, eine Winzigkeit voraus. Wir sollten aber vorsichtshalber einräumen, dass sie auf die Erkenntnisse einer früheren Hochkultur zurückgreifen konnten. Nur gut, dass wir festlegen, was unter „Hochkultur" zu verstehen ist!

Betrachten wir in diesem Zusammenhang einmal die Sprache der Aymara etwas genauer. Das *Aymara des altiplanico* soll neben *Tak* zu den ältesten Sprachen der Menschheit gehören und wird heute noch von knapp zwei Millionen indigenen Aymara auf den Altiplano in Bolivien und in Teilen von Peru gesprochen. Aymara selbst ist auch wieder so ein Mysterium der Vergangenheit, denn es handelt sich hier mit an Sicherheit grenzender Wahrscheinlichkeit um eine künstliche Sprache. Dabei geht es nicht um Alf und seinesgleichen. Man spricht nicht von ungefähr vom „Aymara-Algorithmus"; mit den restlichen Sprachen der Welt verglichen wirkt Aymara unnatürlich, fast schon künstlich, denn ihr fehlt eine linguistische Kinderstube, und das macht sie so einzigartig. Dies wiederum hebt Aymara deutlich von anderen Sprachen ab. Aymara verfügt über ein etwas ungewöhnliches Zeitkonzept, das sich mit keinem anderen Sprachsystem dieser Erde vergleichen lässt. Nach ihrer Auslegung liegt die Vergangenheit vor und die Zukunft hinter dem Sprecher. Unsere Sprache beruht auf der zweiwertigen Logik – wahr/falsch –, auf der auch unser westliches Denken beruht. Aymara dagegen beruht auf einer dreiwertigen Logik, sodass man damit modale Feinheiten ausdrücken kann. Dies gelingt uns nur unter Zuhilfenahme von mühsamen Umschreibungen. Wir müssen wohl akzeptieren, dass Aymara über eine etwas außergewöhnliche Flexibilität verfügt, mit der man Unglaubliches zum Ausdruck bringen kann. Wenn selbst ein Umberto Eco sich mit Aymara beschäftigt – *Die Suche nach der vollkommenen Sprache* –, dann sollten wir uns dem nicht verschließen! Computer kommen mit Aymara sehr gut zurecht, nur sind es halt Computer, und diesen ist kleingeistiges Denken fremd.

Man schätzt, dass Aymara ca. 4000 Jahre alt ist, aber wirkliche Beweise dafür gibt es nicht, und wer bzw. welches Volk war vor 4000 Jahren auf den Altiplano in der Lage, so etwas wie Aymara zu entwickeln? Oder aber dieses Aymara muss unendlich älter sein. Eigentlich macht das Ganze nur Sinn, wenn man seinen Ursprung in einer fiktiven Zeit vor der Sintflut sucht, alles andere ist nicht wirklich glaubwürdig und führt uns genau dahin, wo wir uns zur Zeit befinden: auf das Abstellgleis der Geschichte.

Die indigenen Aymara sind mit Sicherheit die heutigen Nutzer einer Sprache, welche nicht die ihre in der Vergangenheit war; das eigentliche Volk dieser Sprache wurde Opfer der Zeitlinie. Aber wir können den Gedanken äußern, dass die Erbauer von Tiwanaku sich dieser Sprache bedienten. Denn wer in einer dreiwertigen Logik spricht, dem könnte man doch zugestehen, dass er auch in drei oder gar vier Dimensionen denkt? Das indigene Volk der Aymara ist der legitime und somit der direkte Nachfolger der wahren Erbauer von Tiwanaku, nur dass das Wissen schon zur damaligen Zeit unwiederbringlich verloren war und die heutigen Aymara deshalb keine zufriedenstellende Antwort liefern können. Wenn sie es dennoch könnten, würden wir ihnen überhaupt Gehör schenken?

Was hindert uns daran, anzunehmen, dass der Ursprung von Aymara in der Zeit *vor* der Sintflut liegt und für diese Kultur Aymara als allgemein gültige Sprache diente? Man könnte hier noch weiter gehen und schlicht behaupten, dass es sich hierbei um die einzige Sprache der Menschheit handelte, was sich erst nach der Sintflut änderte. Etwas, das unsere Zivilisation bis heute nicht zuwege gebracht hat, aus kleingeistigem politischen Kalkül heraus. Das Sprachengewirr in der Bibel und im *Popol Vuh* verliert somit seinen mythischen Status und wird zur geschichtlichen Realität, was uns aber nicht daran hindert, es weiter und noch lauter zu leugnen. Das letzte Wissen darüber ging in den Wirren der Zeit verloren und die Conquista hat ganz sicher einen wesentlichen Anteil dazu beigetragen.

Somit stellt sich uns die Frage: Was wollten uns die Erbauer der mysteriösen Anlage von Chavin de Huantar mitteilen? Genau an dieser Stelle möchte ich ansetzen, um meine Theorie über die geheimnisvolle Ruine von Chavin de Huantar vorzustellen und zu erläutern.

Der griechische Dramatiker Euripides (ca. 480 – 406 v. Chr.), sagt es ganz treffend: *„Nicht die Dinge verwirren die Menschen, sondern die Ansichten über die Dinge."*

Der größte und wichtigste Bau in Chavin ist ohne jeden Zweifel El Castillo. Er ähnelt einer quadratischen Pyramide mit einer Kantenlänge von 70 m, die Höhe beträgt rund 15 m. Von außen hatte man den Tempel mit sogenannten Nagelköpfen versehen, welche uns an Tier-Mensch-Wesen erinnern, mit einem Hang zum Gruselkabinett. Was war ihre tatsächliche Aufgabe? Wen sollten sie beeindrucken oder gar abschrecken? Sie waren mit Sicherheit kein architekturästhetisches Beiwerk, vielmehr sollten sie die Menschen an etwas Fürchterliches aus der Vergangenheit erinnern und sie davon abhalten, in den Tempel einzutreten. Das Innerste des Tempels könnte man am ehesten noch mit einem Labyrinth vergleichen, obwohl dies so nicht zutrifft. Dieses mysteriöse Labyrinth, wenn es denn eins ist, endet im Zentrum des Tempels, und genau dort befindet sich der eigentliche Grund für den gesamten Baukomplex. Dieser hat sogar einen Namen und er verdient unsere volle Aufmerksamkeit, denn es handelt sich hierbei um das missverstandene Vermächtnis von Chavin de Huantar, um El Lanzon oder, anders formuliert, den steinernen Zeugen der Apokalypse.

Im weiteren Verlauf werden ich versuchen darzulegen, warum er, El Lanzon, so wichtig ist, denn wegen ihm wurde ja der gesamte Tempelkomplex erst gebaut. Beim El Lanzon handelt es sich um einen 4,5 m hohen Monolithen mit einer der feinsten und schönsten Gravuren, die mir bekannt sind. Bei der Gravur kann es sich unmöglich um einen Menschen bzw. Gott handeln, dazu ist es einfach zu schaurig, es erinnert am ehesten an einen Dämonen, und um eine solche Darstellung wird es sich mit Sicherheit auch handeln. Man könnte El Lanzon als ein steinernes Messer beschreiben, welches im Boden steckt und dessen Griff nach oben zeigt; es handelt sich aber um etwas viel Schlimmeres als nur um das dämonenhafte Abbild irgendeines steinernen Messers.

Im Sommer des Jahres 2000, es war Februar, war ich mal wieder in Lima zum Einkaufen, denn als Europäer hat man halt doch den einen oder anderen Anspruch an das tägliche Leben, der in Huaraz nicht zu erfüllen war. Auf der mehrstündigen Rückfahrt von Lima nach Huaraz hat man genug Zeit für Gedankenspiele, denn so schön die Strecke auch ist, nachts kann man sie nur bedingt genießen.

Bei der Lektüre von „*Und die Sintflut gab es doch*" von Alexander und Edith Tollmann wurde mir die eigentliche Bedeutung des Lanzon bewusst. Das Problem ist, dass das Auge nicht sehen will, was doch so offensichtlich ist. Das Buch selbst ist umstritten, aber was ist nicht umstritten? Ihre These von Impakt, der vor ca. 10.000 Jahren letztlich die Sintflut verursachte, zeigt einige Lösungen auf, wodurch es uns möglich sein sollte, die Mysterien der Menschheit endlich zu entschleiern. Nicht wirklich alle, aber es könnte der Schlüssel sein, um wenigstens das eine oder andere Rätsel um unsere Vorgänger-Kulturen zu lösen. Wir haben Probleme mit der Indus-Kultur und ihren mysteriösen Stätten, stellvertretend sollen hier Mohenyo Daro und Harappa genannt werden. Dann haben wir da diese Insel in den Weiten des Pazifischen Ozeans, uns besser bekannt als Osterinsel. Mysteriöser als die Moai (Steinkolosse) sind ihre *kohau rongorong* (hölzerne Tafeln mit Schriftzeichen). Es handelt sich um heilige Gesänge, welche bis heute nicht entziffert wurden und sich mit keiner anderen Schriftart der Erde vergleichen lassen, obwohl eine gewisse Ähnlichkeit mit der Indus-Kultur nicht zu leugnen ist. Das legendäre Land der Bigel, Mesepotamien mit seinem Gilgamesch-Epos, gehört dazu. Ägypten nimmt eine Sonderstellung ein, denn es ist wahrscheinlich das am besten erforschte Land der Antike. Aber Mexiko, Mesoamerika und Südamerika beginnen aufzuholen und machen immer stärker von sich reden. Ohne den Fürsten der Chronisten wüssten wir nichts, er hat dafür gesorgt, dass wenigstens Teile dieser hochinteressanten Geschichte Südamerikas nicht im

28

Dunkel der Zeit verloren gingen.

Wie aber haben wir uns nun die Prä-Inka-Zeit vorzustellen? Zur Zeit ist es so gut wie unmöglich, dazu etwas Gescheites zu sagen, denn an dem, was aus der Prä-Inka-Zeit noch vorhanden ist, scheiden sich die Götter. Lassen wir die Götter lieber erst mal außen vor und bleiben bei unseren Vorfahren. Die alten Kulturen von China und Japan sind hier nicht vergessen, denn ihre Rolle in den letzten 10.000 Jahren der Geschichte ist noch geheimnisvoller, als es der Archäologie lieb ist. Wir sehen hier einen enormen Nachholbedarf an archäologischem Wissen, das nicht ansatzweise zufriedenstellend geklärt ist. Man übertrifft sich gegenseitig mit Halb- und Scheinwahrheiten, dass man sich nur wundern kann, dass es überhaupt noch Menschen gibt, die sich für so etwas interessieren. Diese wenigen haben keine wirkliche Stimme und schon gar keinen Einfluss, man hält sie an der langen Leine und schon ist die Welt wieder etwas bunter, aber leider auch nicht gescheiter. Es lebe die staatlich verordnete Allgemeinbildung! Aber lassen wir dieses traurige Kapitell ruhen, hier kann nur die Zeit helfend eingreifen.

Den Schlüssel zum Verständnis für Chavin de Huantar finden wir in den Mythen der Welt. Der Sintflut-Mythos ist der Mythos, der die gesamte antike Welt verbindet, wohlgemerkt über alle Ozeane hinweg, denn er ist Allgemeingut. Aber auch die alten Kulturen und Völker in Amerika, Asien und Australien können mit Sintflut-Mythen aufwarten, welche mehr oder weniger stark durch die christlichen Missionare verfremdet wurden. Alle Kulturen und Völker wissen um die Bestrafung der Menschen, jede Kultur findet ihren eigenen Grund für die Bestrafung der eigenen Zivilisation, und diese regionalen Unterschiede sind das eigentlich Interessante an den Sintflut-Mythen, denn sie lassen die Sintflut so real erscheinen, als weltweit erlebte Katastrophe, die allen zum selben Zeitpunkt tatsächlich widerfahren ist. Wir sollten endlich aufhören, die Sintflut in Frage zu stellen. Wir tun unseren frühen Vorfahren unrecht, wir müssen lernen, ihnen ein wenig mehr zu vertrauen. Der Kern der Sintflut-Überlieferungen ist weltweit derselbe, und dies allein sollte doch genügen, die Sintflut als eine kollektiv erlebte Katastrophe endlich zu akzeptieren. Natürlich hat es überall und zu allen Zeiten regional begrenzte Überschwemmungen mit verheerenden Folgen gegeben, diese lassen sich aber nicht mit der Sintflut in Einklang bringen. Selbst das Buch der Bücher, die Bibel, kommt nicht ohne diese Schilderung aus, und sie hat die Menschheit am nachhaltigsten und intensivsten beeinflusst; dieses Trauma hat sich unauslöschlich in das Bewusstsein der Menschen eingebrannt.

Seit Jahrhunderten, man sollte wohl besser sagen, seit Jahrtausenden beschäftigt die Sintflut-Überlieferung unser erdwissenschaftliches Denken mit einer Intensität, die ihresgleichen sucht. In der christlichen Glaubenslehre kommt der Sintflut eine ganz besondere Bedeutung zu, sie wird zum Kernstück der christlichen Lehre. Die missionarische Tätigkeit der Kirche bewirkte, dass dieses Kernstück abermals den Völkern aufgeprägt wurde, nur dieses Mal auf einer zweiten Ebene mit einem jüngeren Datum und mit Folgen, die uns heute noch nicht klar sind. Dieses fürchterliche Ereignis im Dunkel unserer menschlichen Entwicklung beeinflusst bis heute unser Denken und Handeln, auch wenn uns nicht mehr bewusst ist, wo der Ursprungsort zu suchen ist. In unserem Innersten besteht auch heute noch diese Urangst, nur dass das Schlüsselerlebnis im Laufe der letzten Jahrtausende verloren ging und wir nicht wirklich daran interessiert sind. Unsere Urangst äußert sich in einer anhaltenden Furcht vor der Sintflut, vor Sintbrand, Sintfrost und Kometen, man kann die Bezeichnungen getrost durch andere ersetzen, aber am Sachverhalt ändert es nichts. Damit es nicht auffällt und wir unser Gesicht wahren können, benutzen wir lieber Metaphern und tun so, als ob wir sie verstünden, seit in den 1980er Jahren die beiden Amerikaner Luis Alvarez, Nobelpreisträger für Physik, und sein Sohn, der Geologe Walter Alvarez, in intensiver Forschungsarbeit den Kometen-Impakt am Ende der Kreidezeit, besser bekannt unter KT-Grenze (Kreide-Tertiär-Grenze, geologisches Ereignis vor 65 Mio. Jahren) nachwiesen. Seit dem Jahr 2004 hat ICS den Begriff „Tertiär" durch die Epoche des Paläogens ersetzt, der Begriff „KT-Grenze" blieb erhalten.

Heute, nach über 30 Jahren, ist der Einschlagskrater bekannt, er befindet sich auf Yucatan und trägt den netten Namen „Chicxulub-Krater". Er bringt es auf gute circa 180 – 190 km im Durchmesser. Es hat Jahre harter Forschungsarbeit bedurft sowie der Zusammenarbeit von Geologen, Geochemikern und Geophysikern im Verbund mit Astrophysikern, Astronomen, ja selbst Astronauten, um zweifelsfrei zu beweisen, dass es sich um solch einen irdischen Einschlagskrater handelt. Dieses Wissen ist uns heute eine Selbstverständlichkeit, aber wir vergessen zu leicht, dass wir für diese Erkenntnis Jahrzehnte brauchten. Der bekannteste Impakt der Neuzeit ist der Tunguska-Impakt vom 30. Mai 1908 an der Steinigen Tunguska in Sibirien.

Am 15. Februar 2013 erhielten wir nur 105 Jahre nach dem Tunguska-Impakt einen weiteren sehr deutlichen Beweis ihrer Existenz und es zeigt uns sehr deutlich, dass wir mit den Kometen und deren Folgen leben müssen und dass die Sache mit der Vorwarnzeit und der rechtzeitigen Zerstörung der Kometen vorläufig eine Illusion bleiben wird. Zäsuren dieser Art gehören nun einmal zum Alltag unserer Mutter Erde, ob es uns nun gefällt oder nicht. Man wird uns nicht fragen!

Irgendwann zu Beginn der 70er Jahre arbeitete der damals noch völlig unbekannte Walter Alvarez (1940 in Berkeley/Kalifornien geboren) in der Umgebung von Gubbio in Umbrien, und genau hier stieß er auf eine Merkwürdigkeit: ein schmales, aus rötlichem Lehm bestehendes Band. Es ist dies die einzige Region in Italien, die keine Meeresküste vorzuweisen hat. Er brauchte Hilfe von außerhalb und er war in der glücklichen Position, über genau diese Hilfe verfügen zu können, denn sein Vater war der bekannte Nobelpreisträger für Physik, Luis Alvarez. Obwohl kein Geologe, faszinierte ihn die Fragestellung seines Sohnes und es kam, was kommen musste: Sie entdeckten die Iridium-Anomalie von Gubbio, und somit war die KT-Grenze geboren, jener Zeitpunkt in der Geschichte der Erde, der für den Untergang der Dinosaurier verantwortlich zeichnet. Dieser denkwürdige Tag war der 21. Juni 1978 und um 17:29 Uhr lag das Ergebnis vor: Die Iridiummenge lag um das 300-Fache über dem Normalwert.

Von diesem Tag an mussten wir akzeptieren, dass Impakt-Ereignisse zum Alltag unserer schönen Erde gehören, und keiner hat uns gefragt, ob es uns gefällt. Deshalb sollten wir ein klein wenig beunruhigt sein, weil es sich nicht ändern lässt, denn in unserer Entwicklung sind wir nicht ansatzweise so weit, um hier einschreiten zu können. Diese Ereignisse treten in geologisch kurzen Zeitabständen auf, was in menschlichen Generationen gedacht jedoch eine Ewigkeit darstellt. Da unsere Mutter Erde in spiritueller Weise lebt, so heilt sie sich auch selbst von den Folgen der kosmischen Impaktkrater. Denn sie hat ein anderes Verständnis von der Zeit als wir Menschen.

Die Plattentektonik der Erde und unser Klima bewirken, dass die Narben des Impaktgeschehens langsam aber sicher vom Angesicht unserer Erde getilgt werden. Man kennt heute etwas mehr als 150 Impaktkrater auf der Erde, unser Mond, ohne die besonderen Bedingungen der Erde, sieht dagegen aus wie ein Pockenkranker, denn hier bleiben die Impaktkrater erhalten. Der Vater der Katastrophenlehre, der Paläontologe und Naturforscher George Curvier, sagte schon 1812, dass die Geschichte der Erde eine Geschichte von Großkatastrophen sei – und der Mann sollte so was von Recht behalten!

Warum sich die Naturwissenschaft nicht wirklich mit den Sintflutmythen beschäftigt, kann nur daran liegen, dass kein ernsthafter Wissenschaftler daran denkt, die imaginäre Grenze zwischen Mythologie und Ethnologie zur Naturwissenschaft zu überschreiten. Hierin liegt wahrscheinlich auch der Grund, dass unsere Erdwissenschaftler alles auf lokale Fluten reduzieren. Somit laufen sie nicht Gefahr, dass ihre wissenschaftliche Reputation Schaden nimmt.

Ich werde versuchen zu beweisen, dass die Anlage von Chavin de Huantar in direktem Zusammenhang mit den Sintflut-Mythen steht, als Vermächtnis an die Überlebenden der Sintflut und zugleich als Mahnung, es nicht zu vergessen.

Die Sintflut

„Es ist eine bequeme Methode und nicht mehr als eine konventionelle Weise des Denkens, frühe Überlieferungen als mythologisch oder legendär abzustempeln. Das ist eine scholastische Phrase, die wenig Gewinn einbringt und aus der keine greifbare Bedeutung erwächst.
Ein wissbegieriger Geist beschäftigt sich mit der Enträtselung der Struktur eines Mythos und sucht nach dem Zeitpunkt seines Ursprungs.
Wenn es den Mythos gibt, wie konnte dieser plötzlich entstehen? So, wie es eine Logik des menschlichen Urteilens gibt, so gibt es auch eine Logik der menschlichen Einbildungskraft.“
Professor Berthold Laufer, deutscher Anthropologe und Sinologe (1884 – 1934)

Was nun die Sintflut und ihren Mythos betrifft, so sollten wir ein klein wenig innehalten und unseren Ahnen wenigstens zugestehen, dass sie uns auf ihre ureigenste Weise etwas real Erlebtes mitteilen wollten und es mit Sicherheit auch getan haben. Nur unser personalisierter Egoismus und unsere Voreingenommenheit gegenüber jedweder früheren Hochkultur verhindert, dass wir wahrnehmen, was doch so offensichtlich ist.

Schon bei Henoch, dem Urvater des Alten Testamentes, können wir Folgendes nachlesen: *„Henoch schaut am Ende des Himmels sieben Sterne wie große brennende Berge.“*

Dass Mythen einen realen Kern besitzen und kein Rätsel darstellen, ist uns spätestens seit Heinrich Schliemanns Entdeckung von Troja bekannt. Wieso gestehen wir dies nicht auch den weltweit verbreiteten Sintflutmythen zu? Bedingt durch den Impakt, der für die Sintflut verantwortlich zeichnete, musste sich die Menschheit völlig neu orientieren bzw. neu organisieren, und die Entwicklung des Menschen begann quasi wieder einmal bei null – mit anderen Worten: der Jungsteinzeit zweiter Teil.

Schon im *Timaios* von Platon können wir hierzu Folgendes nachlesen: *„Es haben schon viele und vielerlei Vertilgungen der Menschen stattgefunden und werden auch fernerhin noch stattfinden, die umfänglichsten durch Feuer und Wasser, andere, geringere aber durch unzählige andere Ursachen."*

An anderer Stelle erwähnt Platon Folgendes: *„Denn erstens erinnert ihr euch nur einer Überschwemmung der Erde, während doch so viele schon vorhergegangen sind, sodann aber wisst ihr nicht, dass das trefflichste und edelste Geschlecht unter den Menschen in eurem Lande gelebt hat."*

Die bekannteste und wohl älteste Überlieferung, was die Sintflut anbelangt, stammt aus dem alten biblischen Mesopotamien.

Georg Smith (1840 – 1876), einem Außenseiter der Archäologie, haben wir zu verdanken, dass das *Gilgamesch-Epos* heute den Platz in der Geschichte innehat, der ihm zusteht. Den altbabylonischen Schöpfungsmythos, ein episches Werk, das in der Welt seinesgleichen sucht, hat er für uns übersetzt, dafür gebührt ihm auch heute noch unser Dank.

Das *Popol Vuh* der Quiché-Maya, auch dies ein episches Werk von Weltrang, nur dass dieses aus Mesoamerika stammt, steht dem ersteren in nichts nach, und in beiden wird von einer (der) Flut berichtet, ausführlich und sehr detailliert. Nur gut, dass wir aufgeklärten Menschen des 21. Jahrhunderts nicht an so viele Zufälle glauben und deshalb weder an das eine noch an das andere Epos viel Zeit verschwenden. Wir vergessen dabei nur, dass zwischen beiden die halbe Erde liegt. Was sind wir doch für arme Schlucker, wir halten die Beweise in unseren Händen und glauben es dennoch nicht! Nur weil wir ihre Sprache nicht kennen, uns ihre Ausdrucksweise fremd ist und wir uns nicht in ihre Gedankenwelt hineinversetzen können und wollen, sollten wir ihren Werken dennoch den Respekt entgegenbringen, der ihnen zusteht, denn das ist das Mindeste, was sie verdient haben. Es reicht nicht, dass ein paar wenige um die Bedeutung wissen, der Rest sie aber ignoriert.

Im *Codex Dresdensis* erscheint uns das Motiv der Sintflut wieder, nur wird hier mit gewaltigen Bildern gearbeitet, die es uns erlauben, das Ganze mit ihren Augen als Zeitzeugen zu sehen, auch wenn wir es nicht akzeptieren wollen. Vielleicht liegt es daran, dass uns die Bilder überfordern, oder aber daran, dass wir nicht in der Lage sind zu erkennen, was sie uns mitteilen wollen. Selbst berühmte Gemälde unserer eigenen Epoche sind nicht immer verständlich und es bedarf Spezialisten, die es uns erklären. Der *Codex* wurde 1739 vom Hofkaplan Johann Christian Götze in Wien erworben, er selbst schrieb hierzu: *„Ein unschätzbares Mexicanisches Buch mit Hieroglyphischen Figuren.“*

Die gleichen Elemente treffen wir dann in leicht abgewandelter Form in der altägyptischen Mythologie wieder; dies lässt sich, wie schon bekannt, beliebig fortsetzen über die Minoische Kultur, die Alten Griechen, um nur die bekanntesten zu nennen, man verliert sich sonst.

Der Anfang ist überall gleich: Zu Beginn dominiert das Negative und Dunkle der menschlichen Seele, was bedeutet, dass der Mensch seinem Schöpfer nicht den nötigen Respekt entgegenbrachte und somit sein Recht zu leben verwirkt hatte; die Sintflut war eine der Strafen des Schöpfers. Eine andere Möglichkeit der Erklärung blieb unseren Vorfahren nicht, denn das Geschehen überstieg alles bis dahin Bekannte und es fehlte ihnen etwas Vergleichbares. Durch diese tiefgreifende Zäsur in der Entwicklung der Menschheit hatte die Erde Zeit, sich von den Menschen und den Folgen ihrer Besiedlung zu erholen, und die alten Götter hatten Zeit für einen neuen Versuch mit einer neuen Gattung Mensch. Viel Erfolg scheinen sie mit ihrem neuen Versuch auch nicht zu haben.

An einem guten Ende darf gezweifelt werden, denn die Gattung Mensch ist nicht gewillt, dazuzulernen, sie ist beratungsresistent, das aber dann wieder sehr überzeugend und konsequent und zudem noch über Zeiträume hinweg, dass einem schwindlig werten kann. Dies sollte uns heute Lebende etwas beunruhigen, tut es aber nicht! Das bedeutet, dass es keinen Schöpfer geben kann, denn welcher Schöpfer macht den gleichen Fehler zweimal hintereinander? Dies bringt nur die Gattung Mensch fertig! Wir sind eine ganz spezielle Art der Evolution, wir wissen um unser Tun und seine Folgen, was uns aber nicht daran hindert, so weiterzumachen und uns keine Pause bei dieser Art von Beschäftigung zu gönnen; das allein sollte ausreichen, um uns ein klein wenig zu beunruhigen, denn es ist so, wie es ist.

Da sich unser Wissensstand schwerlich mit den letzten 7000 Jahren erklären lässt, bleibt nur noch eine moderne Hochkultur vor der unsrigen übrig. Diese große Kultur vor der unseren hat wesentlich länger existiert als unsere heutige Zivilisation und wir werden ihr zugestehen müssen, dass sie wesentlich weiter in ihrer Entwicklung war, als es uns lieb ist. Beweise, die mit Sicherheit existieren, werden totgeschwiegen, notfalls vernichtet, Hauptsache, das bestehende Weltbild bleibt unangetastet.

Die *Genesis* ist das Allheilmittel unserer Zivilisation, wenn es darum geht, die Verhältnisse auf der Erde zeitlich zuzuordnen. Im ersten Buch Moses des Alten Testaments erfahren wir alles über den vermeintlichen Schöpfungsablauf, welcher zu stark an den Ablauf eines Impakt erinnert, als dass dies schon wieder ein Zufall sein könnte.

Im 2. Buch Moses werden die Folgen eines Impakt sehr exakt wiedergegeben, sodass wir heute genau analysieren können, was damals geschah. Dies alles kann kein Zufall sein, nein, es sind vielmehr von Menschen real erlebte Tatsachen, die uns von unseren Ahnen überliefert wurden und so über Äonen von Generationen zu uns gelangten. Dies beweist aber auch, dass der Mensch in der Lage ist, Botschaften über Jahrtausende hinweg zu transportieren, wohlgemerkt, es geht auch ohne Papier. Wir machen es uns zu einfach, wenn wir davon ausgehen, dass der Zeitpunkt der Niederschrift den tatsächlichen Zeitpunkt wiedergibt, vielmehr sollten wir davon ausgehen, dass es über lange Zeit hinweg mündlich weitergegeben wurde. So wurde Noah erschaffen, welcher wiederum nur eine Kopie von Utnapischtim ist.

Das Problem liegt darin, dass es der Mensch ab einem gewissen Zeitpunkt nicht mehr verstehen will, weil er sich über den Dingen wähnt. Erschwert wird das Ganze noch dadurch, dass sich die Verpackung im Laufe der Zeitlinie ständig ändert, anpasst und irgendwann mit dem Original nicht mehr viel gemeinsam hat, und das ist des Mythos Tod. Denn es ist uns zu viel Verpackung, und wahrscheinlich haben wir Angst, damit unsere Geschichte zu verunreinigen. Letztlich sind wir diejenigen, denen es zusteht, über Geschichte zu schreiben – und was noch wichtiger ist: Jede Generation schreibt an der alten Geschichte etwas herum!

Es erübrigt sich hier, das 1. und 2. Buch Moses zu zitieren, dies ist schon ungezählte Male geschehen, und wer möchte, der lese in der Bibel nach. Sehr interessante Lektüre im Übrigen!

Wie nun passt Chavin de Huantar in dieses apokalyptische Szenario der Sintflut und was will es uns mitteilen?

Hier in Südamerika haben wir das kleine Problem, dass es kaum Mythen aus der Prä-Inka-Zeit gibt, von schriftlichen Zeugnissen ganz zu schweigen. Das, was uns aus dem Inka-Imperium (Tahuantinsuyo) überliefert wurde, hilft auch nicht wirklich weiter. Der Inka hat alles, was nicht zu seinem Weltbild passte, negiert, sodass es im Laufe der Jahrhunderte der Vergessenheit anheim fiel. Typisch menschlich, traurig, aber wahr.

Trotzdem ist der amerikanische Kontinent reich an indigenen Flutsagen, welche sich sehr detailliert mit dem Ereignis der Sintflut beschäftigen. Dies sind Lieder oder Gesänge der indigenen Völker, welche nicht alle vernichtet werden konnten, da sie nur mündlich weitergegeben wurden, sodass ein kleiner Teil bis in unsere Zeit gelangen konnte. Dies zeigt uns, dass das gesprochene Wort mitunter authentischer durch die Zeit gelangt als das geschriebene Wort, welches vielfältigen Gefahren ausgesetzt ist durch Menschen, die glauben, dadurch die Zeitlinie zu ihren Gunsten beeinflussen zu können.

Die Überlebenden schildern sehr detailliert die Naturereignisse, welche die Ozeanwogen verursachten, als diese ins Landesinnere von Peru und Ecuador vordrangen und alles unter sich begruben. Das fürchterliche Getöse, das die Ozeanwoge erzeugte, zieht sich durch die gesamten Sintflut-Mythen dieser Welt. So wurden im Laufe der letzten Jahrtausende aus Sintflut-Mythen örtliche Flut-Mythen, und daran halten wir mal lieber fest.

Alles, was nicht den gängigen Vorstellungen der Katholischen Kirche entsprach, wurde von den Konquistadoren zerstört, aber dies ist ja hinlänglich bekannt. Was dagegen verwertbar erschien, wurde den vorherrschenden religiösen

Vorstellungen angepasst. Von Mexiko bis Feuerland schufen sie eine neue Welt, ihre spanisch-katholische, und diese ließ nicht wirklich viel Platz für indigene Freiräume, geschweige denn ihrer ureigensten Naturreligion. Die Krankheiten, die sie mitbrachten, verursachten ein wahres Armageddon unter den indigenen Völkern, sodass die Bevölkerungszahlen sich rapide verringerten, mit dem Ergebnis, dass auch die Elite so gut wie ausgemerzt wurde. Das Armageddon, das den indigenen Völkern zugefügt wurde, wird bis heute mehr oder weniger ignoriert, was ein gar seltsames Licht auf unsere Zivilisation wirft. Schon nach wenigen Generationen war ein Großteil der südamerikanischen Geschichte der Vergessenheit anheim gefallen. Die, die davonkamen, hatten es in den ersten Jahrhunderten schwer, überhaupt zu überleben, und somit war es ihnen auch kaum möglich, ihre alte Religion zu leben, was bedeutete, dass ihre ureigene Identität von Generation zu Generation mehr verloren ging, indem sie gezwungen wurden, eine neue Religion anzunehmen. Dies ist einfach nur eine traurige Geschichte, und sooft wir an diese Menschen denken, sollte uns die traurige Geschichte in unserem Tun innehalten lassen.

Den Padres gelang es jedoch nicht, den alten Glauben ganz zu unterbinden, Teile ihres Glaubens haben trotz allem bis in unsere Zeit überlebt, auch wenn er heute selten sichtbar gelebt wird. Wenn doch, dann überwiegend als Spektakel für zahlende Touristen.

So entstand im Laufe der letzten 500 Jahre eine spezielle christliche Glaubensform, die christliche und indigene Glaubensvorstellungen vereint, denn nur dadurch war es der Kirche letztlich möglich, Einfluss auf das Leben zu nehmen. In diesem Zusammenhang möchte ich nur kurz auf den Tilma von Guadalupe (1531 n. Chr.) verweisen, welcher wesentlich zur Christianisierung Mittel- und Südamerikas beitrug. Ihr richtiger Name in der Sprache der Ureinwohner lautet *Coatlaxopeuh* und das Wort enthält, welch ein Zufall, folgende Buchstabenkombination: *atla.* Wie will man das nun wieder deuten? Es mit Zufall abzutun ist keine Lösung.

Die wenigen noch existierenden Mythen Südamerikas verdienen es, ernst genommen zu werden, damit dieses außergewöhnliche Wissen nicht endgültig verloren geht; wir könnten sonst vielleicht den Boden unter den Füßen verlieren. Es ist extrem schwierig, ihn dann wiederzufinden, denn die Orientierung geht dabei zu schnell verloren.

Wir selbst sind ein mahnendes Beispiel dafür: Wir opfern unsere Vergangenheit dem elektronischen Gott, gepriesen sei der neue Messias. Wir sind so von uns überzeugt, dass neben uns kein Platz für irgendjemand oder irgendetwas ist. Es kann nur eine Frage der Zeit sein, bis Pachamama von unserem Tun genug hat und sich eines Besseren besinnt. Bei unserem Talent brauchen wir keinen, der uns aus der Geschichte der Erde entfernt, das tun wir auch noch selbst und mit einer beängstigenden Effizienz.

Pachamama kommt aus dem Quechua und bedeutet so viel wie „Mutter Welt" oder „Mutter Kosmos". Sie personifiziert wie keine andere weibliche Gottheit die Mutter Erde und stellt somit die Gottheit dar, die in vielfacher Hinsicht Leben schenkt. Sie personifiziert das Leben an sich – was aber auch bedeutet, dass sie es jederzeit beenden kann.

Wie sagte schon der deutsche Philosoph Friedrich Wilhelm von Schelling: *„Wir sollten den Mythen den Wert einer wirklichen Überlieferung zubilligen, die auf tatsächlich Erlebtes zurückgeht. Sie passiert nicht auf mystischen Vorstellungen noch auf philosophischen Spekulationen."*

Wir wollen es hier mit Platon beenden, der einst so treffend sagte: *„Mythen sind die allerältesten Geheimnisse der*

Menschheit." Das macht sie so einzigartig und ihr ideeller Wert lässt sich mit unseren Wertvorstellungen nicht ansatzweise vergleichen.

Dass es über Chavin de Huantar keine Mythen gibt, sagt nur aus, dass es keine *mehr* gibt, nicht aber, dass es sie nicht einst gab. Denn mittlerweile ist Chavin de Huantar selbst zum Mythos geworden, was das Ganze nicht unbedingt einfacher für alle Beteiligten macht.

Sie, die Mythen, wurden in der Zeit der Conquista mit ihren geistigen Besitzern vernichtet bzw. der Vergessenheit geopfert. Zeugnisse, sofern es sie noch geben sollte, verrotten in Archiven, da von ihrer Existenz heute niemand mehr Kenntnis hat. Wo sollte man sie auch suchen und wo sind die Spezialisten, die in der Lage wären, sie zu finden? Da haben wir das Problem mit den alten Sprachen und den so viel gepriesenen Geheimarchiven und kein Staat lässt sich gern in seine Geheimarchive gucken. Hinzu kommt, wer *kann* suchen? Allzu viele Fachleute wird es da wohl nicht geben.

Doch der Preis ist hoch – es ist der Preis des Vergessens. Diesen zahlt die breite Masse bereitwillig und sie bezahlt ihn gern, denn ihr sind die heutigen römischen Spiele lieber als die Erkenntnisse ihrer Ahnen. Es gibt nur wenige Menschen, die bereit sind, diesen einen, anderen Weg zu beschreiten. Doch diese wenigen werden reichlich entlohnt, ihnen wird ein Blick in eine Zeit gewährt, der die Mühe lohnt.

Mit den uns heute noch zur Verfügung stehenden Mythen sollte es uns möglich sein, eine Brücke zu der altehrwürdigen Tempelanlage von Chavin de Huantar zu betreten und mit der nötigen Sorgfalt am anderen Ende auf den Anfang zu schauen.

Die Alten Ägypter sind die Einzigen, deren Kultur wir zugestehen, dass sie alt ist, aber wir passen auf, dass sie nicht *zu* alt wird, auf keinen Fall älter als 5000 Jahre v. Chr. Was aber ist, wenn die südamerikanische Kultur doch älter ist oder, noch schlimmer, wenn es davor schon einmal eine Hochkultur gegeben hat? Es ergibt keinen Sinn, davon auszugehen, dass es keine Hochkultur vor der unseren gab. Was ist, wenn morgen archäologische Funde gemacht würden, die Platon rehabilitieren? Oder sind sie schon gemacht worden und werden uns nur vorenthalten? Denn Atlantis hat längst bewiesen, dass es real ist und keine wie auch immer geartete Fiktion Platons.

Die Dissertation von Werner Müller aus dem Jahr 1930 ist im deutschsprachigen Raum die wohl umfangreichste, was Flutsagen anbelangt. Ihr Titel: *Die ältesten amerikanischen Flutsagen.* Sie ist so umfangreich, dass es späteren Autoren nicht möglich war, sie zu erweitern.

Da Mythen und selbst Legenden von den menschlichen Lebensbedingungen und den Grenzsituationen, in die ein jeder von uns gestellt wird, erzählen, geben sie uns Ratschläge, um mit diesen Grenzsituationen, sollten wir je in eine von ihnen geraten, besser umzugehen und sie letztlich zu bewältigen. Die Mythen sind das Hilfsmittel schlechthin, damit der Mensch im ständigen Bemühen um sein Überleben auf Grenzsituationen vorbereitet ist und sie möglichst vermeidet! Sie machen Vorgänge in der Natur und deren Erscheinungen erfahrbar. Sie erzählen uns von übernatürlichen Mächten, guten und weniger guten Göttern, von Vermittlern, die die unsrige Welt mit der mythischen Welt verbinden. Für das Verständnis von Chavin de Huantar sind die anthropologischen Mythen von entscheidender Bedeutung, denn sie berichten uns von der Natur und der Übernatur, von Gut und Böse, von Leben und Tod, von Göttern und Halbgöttern und ihrem Verhalten zu den Menschen. Der Sünder und die Sünderin spielen eine wichtige Rolle, wenn es um Glück und Unglück, Seligkeit und Verdammnis geht. Dies sind die

Wegweiser zum Verständnis von Chavin, denn nur so kann man sich dem Vermächtnis in den Hoch-Anden nähern, und am Ende des Weges wird man für all seine Mühe mit einem Blick in eine Welt, die weit vor der unsrigen lag, belohnt.

Das Vermächtnis von Chavin de Huantar interpretiert auf seine ureigenste Art und Weise den Sinn jener Dinge wieder, zu welchen uns der Schlüssel fehlt. Aber selbst wenn wir ihn hätten, wir würden es wohl kaum verstehen! Es strahlt etwas aus, was wir nicht erklären können (jetzt noch nicht), und es fordert unser aller Neugier. Da wir aber glauben zu wissen, verschließt sich uns die wahre Botschaft, und das Vermächtnis bleibt weiter im Dunkel der Zeit verborgen.

Dass wir es nicht erkennen können, liegt zum einen am mysteriösen, schwer zu bestimmenden Alter und seiner Lage hoch oben in den Anden, aber vor allem an seiner künstlerischen Ausführung, welche wir zu verstehen nicht in der Lage sind, denn wir sehen es nur mit den Augen unserer Zeit. Dadurch verstellen wir uns aber den Blick auf das Wesentliche und verzetteln uns mit Interpretationen, welche uns nur immer weiter vom eigentlichen Thema fortführen. Das Einzige, worüber wir ausreichend verfügen, sind Mutmaßungen, und davon gibt es mehr, als man glauben möchte.

Dank der Fleißarbeit von Alexander und Edith Tollmann wissen wir heute, dass dem Sintflut-Ereignis sieben getrennte Einschläge auf die Erde vorausgingen. Zwei der Teilimpakte gingen im Pazifik nieder und lösten verheerende Tsunamis aus. Die Auswirkungen des Tsunamis, der die gesamte ostpazifische Küste und Mittelamerika betraf, war apokalyptisch und mit nichts zu vergleichen, bis in unsere Zeit. Von ebenso verheerender Wirkung dürfte der Einschlag im südlichen Pazifik bei Feuerland gewesen sein. Das indigene Volk der Yámana in Feuerland berichtet von der *„alten bösen Sonne“ Tarnuwa-Lem,* die das ganze Unglück gebracht habe.

An diese Stelle passt ein Zitat aus der Offenbarung des Johannes: *„Die Sterne des Himmels fielen herab auf die Erde, wie wenn ein Feigenbaum seine* Früchte *wirft. "*

Als die Wogen des Tsunamis gegen die Anden anbrandeten, boten diese zwar einen gewissen Schutz, denn die Höhe der Anden verhinderte, dass die Tsunamiwelle überall ins Landesinnere eindrang. Die folgenden Impaktbeben dürfte, was die Folgen anbelangt, den Meereswogen in nichts nachgestanden haben; man geht davon aus, dass sie viele hundert Mal stärker waren als die schwersten Beben, die uns heute bekannt sind. Heute ist allgemein akzeptiert, dass Erdbeben Vulkanismus verursacht. Da die Anden eigentlich nur aus Vulkanen bestehen, dürfte es zu heftigen Eruptionen gekommen sein, mit Folgen, die wir uns lieber nicht vorstellen wollen. Wir neigen nun einmal dazu, apokalyptische Naturerscheinungen zu verneinen, indem wir dann lieber von „Jahrhundertereignissen" sprechen. Und dann wundern wir uns, wenn 10 Jahre später wieder so ein Ereignis eintritt. So kann man mit Pachamama aber nicht umgehen. Wir nehmen auch ganz bewusst nicht wahr, dass es sich dabei um Miniatur-Ereignisse handelt, so schlimm sie für die Betroffenen auch immer sein mögen; dies ist mit Sicherheit eine Folge des Traumas unserer Vorfahren.

Das indigene Volk der Araukaner in Chile berichtet genau davon; *„Dieses Volk besitzt die eigenartige Legende, wonach sich während dieses Bebens ein ganzer dreigipfeliger Bergzug, der Thegtheg-Berg, gehoben haben soll – was sie sich allerdings durch Aufschwimmen auf den Wassern der Flut zu erklären versuchten. "*

Für die Wenigen, die überlebt hatten, begann jedoch erst die wahre Leidenszeit, denn die Impaktnacht wird von dem im Süden von Ecuador wohnenden indigenen Volk der Muratos erwähnt und sie ist auch fester Bestandteil der peruanischen Sagenwelt. Die Impaktnacht verstärkte nur noch die Folgen des ganzen Dramas, denn man geht davon aus, dass sie sieben Tage andauerte und den Impaktwinter somit noch belastender machte. In den Hoch-Anden, wo es auch heute noch hohe Minusgrade gibt, muss sich dies auf die wenigen Überlebenden katastrophal ausgewirkt haben.

Nur denen, die Schutz in Höhlen fanden, war ein Überleben möglich, im Freien war es kaum möglich. Hinzu kam das Problem mit trinkbarem Wasser und etwas zu essen wäre für sie auch von Vorteil gewesen. Wir sollten sie wohl nicht um diese Kunst des Überlebens beneiden – es muss für unsere Ahnen das Inferno schlechthin gewesen sein.

Als Beispiel sollen uns hier die Tolteken dienen, denn sie retteten sich in die sieben Höhlen „Chicomoztoc" im heiligen Berg „Colhuacan" in Mexiko. Auch hier in der Abgeschiedenheit der Anden werden einige wenige überlebt haben, aber diese Menschen haben mit Sicherheit einen hohen Preis dafür bezahlt.

Nicht vergessen dürfen wir, dass alle Mythen weltweit davon berichten, dass die Welt leer und ihrer Menschen beraubt war, was uns wieder darauf hinweist, dass wir damals nur um Haaresbreite überlebten. Da es uns an Vorstellungskraft mangelt, sei hier noch einmal auf die Hilflosigkeit der Überlebenden hingewissen. Ihre Lage war nicht nur einfach hoffnungslos, dies wäre zu einfach, es war in des Wortes tiefster Bedeutung apokalyptisch. Ihr Leben spielte sich in einer völlig zerstörten Welt ab, Eis, Schlamm, kein wirklicher Unterschlupf, kein Holz, um dem Impaktwinter zu widerstehen, von Nahrungsmitteln und Trinkwasser wollen wir hier gar nicht erst reden. Und was am nötigsten gewesen wäre, eine Überlebensstrategie, gab es erst einmal nicht. Medizinische Versorgung dürfte ein Fremdwort gewesen sein, und dies für lange, lange Zeit. Die wenigen Menschen, die es bis hierher geschafft hatten, mussten die Menschheit, unsere Epoche neu erfinden mit allen uns bekannten negativen wie positiven Eigenschaften.

Der Regenbogen gilt den indigenen Völkern des alten Inkareiches auch heute noch als Zeichen dafür, dass die Sintflut nicht wiederkehren wird. In all seiner Pracht am Himmelsfirmament steht er für die verpflichtende Zusage der Götter an die Menschen, dass es keine weitere Sintflut geben wird. Diese Zusage gilt aber nur, wenn es die Götter wirklich gibt. Es darf bezweifelt werden, dass dies Apophis weiß, und wir sind klug beraten, lieber vom Gegenteil auszugehen, als auf die Götter zu vertrauen. Bisher haben sie uns immer, wenn es drauf ankam, aus Versehen im Stich gelassen.

Hierin liegt denn auch mit großer Wahrscheinlichkeit der Grund für den Kultplatz Chavin de Huantar in einer so abgelegenen Ecke Südamerikas. Hier haben die Wassermassen und die Feuerwalzen nicht annähernd so apokalyptisch gewütet wie in anderen Teilen der Welt. Dass es an diesem Ort ruhig und friedlich zugegangen sein soll, möchte ich bezweifeln, denn die Anden brauchen nun mal ihre Erdbeben und damals waren sie ganz bestimmt monstermäßig. Was nun den sauren Regen anbelangt, bedingt durch die Stickoxide und die Giftgaswolken, welche sich durch die chemischen Reaktionen des Kometen-Impaktes bildeten, müssen wir das hier leider unberücksichtigt lassen, denn es fehlen uns hierfür die Belege. Mit Sicherheit hat es sie aber auch hier in der Abgeschiedenheit der Anden gegeben.

Man sieht, es gäbe genug Arbeit für Generationen von Forschern der unterschiedlichen Fachgebiete, aber wozu dies alles, denn nur in die Zukunft denken kann nicht der allein selig machende Weg sein. Wir brauchen keine Vergangenheit – für diese fatalistische Einstellung werden unsere Kinder und Enkel in naher Zukunft bezahlen müssen. Uns bleibt dies zwar erspart, aber sie werden es ausbaden müssen, eine Lösung wird so immer unwahrscheinlicher. Wir leben nun einmal auf dieser unserer Erde, von der wir nicht wirklich wissen, wie alt sie ist, umgeben von Milliarden von Sternen, von denen wir keine blasse Ahnung haben, wie weit entfernt sie wirklich sind. Wir sprechen von der Menschheit und ihren menschlichen Gesetzen, welche aber aus bekannten Gründen nicht funktionieren, hinzu kommen eine Unzahl von Religionen, von deren Wirken wir eigentlich nicht wirklich etwas verstehen, und last, but not least ist da unsere Geschichte, und an der scheiden sich die berühmten Geister. Dies dürfte der Grund dafür sein, dass zu allen Zeiten Politiker versuchten, im Geschichtsbuch zu erscheinen, damit auch der Letzte von ihren Wohltaten erfuhr, denn nur dies erschien ihnen wichtig; die Geschichte selbst bleibt hierbei auf der Strecke.

Die Besiedelung Amerikas

In ihrem Werk *Verbotene Archäologie* zeigen Michael A. Cremo und Richard L. Thompson auf, dass die Vorgeschichte des Menschen anders verlaufen sein muss, als man uns heute glauben machen will. Ihr Werk ist deshalb für unsere Belange von Bedeutung, weil sie Beweise für die sehr viel frühere Besiedelung von Nord-, Mittel- und Südamerika liefern. Dank ihrer akribischen Forschungsarbeit liegen uns jetzt Fakten vor, die man braucht, um in die Zeit zu sehen, die weit vor den Inkas und den Olmeken datiert.

Im *Codex Dresdensis* kommt in der langen Zählung die Zahl 31.000 Jahre vor, sie stellt den Beginn des Maya-Kalenders dar, ganz abgesehen davon, dass es zu diesem Zeitpunkt noch gar keine Maya oder Olmeken gab. Ein exakter Kalender ist für alle Völker wichtig, aber der Maya-Kalender ist zu perfekt und von einer Aura des Geheimnisvollen umgeben, wozu so eine penible Genauigkeit? Welches Mysterium verbergen die Maya vor uns, was bewog sie dazu, solche Monumente zu bauen, und schlussendlich, wieso verließen sie ihre Heimat, wenn es denn ihre war?

Das Ganze ist nur zu erklären, wenn wir davon ausgehen, dass zu dieser Zeit bereits eine Hochkultur existierte, welche um die Gesetze der Astronomie und Physik wusste und somit in der Lage war, einen Kalender zu errechnen, der alles andere in den Schatten stellte. Dieser Kalender geht weit über das hinaus, was ein Volk braucht, um seinen Lebensunterhalt zu sichern, und dies verbindet alle großen Megalith-Kulturen der Vorzeit.

Funde aus Brasilien, Mexiko und Ecuador zeigen uns, dass Südamerika sehr viel früher besiedelt worden ist, als wir heute bereit sind anzuerkennen. Wir lassen die Funde in Mexiko erst mal außen vor, denn mit einem Alter von 280.000 bis 350.000 Jahren sind sie für unsere Belange erst mal nicht weiter von Bedeutung. Sie sind allerdings von Interesse, wenn es darum geht, die Anfänge einer Hochkultur vor der Sintflut zu belegen. Wir können nicht sagen, wann die erste Blüte dieser Kultur begann, aber wir wissen, wann sie in etwa unterging. Sie setzte Impulse, die noch bis in unsere Gegenwart hinein ausstrahlen und zum Teil auch noch sichtbar sind.

Unsere Erziehung, unser Denken, beeinflusst durch unsere gesellschaftlichen Raster, erschweren ein objektives und wertfreies Herangehen an das Problem, und somit wird es weitaus komplizierter, als es notwendig ist. Die Querdenker in der Archäologie sind die wahren Helden dieses Faches, aber das war gestern, heute legt man sie vorsichtshalber im Fach Verschwörungstheoretiker ab, und von dort aus kann man sie nach Belieben benutzen oder ignorieren. Das ist ein generelles Problem bei uns Menschen, wir lassen uns nun mal nicht gern etwas von Außenstehenden sagen und schon gar nicht, wenn der- oder diejenige nicht „vom Fach" ist. Aber der Gerechtigkeit halber muss gesagt werden, dass es heute einige Archäologen gibt, die der gleichen Meinung sind und akzeptieren, dass Amerika bereits vor den Clovis-Menschen besiedelt wurde, und dies schließt Amazonien ein.

Wie sagt schon George Orwell in seinem Roman *1984* so wahr: „*Wer die Vergangenheit kontrolliert, kontrolliert auch die Zukunft; und wer die Gegenwart kontrolliert, kontrolliert die Vergangenheit.*"

Was wir mit ziemlicher Sicherheit wissen, ist, dass einst eine blühende Hochkultur unterging, also brauchen wir einen etwas größeren Zeitrahmen, damit sich eine Entwicklung von unten nach oben zu einer Hochkultur glaubwürdig nachvollziehen lässt. Zu einer Megalith-Kultur im Sinne von Tiwanaku bedarf es schon etwas mehr als einer Priester-orientierten Gesellschaft, denn hier ist Wissenschaft vonnöten, in Verbindung mit ein klein wenig Technik. Das mit den Megalith-Kulturen haben wir nämlich bis heute nicht so richtig verstanden, wir sind dazu wohl auch nicht in der Lage, denn wer so etwas baut, mit solchen Steinen, der kannte sich aus mit den Gesetzen der Physik und hat mit Sicherheit seine eigene Vorstellung über Physik zur Anwendung gebracht. Mit unserer Ansicht über Physik wird es schwer zu erklären sein, was sie da eigentlich geleistet haben; was die Schwerkraft anbelangte, hatten sie keine wirklichen Probleme mit ihr, wenn man sich ihre Komplexe einmal genauer anschaut. Hier waren sie uns ganz offensichtlich in ihrer Entwicklung ein klein wenig überlegen.

Das Argument, dass man so etwas mit Menschenmassen bewältigt haben will, kann nicht so richtig überzeugen, denn die Bevölkerung soll sich ja auch in Grenzen gehalten haben. Was mögen es für Gründe gewesen sein, die dazu führten, dass Menschen dies freiwillig taten? Dass sie es gegen ihren Willen taten, ist schwer vorstellbar.

Tiwanaku und Gizeh waren plötzlich da, wo aber sind ihre Vorläufer? Dazu gehört ja eine Vorgeschichte, und diese Vorgeschichte gibt es nicht und ist mit unserer Ansicht über Geschichte auch nicht notwendig. Dies alles ergibt nur dann einen Sinn, wenn wir auf das achten, was sie (uns) hinterlassen haben, und es erkennen und begreifen wollen. Darin liegt das eigentliche Problem für uns; deshalb sollte dies unsere vordringlichste Aufgabe sein. Denn nur so lässt sich unsere Vorgeschichte überhaupt erst erahnen, von „erkennen“ reden wir später und dann erst kann man sich der Aufarbeitung der Fakten zuwenden.

„Fakten“ kommt vom lateinischen *factum* und bedeutet je nach Ansicht des Betrachters „ein wirklicher, nachweisbarer, bestehender, wahrer oder anerkannter“ Sachverhalt. An diesen vielen Variationen scheitert die Objektivität unserer Geschichte.

Die oben erwähnten Bauwerke entstanden weit vor der Sintflut, denn jede andere Betrachtungsweise scheitert früher oder später an Ungereimtheiten und Zweifeln, wobei die meisten davon berechtigt sind. Deshalb ist es so wichtig, die Geschichte hinter der Geschichte zu erkennen und, wenn möglich, ihre Tragweite zu erfassen, um der Menschheit ihre wahre, gelebte Geschichte zu offenbaren.

Es gibt keine Berichte über ihre Erbauung, was eigentlich nur heißen kann, dass diese Bauten aus einer Epoche stammen, die vor der Sintflut anzusiedeln ist. Denn die jetzigen Völker und ihre Vorfahren wissen nicht, wer diese Bauten errichtet hat, es gibt keine Legenden, Mythen oder uralte Lieder darüber, sondern nur Vermutungen, welche dann von Göttern sprechen. Götter führen uns wieder zu Aliens, und schon sind unsere Vorfahren wieder die Dummen. Bemächtigt man sich so der Geschichte, verschließt man sich den Blick auf das Wahre und verhindert somit eine offene und freie Entwicklung der Gattung Mensch. Unsere orthodoxe Geschichtsforschung kommt mit den Aliens besser zurecht, denn hier ist Glauben gefragt, Wissen steht auf einem ganz anderen Blatt. Im Umkehrschluss heißt dies, dass Erich von Däniken der Archäologie den Rücken frei hält mit seinen Außerirdischen und alle wie hypnotisiert nur noch nach Aliens Ausschau halten. Dabei übersehen wir großzügig das Alter der Erde – vor uns kann es ja halt nur eine unbedeutende menschliche Entwicklung gegeben haben, oder?

Der gesamte Komplex von Chavin de Huantar ist erst nach der Sintflut entstanden, denn zu diesem Zeitpunkt sind bereits große Defizite zu erkennen. Diese beziehen sich in erster Linie auf die Bauausführung, welche erste gravierende Mängel offenbart. Dies lässt darauf schließen, dass es damals schon schwerwiegende Einschnitte in der menschlichen Entwicklung gegeben haben muss, infolge der Sintflut.

Es fehlen die technischen Raffinessen, wie wir sie von Tiwanaku her kennen und die man hier erwarten durfte. So eine Perfektion wurde nie wieder erreicht und wir versuchen erst gar nicht, uns auf so ein Spiel mit den Megalith-Bausteinen einzulassen. Wir würden uns schwertun und, was am wichtigsten ist, uns fehlt ein Motiv, um so etwas zu bauen. Wir würden Gefahr laufen, uns zu blamieren, denn das, was uns die Alten hinterließen, bekämen wir nicht hin. Hinzu kommt, dass wir nicht in der Lage sind, mit der Zeit zu leben; wir versuchen die Zeit zu manipulieren und wissen noch nicht einmal, in welche Richtung, schon deshalb sind wir zum Verlieren verdammt.

Das Gleiche kann man getrost auch auf die Cheops-Pyramide anwenden, ihre Perfektion ist bis heute unerreicht; dies gilt natürlich auch für die Terrasse von Baalbek.

Während dieser Zeit sollten wir wenigstens drei Hochkulturen in Betracht ziehen. Die indischen *Veden* geben uns Hinweise darauf, dass da in Indien etwas gewesen sein muss, bei Ägypten liegt es auf der Hand, dass die Pyramiden aus der Zeit vor der Flut resultieren, auch wenn die Ägyptologen es uns anders verkaufen wollen. In Südamerika ist es Tiwanaku und seine Umgebung, wir sollten endlich anfangen, wenigstens einen Teil ihrer Botschaften zu entschlüsseln und um Wege zu beschreiten, die uns in die Lage versetzen würden, doch noch etwas zu finden, bevor uns die Zeit die letzte Möglichkeit dazu nimmt. Wir verlieren doch nicht! Wir können nur gewinnen!

Wir müssen nur einen einzigen von den möglichen Mosaiksteinchen entschlüsseln und wir würden das sehen, was uns zu sehen bis jetzt nicht möglich war, nämlich das, was sie uns hinterließen, und um zu erkennen, dass wir ihre direkten Nachkommen sind.

Wenn es uns gelingen sollte, El Lanzon als das zu zeigen, was er wirklich ist, dann hätten wir den ersten wirklichen Hinweis auf eine Kultur vor der unseren, aber so weit sind wir noch nicht. Es gibt viele Hinweise, die auf eine Kultur vor der Sintflut hinweisen, nur welche sind aus der Zeit davor und welche aus der Zeit nach der Sintflut?

Als Erstes werden wir erst einmal die Götter Götter sein lassen und diese nicht unnötigerweise malträtieren. Außerirdische parken wir somit erst einmal auf einer stationären Umlaufbahn, diesen werden wir uns zuwenden, wenn uns die Argumente ausgehen sollten. Unsere Vorfahren waren in ihrer Entwicklung weiter, als wir es wahrhaben wollen, und erst wenn uns nichts anderes mehr einfällt, werden wir Aliens mit in Betracht ziehen, aber erst dann. Es ist wohl richtig, dass die Entwicklung sich von unten nach oben vollzieht, und dies wohl in einer Welle, was den Schluss nahelegt, dass wir uns wieder einmal aus den Tal nach oben arbeiten; und dies können wir schon beim alten Platon nachlesen.

Ich traue unseren Vorfahren einiges zu, denn ich weigere mich, sie so sehen zu müssen, wie man es uns heute glauben machen will. Sie waren nicht die Wilden, die mit der Trommel um das steinzeitliche Lagerfeuer sprangen und ekstatische Tänze vollführten. Wenn wir diese Lehrmeinung als gegeben hinnehmen, sind wir nicht wirklich weiter in unserer Entwicklung als sie und müssen uns fragen lassen, was uns eigentlich von ihnen unterscheidet.

Betrachten wir zuerst einmal die Funde, die uns aus Südamerika bekannt sind, um uns ihrer Bedeutung bewusst zu werden und um ein Verhältnis zu der Zeit zu erlangen, dann fällt es uns vielleicht leichter, die anderen Funde aus Mittel- und Nordamerika einzuordnen.

Da wäre zum einen der menschliche Schädel, den man Anfang der 60er Jahre in der Nähe von Otavalo im Norden Ecuadors fand, er weist ein Alter von 28.000 Jahren auf und die sind nicht angreifbar. Der menschliche Schädel aus Buenos Aires hat es da schon etwas schwerer, denn er stammt aus dem frühen Pleistozän. Arbeiter fanden ihn im Jahr 1896 beim Bau eines Trockendocks in Buenos Aires. Die Schicht, in der er gefunden wurde, gehört zur Grundschicht des Pliozäns, welche auf ein Alter von 5 Millionen Jahren vor unserer Zeit geschätzt wird. Aber wie das so ist im Leben, 5 Millionen Jahre gehen überhaupt nicht, und so hat man sich auf den kleinstmöglichen Nenner verständigt und das Ergebnis auf die Kleinigkeit von 1,5 Millionen Jahren vor unserer Zeit korrigiert, was aber immer noch eine ganze Menge von Jahren bzw. Generationen ist. Rechnet man für eine Generation 30 Menschenjahre, so kommt man auf aberwitzige 50.000 Generationen von Menschen.

Die Alten Ägypter bringen es gerade mal auf 8000 Jahre (offizielle Lehrmeinung), das wären dann ca. 266 Generationen. Unsere Entwicklung vollzog sich vom Höhlenmenschen bis zum Homo sapiens, der heute in luftiger Höhe in Hochhäusern lebt. Die Alten Ägypter gingen einen anderen Weg, sie bauten erst die riesigen Pyramiden und dann ging es rückwärts, denn nach den Pyramiden haben sie nichts Großes mehr vollbracht. Wer bitte schön soll das ernsthaft glauben?

Aber die 1,5 Millionen machen es auch nicht wirklich besser. Das Erscheinen eines anatomisch modernen Menschen im Süden von Südamerika vor 1,5 Millionen Jahren kann und darf es so nicht geben, denn dies kommt einem Sakrileg gleich.

Michael A. Cremo und Richard L. Thompson haben mit ihrem Buch *Verbotene Archäologie* eine sehr beachtenswertes Werk vorgelegt, ich beziehe mich hier auf diese beiden. Eine kleine Zusammenfassung aus der Tabelle A.3.2 von S. 968:

- *Vor 31.700 Jahren bis 32.000 Jahren, Boquierao do Sitio da Pedra Furada – unter einem Felsdach im Nordostbrasilien, Herdstellen, bemalte Steine und Kieselwerkzeuge*
- *Vor 30.000 Jahren, El Cadral – Mexiko, Herdstellen und Säugetierknochen*
- *Vor 28.000 Jahren, Otavalo – Ecuador, Menschen-schädel*
- *Vor 28.000 Jahren,, La Lolla – Kalifornien, Menschen-knochen*
- *Vor 26.000 Jahren, Yuha – Kalifornien, Menschen-skelett.*
- *Vor 17.000 Jahren, Laguna – Kalifornien, Menschenschädel*

Dies sind nur ein paar winzige Hinweise, die uns aber zeigen, dass es anders gewesen sein muss und auch anders gewesen ist! Was dann aber bedeutet, dass der Istzustand nicht der Istzustand gewesen sein kann. Am Istzustand Zweifel anzu-melden ist in jeder Epoche der Menschheit nicht besonders klug, denn es verstößt gegen die gerade sich an der Macht befindenden Gruppierungen.

Steht eine Theorie in zu starkem Widerspruch zur ortho-doxen Archäologie, dann hat sie so gut wie keine Chance, von dieser akzeptiert zu werden. Man kann dann nur noch hoffen, dass beweisfähiges Material auftaucht. Taucht beweiskräftiges Material auf, wird es entweder totgeschwiegen oder der Lächerlichkeit preisgegeben. Der Finder befindet sich in der Situation, dass er entweder abschwören muss oder öffentlich unmöglich gemacht wird, und schon ist das Problem kein Problem mehr. Dieser Prozess der Verneinung entwickelt von diesen Zeitpunkt an ein Eigenleben, welches die Zeit und die Energie desjenigen Menschen aufbraucht, der nur eine etwas andere Theorie vorzuweisen hatte.

Bleiben wir also lieber beim Zeitalter des Holozän und der Paläoanthropologie, auch im Wissen um die Schwachstellen derselben. Das Problem beginnt mit der Entdeckung eines Beweisstückes, denn der Fund, sobald er seiner stratigrafischen Lage entnommen ist, ist nur noch ein Fund. Was seine Lage bzw. Position betrifft, ist man ab sofort auf das Zeugnis des Ausgräbers angewiesen. Der Fundort ist ab diesem Zeitpunkt bereits verloren, bedingt durch unser menschliches Verhalten, durch Erosion und viele andere Kleinigkeiten, die man halt einfach übersieht, wir sind eben alle nur Menschen.

Im Falle von Chavin de Huantar ist es wohl nicht mehr möglich, objektiv zu argumentieren, da hier schon zu viel von zu vielen geschlussfolgert worden ist, um zu einem zufriedenstellenden Befund zu finden. Beachtet werden muss hierbei, dass Chavin de Huantar wohl über Jahrhunderte, wenn nicht gar über Jahrtausende genutzt worden ist und so kaum noch verwertbare Hinweise zu finden sein werden, denn nicht nur Menschen, sondern auch seine exponierte Lage in den Hoch-Anden, raues Wetter, Erdrutsche und Erdbeben haben ihren Teil dazu beigetragen.

Es hat mit Sicherheit schon früher Zäsuren in der menschlichen Entwicklung gegeben und das verlangt von uns, dass wir den alten Priestern auf den in Frage kommenden Kontinenten und in den jeweiligen Epochen zugestehen müssen, dass sie über die nötigen Informationen verfügten, um über frühere Zäsuren in der Entwicklungsgeschichte des Menschen sprechen zu können.

Wieder bleibt uns in diesem Fall nur Platon und sein *Timaios*, um uns vernünftig diesem Thema zu nähern, denn dort steht geschrieben „… *gibt in Ägypten, versetzte Kritias, in dem Delta, um dessen Spitze herum der Nilstrom sich spaltet, einen Gau, welcher der saitische heißt, und die größte Stadt dieses Gaus ist Sais …*"

Was auf die alten Hellenen zutrifft, das trifft noch mehr auf uns zu, da wir ja so viel besser sind: „*O Solon, Solon, ihr Hellenen bleibt doch immer Kinder, und einen alten Hellenen gibt es nicht!*

Es haben schon viele und vielerlei Vertilgungen der Menschen stattgefunden und werden auch weiterhin noch stattfinden, die umfänglichsten durch Feuer und Wasser, andere, geringere aber durch unzählige andere Ursachen."

Diese Aussage von Platon passt sehr schön zum Holozän:

„*In Wahrheit jedoch gibt es in allen Gegenden, wo nicht übermäßige Kälte oder Hitze es wehrt, stets ein bald mehr, bald minder zahlreiches Menschengeschlecht. Nur aber liegt bei uns Alles, was bei euch oder in der Heimat oder in anderen Gegenden vorgeht, von denen wir durch Hörensagen wissen, so fern es irgendwie etwas Treffliches oder Großes ist oder irgendeine andere Bedeutsamkeit hat, insgesamt von Alters her in den Tempeln aufgezeichnet und bleibt also erhalten.*"

Nach diesem kurzen Abstecher zu den Alten Griechen wenden wir uns nun wieder Südamerika zu. Wir wollen einmal annehmen, dass die Ursprünge von Atlantis, Ägypten und Südamerika im Mittleren Pleistozän anzusiedeln sind, dann hätten sie über ausreichend Zeit verfügt, um es zu dem zu bringen, was wir unter einer Hochkultur verstehen und schlussendlich auch akzeptieren könnten. Von der Industriellen Revolution bis zum Mondflug haben wir nur knapp 200 Jahre gebraucht, das sollte uns ernsthaft zu denken geben! An dieser Stelle möchte ich Victor Farkas zitieren, welcher sich in seinem Buch *Geheimsache Zukunft* (S. 89) auf den französischen Autor Robert Charroux bezieht – dieser sagt Folgendes zur menschlichen Entwicklung: *„Sie besagt, dass eine Kultur dann an jenem entscheidenden Punkt angelangt ist, der den Beginn der großen Erfindungen ankündigt, wenn ihre Kunst zum reinen Selbstzweck wird. Das gilt in besonderem Maße für die Malerei. Wenn diese Stufe erreicht ist, geht es los mit der Entwicklung von landwirtschaftlichen Geräten, mit dem Städtebau, kurzum mit einer Zivilisation nach unserer Vorstellung.“*

Die Höhlenmalerei in Europa wird je nach Auslegung mit 25.000 bzw. 30.000 Jahren angegeben, aber wie schon erwähnt, wenn etwas zu alt ist, muss es jünger gemacht werden. Vom Alten Ägypten bis zum Weltraumflug haben wir nur 6000 Jahre gebraucht, was wäre, wenn unsere Höhlenmenschen auch nur 6000 Jahre benötigt hätten? Dann würden noch gut 10.000 Jahre bis zum Untergang von Atlantis liegen. In diesen 10.000 Jahren würde viel Potenzial an menschlicher Entwicklung stecken, in positiver wie in negativer Richtung. Dies zeigt uns, dass sich die Vergangenheit weit, weit interessanter und komplexer abgespielt haben muss, als wir glauben möchten.

Durch den Untergang von Atlantis ist es heute unmöglich, das Ganze als eine Einheit zu sehen, zumal wir uns auch konsequent weigern, kleine Details überhaupt zur Kenntnis zu nehmen. Was uns weiterhelfen würde, wäre das Werk eines noch zu entdeckenden südamerikanischen Platon, aber dieser Wunsch wird sich wohl nie erfüllen. Denn in Südamerika fehlt uns so etwas wie die Bibliothek von Alexandria, nicht zu verwechseln mit der Metallbibliothek von Ecuador. Wir benutzen Argumente, um die Besiedelung von Amerika so passend zu machen, dass sie sich in das der Zeit bestehende Weltbild der Alten Welt einpasst, und von da an ist es unangreifbar. Wir sollten unsere Ansichten über die Alt-Amerikanistik ernsthaft neu überdenken, um Wege aus dieser leidigen Misere zu finden. Dadurch sollte es uns möglich sein, der Problematik zu entkommen, damit wir uns nicht selbst aus der Geschichte ausblenden. Wir müssen erkennen, dass die Besiedelung der Erde kein bevorzugtes Problem von Afrika, Asien oder Europa ist, es ist ein Problem, das alle Kontinente der Erde betrifft, und zwar zu allen Zeiten. Die bis heute gültigen Wanderbewegungen der alten Völker waren wahrscheinlicher komplexer, als uns dies heute bewusst ist, und gefallen tut uns dies ganz und gar nicht. Wir sollten davon ausgehen, dass die Entwicklung des frühen Menschen sich komplexer gestaltete, als wir bereit sind zu glauben, und sich schon sehr früh eine eigenständige und unabhängige Entwicklung auf den verschiedenen Kontinenten abspielte. Geografische oder andere Widrigkeiten waren für ihn keine wirklichen Hindernisse, diese waren der eigentliche Motor der menschlichen Entwicklung. Wir sind diejenigen, welche die Geschichte erst konstruieren, um beweisen zu können, dass sie sich einst so zutrug, wie wir es fälschlicherweise für richtig halten.

Die Probleme, vor der sich der frühe Mensch bei seinen Wanderungen gestellt sah, werden mit Sicherheit dazu beigetragen haben, seine Fähigkeiten weiterzuentwickeln bzw. zu optimieren, und dadurch wurde er erst in die Lage versetzt, die Probleme zu erkennen und Lösungen zu finden. Dies trug mit Sicherheit dazu bei, dass das menschliche Gehirn gezwungen wurde, schneller und effektiver zu arbeiten, um die anstehenden Probleme schnellstmöglich zu lösen. Diese

Lösungen waren es, welche es ihm erlaubten, seine Lebensqualität ständig zu verbessern und zum Wohle der Gruppe zu optimieren. Wir Menschen neigen heute dazu, bei Problemen nicht wirklich nach Lösungen zu suchen, wir greifen auf Lösungen unserer Vorfahren zurück, das erspart uns das leidige Denken. Als Beispiel soll das Automobil herhalten, es gibt es seit über 100 Jahren und es hat sich nur in der Qualität und der Quantität verändert, aber es ist immer noch ein Auto à la Otto bzw. Diesel. Das Prinzip und die Konstruktion sind nur verfeinert worden, aber am Prinzip hat sich nichts geändert. Aber das feiern wir als Fortschritt, und wir wissen, dass es kein Fortschritt ist. Über all die Jahrtausende haben immer nur einzelne oder kleine Gruppen gedacht und gehandelt und die große Masse hat sich bereitwillig führen lassen. Dies ist wahrlich der kleinste gemeinsame Nenner der menschlichen Entwicklung.

Heinrich Kruparz sagt es noch drastischer in seinem Buch *Atlantis und Lemuria* auf S. 256: „*Somit ist ernsthafte, kostenaufwendige archäologische Forschung vorerst im Selbstmordprogramm der Menschheit nicht vorgesehen.*"

Amen.

Die Apokalypse der Maya

*„Worüber man nicht reden kann, darüber muss man
sich verständigen, darüber muss man einen Dialog führen und es ist Aufgabe des Wissenschaftlers, damit zu
beginnen, um den Weg zu der Welt zu bereiten, zu finden er in der Lage und ihn zu kennen sein Privileg.“*
Professor Dr. Werner Heisenberg (1901 – 1976)

Der *Dresdener Codex* ist einer von drei erhalten gebliebenen
Maya-Handschriften, welcher in der Sächsischen Landesbib-
liothek Staats- und Universitätsbibliothek ausgestellt ist. Der
Dresdener Codex ist wahrscheinlich älter als die beiden anderen Bücher, man rechnet um 1200 bis 1300 n. Chr. In Paris
wird in der Bibliotheque National der *Codex Peresianus* auf-
bewahrt, welcher leider schwer beschädigt ist. Das Museo de
America in Madrid besitzt den *Codex Tro-Corttesianus*. Die
beiden letztgenannten sind aber nicht öffentlich zugänglich
aufgrund ihres schlechten Zustandes. Die Alt-Amerikanistik
geht davon aus, dass es sich beim *Dresdener Codex*, der aus
der postklassischen Zeit der Maya stammt, nur um die Abschrift einer weit älteren Fassung handelt. Wir werden uns
im weiteren Verlauf auf die Ausgabe von Professor Dr. Nikolai Grube berufen, *Der Dresdener Maya-Kalender – Der
vollständige Codex;* Herder 2012.

Beim Lesen des *Dresdener Codex* drängt sich einem der
Verdacht auf, dass er nur Teil einer größeren Einheit ist,
d. h. ein Band von mehreren, denn er behandelt nur die große Flut. Es fehlen der Band, der den Feuersturm behandelt,
und der Band, der sich mit dem Erdbeben und dem Vulkanismus beschäftigt. Dass da einmal mehr war, ist zwar nur

62

eine Vermutung, aber eine, über die man nachdenken sollte.

Auch das *Popol Vuh* lässt den Schluss zu, dass es hierzu einmal genauere Informationen gab. Beim jetzigen Stand der Dinge müssen wir diesen Gedanken wohl erst einmal zu Grabe tragen, aber wir sollten uns bitteschön merken, wo wir ihn begraben, wer weiß, wann wir ihn mal brauchen.

Leider ist es so, dass wir zufrieden sein müssen, dass es ihn überhaupt gib, den *Codex Dresdensis*.

Wo könnten wir heute stehen, wenn Frey Diego de Landa seinen Hass nicht in der Verbrennung der Codizes Ausdruck gegeben hätte! Aber den Gedanken *was wäre, wenn* wollen wir gleich wieder vergessen.

Der Regengott Chaak ist für Regen im Maya-Imperium zuständig und damit hat er genug zu tun, aber er schafft dies noch allein. Im *Codex* kommt er bis zu viermal auf einer Seite vor. Dann wird er mit einer Schlange oder seiner Frau dargestellt und dann auch noch mit rotem Hintergrund oder rot hinterlegt – wenn das keine Hinweise sind auf etwas Größeres als nur Regen, dann verstehen wir hier die Botschaft nicht. Wenn es in Südamerika regnet, dann ist dies etwas anderes, als wenn es hier bei uns regnet, nur reden wir gleich von einer Sintflut und es ist nur Regen, so unterschiedlich sind die Ansichten über Regen. Der Grund dürfte in unserem Unterbewusstsein liegen, da wir uns weigern, die Sintflut als globales Ereignis anzuerkennen.

Für uns wird sie wohl immer ein lokales Phänomen bleiben, auch wenn wir mittlerweile die kosmische Gefahr erkannt haben, welche für die Sintflut verantwortlich war. Was aber nicht automatisch bedeutet, dass damit die Sintflut als Weltereignis anerkannt worden ist.

Die Botschaft des *Dresdener Codex* liegt darin, dass sie uns ihre erlebte Geschichte der Sintflut hinterlassen haben, um späteren Generationen mitzuteilen, was in einer fernen dunklen Vergangenheit ihren Vorfahren widerfahren ist. Wir sollten in den Menschenopfern der Azteken nicht nur bestialische Handlungen sehen, sondern auch versuchen zu akzeptieren, dass sie dies in dem Glauben taten, dass ihre Sonne dadurch am Leben blieb. Sie wussten aus ihrer Geschichte, dass dies nicht immer so war. Als die Azteken ihre Menschenopfer durchführten, waren sie keinen Deut schlechter als wir, bei uns nannte man das Inquisition und sorgte so auf ganz andere Art für eine europäische Geburtenregulierung; wir könnten also mit unseren Ansichten über die mesoamerikanischen Menschenopfer durchaus etwas mehr Zurückhaltung an den Tag legen. Man sollte deshalb erst mit Steinen werfen, wenn man eine neue höhere Form von Moral und Ethik erreicht hat.

Die Offenbarung des Johannes, besser bekannt als Apokalypse, weist viele Gemeinsamkeiten mit dem *Dresdener Codex* auf. Sie wären offensichtlicher und nachhaltiger, wenn man die Maya-Hieroglyphen nicht nur lesen könnte; auch noch ihre wahre Bedeutung zu erkennen wäre ein wirklicher Gewinn für die Menschheit. An dieser Stelle möchte ich ausdrücklich auf das *Gilgamesch-Epos* und das *Popol Vuh* hinweisen, denn diese zwei großen Epen der Weltliteratur befassen sich ausschließlich mit der Sintflut und den Folgen für die Menschheit, und sie erzählen uns, warum es heute so ist, wie es ist.

Die verbrannten Codizis sind ohne Übertreibung mit der Bibliothek von Ninive (welche heute im Stadtgebiet von Mossul liegt), ja selbst mit der Bibliothek von Alexandria zu vergleichen, auch wenn wir nie erfahren werden, welche interessanten Geschichten und Botschaften sie einst enthielten.

Die ersten sumerischen Gilgamesch-Texte finden sich in der Dritten Dynastie von Ur (Ur III) 2110 – 2003 v. Chr. Die wichtigsten Manuskripte bilden nach wie vor die aufge-

fundenen Tontafeln aus der Palastbibliothek von Assurbani-
pal (668 – 627 v. Chr.) in Ninive (nach Professor Walther
Sallaberger).

Durch Utnapischtim erfahren wir von der Vernichtung
der Menschheit, der diese Information vom Weisheitsgott Ea
erhielt. Er, Utnapischtim, ist kein anderer als der biblische
Noah im Alten Testament, Genesis 6–8.

Die Offenbarung des Johannes ist die wohl mit Abstand
bekannteste aller Offenbarungen aus der Zeit der Antike.
Dazu zählen auch die jüdischen Apokalypsen von Baruch
und Henoch aus dem zweiten Jahrhundert vor Christus.
Aber es geht sehr viel weiter, es reicht bis in das von uns so
gepriesene dunkle Mittelalter über die *Centurien* des wohl
berühmtesten aller Propheten, Nostradamus, und schlussendlich bis in unsere Zeit. Wir, die im Hier und Heute leben, haben alles auf den 21.12.2012 reduziert, das magische
Datum der Maya und ihrer Ansicht vom Weltuntergang
und seiner Wiedergeburt, weil es so schön kalt den Rücken
runterläuft. Wir brauchen den Nervenkitzel, weil uns das
Leben in unserer Zivilisation so eintönig vorkommt. Denn
wir können nicht verstehen, wie Pachamama tickt, und dies
führt dazu, dass wir so zerstörerisch mit uns und der Natur
umgehen.

Betrachten wir einmal kurz eine kurze Textpassage aus
dem *Codex Vatico Latinus*, wo es heißt: *„Das vierte Zeitalter
der Maya, Tzontlilac begann im Jahre 3114 v. Chr. “* Demnach
wäre das erste Zeitalter Matlactili der Maya 8091 Jahre zu-
vor zu Ende gegangen, mit anderen Worten bereits 11.205
v. Chr. Nun heißt es aber, dass am Ende jenes Zeitalters eine
große Flut – Apachiohualitztli – gekommen sei, die durch
die Göttin Chalchiuhtlicue, die Gemahlin von Tlalocan,
herbeigeführt wurde. *Chalchiuhtlicue* bedeutet auf Nahuatl
„Die mit dem Jaderock“ – „Göttin des Meeres, der Seen und

der fließenden Gewässer“ (je nach Interpretation). Tlalocan selbst wurde den Regengöttern zugerechnet.

Man sollte unter Umständen auch in Betracht ziehen, dass es sich hierbei um eine Priestersprache bzw. Beamtensprache handeln könnte, die wir ohne spezielles Wissen nur zum Teil interpretieren können; sie zu verstehen ist wieder etwas ganz anderes.

Nehmen wir als Beispiel unsere Beamten in unserem so viel gelobten goldenen Zeitalter, die versteht auch kaum jemand, und in 200 Jahren kann erst recht keiner die Texte verstehen, geschweige denn übersetzen, sie werden dann wie so viele alte, unverstandene Sprachen zu einer Geheimsprache der Priester erklärt werden müssen.

Wir sollten in Betracht ziehen, dass es sich beim Inhalt um eine in die Zukunft projizierte Vergangenheit der Menschheit handelt, und wenn wir uns mit dieser Ansicht anfreunden können, dann sind wir dem Ziel wahrscheinlich näher, als wir glauben. Genau das ist die Stelle, wo wir anfangen sollten, wieder zu glauben, auch wenn wir der Meinung sind, dass wir das Kapitel Glauben hinter uns gelassen haben.

Unsere Vorfahren wollten uns nicht mitteilen, dass die Welt untergeht, oh nein! Sie waren am Leben und am Überleben ihrer Kinder und Kindeskinder genauso interessiert wie wir heute Lebenden. Denn das hatten sie ja bereits stellvertretend erleben dürfen, sie wollten uns vielmehr davor bewahren, den gleichen Fehler, den sie begangen hatten, zu wiederholen. Sie waren überzeugt, etwas Falsches getan zu haben, deshalb ihr großes Bedürfnis nach Sühne, die sich in verschiedenen Religionen äußerte, das Ergebnis können wir heute noch sehen. Dies zeigt uns wieder, dass wir noch lange nicht alles verstehen, was uns da an Information hinterlassen wurde.

Dass Archäologie mehr eine Glaubensangelegenheit ist

und weniger eine Naturwissenschaft, macht es auch nicht leichter. Letztlich genügt es ihnen, uns glauben zu machen, dass es so war und nichts anders, und darüber entscheidet die Reputation des Wissenschaftlers und nicht die Wissenschaft als solche. In keinem anderen Zweig der Wissenschaft ist es so einfach, die Fakten, die gerade vorliegen, passend zu machen und den aktuellen machtpolitischen Gegebenheiten anzugleichen – und schon hat man zum Politiker die passende Historie.

Man muss nur drei Veröffentlichungen über eine Epoche des Mittelalters lesen und schon weiß man nicht mehr so recht, von welchem Mittelalter man spricht. Die Geschichte der Menschheit lehrt uns, dass wir als Menschheit resistent sind gegen die Lehren, die uns die Geschichte erteilt. Wie sagte doch einst Voltaire (1694 – 1778) so treffend: *„Geschichte ist die Lüge, auf die man sich geeinigt hat."*

Einige Zeitzeugen aus der Zeit der Conquista berichten darüber, dass Chavin de Huantar alle Merkmale eines Zeremonialzentrums der Anden-Kulturen besitzt. Dies wird wohl der Wahrheit entsprechen, denn nach der größten Katastrophe der Menschheit brauchten unsere Vorfahren diese Möglichkeit, um ihren Neuanfang zu organisieren und um den Lebenswillen wieder zu wecken. Die Chavin-Kultur vereint in ihrer Kunstfertigkeit Motive von der Pazifikküste über die Cordillera bis ins Amazonasbecken, einschließlich der uns bekannten Flora und Fauna. Der Stil der Chavin-Kultur lässt sich noch heute vom Oberlauf des Amazonas über die Bergtäler der Anden bis zur Pazifikküste belegen.

Der Anfang war mit Sicherheit mehr als bescheiden und hat sich erst über die Jahrtausende hinweg zu dem entwickelt und gewandelt, was wir heute darin zu sehen glauben. Mit an Sicherheit grenzender Wahrscheinlichkeit wurde dieser Ort mit Bedacht ausgewählt. Einer der Gründe dafür dürfte darin liegen, dass die Überlebenden wussten, dass die durch den Teil-Impakt im südlichen Pazifik verursachte Welle die Anden an dieser Stelle nicht überwunden hatte. Wie gesagt, die Tsunami-Welle – was aber nicht für die Erdbeben gilt, welche durch den Impakt ausgelöst wurden. Da wir aber nach solchen Zeichen nicht suchen, werden wir dieses Problem so lange ruhen lassen müssen, bis eines Tages in ferner Zukunft irgendjemand darauf stößt.

Das in Chavin immer wieder vorkommende Symbol des Stabgottes ist eines dieser missverstandenen Vermächtnisse dieser Kultur. Der sogenannte Stabgott erinnert mehr an El Lanzon als an einen Gott; die Ähnlichkeit mit den katzenartigen Raubtieren in menschlicher Haltung deutet vielmehr auf ein Untier hin, eines, das versuchte, die Menschheit zu vernichten, was ihm ja auch fast gelungen wäre. Der Hinweis auf die Harpyie in diesem Zusammenhang verweist auf den Ursprung des Untieres, und die Schlange selbst steht hier für den hinterhältigen Charakter, der den Impaktor repräsentiert. Wir sollten in dem Stabgott vielmehr den Schweif des Impaktors sehen, dadurch kommt man dem wahren Ablauf nämlich näher. Dass die Stabgötter bis in die Inka-Zeit hinein überlebt haben, ist ein weiteres Indiz dafür, dass das Erlebte sich im Unterbewusstsein der Überlebenden eingebrannt hatte und heute noch in unserem Unterbewusstsein manifestiert ist.

Die religiösen Aufgaben von Chavin de Huantar werden sich im Laufe der Jahrtausende unmerklich den neuen gesellschaftlichen bzw. den jeweiligen vorherrschenden politischen Verhältnissen angepasst haben, sodass ihr ursprünglicher Sinn sich über die Jahrtausende langsam veränderte und so ein Opfer der Zeit selbst wurde. Das bedeutet aber nicht, dass seine wahre Aufgabe verloren ging, sie ist nach wie vor existent, nur fehlt uns das Schlüsselelement.

Es wird sich wohl nie schlüssig beweisen lassen, da so wenig Schriftliches erhalten geblieben ist und das, was erhalten geblieben ist, noch nicht so übersetzt ist, dass es uns wirklich weiterhilft. Jeder, der sich diesem Thema nähert, ist auf Interpretationen angewiesen, denn so traurig dies auch sein mag, es ist zur Zeit die einzige Möglichkeit, sich diesem Thema überhaupt zu nähern. Das ist dann auch die Stelle, wo man sich aufs Glatteis begibt, denn der Archäologe ist schon da und er hat festgelegt, wie das Ganze zu bewerten und zu verstehen ist, und das ist die Stelle, wo das Eis extra dünn wird für denjenigen, der eine andere Sichtweise auf dieses Thema hat. Der Konflikt zwischen den beiden Parteien hat aber auch sein Positives, denn er zwingt die beiden Kontrahenten zu möglichst genauen Untersuchungen und Darlegungen der Fakten. Das lässt hoffen, dass die Differenzen sich in einem überschaubaren Rahmen halten und dass sie sich gegenseitig anregen und somit die Rätsel in ferner Zukunft keine Rätsel mehr sein werden. Wir sollten auch nicht vergessen, dass die Begründer der modernen Archäologie Quereinsteiger waren und mit ihren Arbeiten erst die Archäologie begründeten.

Das, was bis jetzt erforscht wurde, ist eine überzeugende Fleißarbeit, die aber leider nicht immer die Anerkennung erfährt, die ihr eigentlich zusteht. Dies alles führt zu leidigen Missverständnissen, welche die traurige Eigenschaft haben, sich über Jahre zu behaupten. Aber Missverständnisse, so unnötig sie auch erscheinen mögen, haben ihre Berechtigung in die eine oder andere Richtung. Sie dürfen sich nur nicht zum Dogma entwickeln. Des Menschen Irrtümer liegen in der Natur des Menschen selbst, leider neigt der Mensch dazu, aus seinen Fehlern so wenig wie möglich zu lernen, und das erschwert es uns nur unnötigerweise, unsere weitere Entwicklung zielgerichtet zu beeinflussen.

Betrachten wir einmal die Offenbarung des Johannes, stellen sie dem *Dresdener Codex* gegenüber und lassen die Aussagen über Mesoamerika für sich sprechen. Diese Erkenntnisse werden uns helfen, El Lanzon und Chavin de Huantar besser zu verstehen.

Wie oben schon erwähnt, handelt es sich bei der Offenbarung des Johannes um eine in die Zukunft projizierte und von unseren Vorfahren wirklich erlebte Apokalypse. Diese These zu akzeptieren fällt uns natürlich schwer, denn wenn wir sie akzeptieren, sind wir nicht mehr Herren über unsere Geschichte und wir müssten sie neu schreiben; ob wir das wirklich wollen, sei erst einmal dahingestellt. Aber wir haben die Verpflichtung, unseren Vorfahren Gerechtigkeit widerfahren zu lassen, denn das haben sie sich verdient.

Die Kalenderpriester der Maya benutzen den *Dresdener Codex*, um Fragen und mögliche Probleme über ihre ureigenste Zukunft zu lösen. Die wenigen heute noch praktizierenden Kalenderpriester in Hochland von Guatemala und in Chiapas/Mexiko sind der lebendige Beweis dafür, wie schwer Legenden sterben – gut zu wissen! Glaube kann Berge versetzen und der Glaube an etwas Höheres, Uraltes ist etwas, was sich nicht mit unseren modernen Weltanschauungen erklären lasst. Natürlich kann man sich schön mit seinen Vorfahren und deren Hinterlassenschaften schmücken, nur hilft das nicht wirklich weiter. Die Details aus der Offenbarung und auch die aus der *Genesis* sind wissenschaftlich nachvollziehbar, seitdem im Jahr 1980 der Nobelpreisträger für Physik, Luis Alvarez, und sein Sohn Walter Alvarez und ihre Mitarbeiter den Kometen-Impakt vor 65,4 Millionen Jahren nachgewiesen haben und damit auch das Aussterben der Dinosaurier belegen konnten.

Unsere Vorfahren sahen es wohl als ihre Aufgabe an, uns, ihre Nachkommen, auf eine mögliche Wiederholung in der

Zukunft hinzuweisen. Ihre Hinterlassenschaften, die sie weltweit unabhängig voneinander machten, dienten allein dem Zweck, die Menschheit davor zu bewahren, den gleichen Fehler wieder zu begehen. Die Fehler, die zur Sintflut führten, sind allgemein bekannt und es bedarf hier keiner weiteren Erläuterung, diese sind in der Literatur ganz leicht nachzuschlagen. Für Europa und den vorderen Orient steht hierfür genügend Literatur zur Verfügung, während es für Amerika nur das *Popol Vuh* gibt. Wenn wir unsere heutigen Ideale als das Maß aller Dinge betrachten, dann müssen wir erkennen, dass wir nichts, aber auch wirklich nichts aus unserer ureigensten Geschichte gelernt haben und uns wie schon vor Jahrtausenden heute wieder mit dem Turmbau beschäftigen. Bei unserem Gigantismus wird das mit Sicherheit ein gigantischer Turm werden und genauso werden die Folgen für unsere Kinder werden. Der Turmbau zu Dubai, „Burj Chalifa" mit einer Höhe von 828 m, ist wahrlich interessant, nur der Turm in Babylon war mit Sicherheit nicht annähernd so hoch, und so beeindruckend seine Folgen waren, so verheerend war er für die damalige Weltbevölkerung. Dies soll bitte schön nicht falsch verstanden werden, betrachten wir es als Metapher.

In seinem Buch *Der Dresdener Maya-Kalender – der vollständige Codex* bringt uns Professor Nikolai Grube die Welt der Maya näher. Auf S. 72 des *Codex* übersetzt er die Regentabelle von S. 71 des *Codex Dresdensis*. Hier schreibt er wörtlich: *„In den Texten kommen Hieroglyphen wie **ik**, ›Wind‹, **k'ak'aj chaak**, ›Feuer-Regengott‹, **k'intunyaabil**, ›Dürre‹, **muck ixiim**, ›der Mais leidet‹, und **chak haal**, ›roter Regen‹, vor, die meteorologische Phänomene und deren Auswirkungen beschreiben."*

Die Wörter „Feuer-Regengott" und „roter Regen" lassen aber aufhorchen, denn diese kennen wir ja schon aus der

Apokalypse des Johannes und den Plagen der Alten Ägypter, und das lässt nur den einen Schluss zu, dass da ein Zusammenhang besteht. Dieselben Hinweise, nur mit etwas anderen Worten, finden wir im *Popol Vuh* vor.

In der Offenbarung des Johannes 16,1, die „Sieben Schalen des Zornes Gottes", heißt es: *„Die zweite leert sich über dem Meer, und es wurde wie das Blut der Toten, und es starben alle Lebewesen im Meer. Die dritte senkte sich auf alle Flüsse und Wasserquellen, und es bildete sich Blut."* Weiter heißt es in der Offenbarung des Johannes Kap. 8/10–11: *„Und es fiel ein großer Stern vom Himmel, der brannte wie eine Fackel und fiel auf das dritte Teil der Wasserströme und über die Wasserbrunnen. Und der Name des Sternes hieß Wermut, und der dritte Teil ward Wermut, und viele Menschen starben von den Wassern, dass sie waren so bitter geworden."*

Die Schilderungen der Betroffenen weisen darauf hin, dass beiderseits des Atlantiks die Überlebenden sehr wohl zu unterscheiden vermochten und die Vergiftung des Wassers wahrgenommen haben. Das Phänomen der Rotfärbung der Weltmeere ist bezeugt im Nahen Osten und im Indischen Ozean, im Nordatlantik und einer begrenzten Region in Mittelamerika (Quiché-Sagen in Guatemala). Das Besondere bei der Rotfärbung: Es betraf Länder, Flüsse, Seen und Meere, und überall berichtet man davon, dass das Wasser aussah wie das Blut von Toten. Das Blut von Toten sieht aber rotbraun aus. Am bekanntesten ist die Rotfärbung des Nils in Ägypten und beim Roten Meer. In der *Edda* wird berichtet, dass sich das Nordmeer in ein Meer von Blut verwandelte. Selbst das Land blieb von diesem Phänomen nicht verschont. Bedenkt man die zahllosen Überlieferungen von den alten Germanen und ihrem Heldenepos der *Edda* bis hin zu den *Quiché* der Maya in Guatemala mit ihrem *Popol Vuh* und die Bibel, dann bleibt nur eine Erklärung übrig, nämlich die, dass es sich hier um ein Naturereignis handeln muss, welches von unseren Vorfahren real erlebt wurde. Wir wissen heute, dass bei einem Impakt riesige Mengen an Stickoxiden freigesetzt werden, und aus der Chemie wissen wir, dass konzentrierte Salpetersäure, die mit Stickoxiden gesättigt ist, sich rotbraun färbt. Man geht heute davon aus, dass bei einem Impakt 20 % der Säuremassen in den ersten Tagen ausregnen, man spricht in diesem Zusammenhang auch von Blutregen, und genau das steht auch im *Codex Dresdensis* (S. 39), nur dass es hier mit „roter Regen" übersetzt wird. Auf Codex S. 37 des Bauernalmanach steht der Satz: *„Aus seinem Penis* (gemeint ist Chaak, der Regengott) *ergießt sich ein Strom von Urin, der in den Kopf eines Reihers mündet."* Das Wort für „Reiher" – **bak ha'**, ist ein Rebus, denn es bedeutet auch „Wasserstrom". Dies ist mit großer Wahrscheinlichkeit ein weiterer Hinweis auf die Umweltvergiftung durch den Impakt, denn wie will man einen nach Urin stinkenden Wasserstrom anders interpretieren? Im Bauernalmanach auf der gleichen Seite kommt wieder der geltungssüchtige Regengott Chaak daher, und das gleich in Form von drei Regengöttern. *Sie befinden sich an drei verschiedenen Orten, der erste von ihnen sitzt auf einem gestuften Himmelsband. Der mittlere kauert, einen Krug auf seinem Rücken tragend, im Regen, der sich von einem Himmelsband auf ihn herabstürzt.* Dies ist kein Regen mehr im Sinne von Regen, man kann mit Sicherheit von Wasserkubatoren bzw. Schlieren ausgehen, wie sie beim Endkreide-Impakt durch den amerikanischen Aerodynamiker S. K. Croft nachgewiesen wurden. Heute spricht man von „Flutregen". Die Yamana-Indianer auf Feuerland sprechen gar von kochendem Meereswasser, dies trifft aber auch auf große Teile von Südamerika zu. Professor Dr. Alexander Tollmann schreibt in seinem Buch *Und die Sintflut gab es doch: „… hinsichtlich der ungeheuren Regenmenge, der Größe der Wassertropfen und*

-schwaden, des Schlammregens, in dem der staubförmige Fallout ausgeregnet wird, der Rußausfällung und sogar des heißen Regens mit seinem kochenden Wasser.“

Dies ist uns auch im *Codex Dresdensis* hinterlassen worden, immer unter der Voraussetzung, dass wir die Hinterlassenschaft unserer Vorfahren als solche respektieren und anerkennen und in ihrem Sinne versuchen werden, sie zu verstehen. Auf Codex S. 38 schreibt Prof. Grube: „*Sonnen- und Mondfinsternis brachten die Maya stets mit starken Regenfällen in Verbindung.*“ Dies kann doch nur bedeuten, dass sich dieses Erlebnis unauslöschlich im Bewusstsein der Maya manifestierte, denn die Impaktnacht hatte ihre Spuren hinterlassen, und auch alle anderen Folgeerscheinungen. In den folgenden Jahrtausenden ging der Zusammenhang zu den Ur-Ereignissen verloren, aber die Sonnen- und Mondfinsternis blieben, mit nicht zu unterschätzenden Folgen. Sie traten jetzt einzeln und regelmäßig auf und verursachten dadurch einfach nur Angst vor dem nächsten Unheil. Dies könnte einer der Gründe dafür sein, weshalb die Maya und die Völker vor den Maya so einen aufwendigen Kalender brauchten. Sie wussten, der Unglücksbringer kam aus den Sternen, und Sonne und Mond waren in ihren Augen Sterne. Sie kannten unser Sonnensystem und durch ihren komplexen Kalender hofften sie das nächste Ereignis voraussehen zu können. Der Kalender der Maya ist das Ergebnis vieler hochqualifizierter Priester, welche ihre Ergebnisse von Generation zu Generation weitergaben, und das auch noch von Volk zu Volk, oder sollte man lieber sagen, von Kultur zu Kultur? Denn der Ursprung dürfte wohl sehr viel früher anzusetzen sein, weit vor den Maya und weit vor den geheimnisvollen Olmeken.

Auf Codex S. 41 schreibt Prof. Grube vom „*Schneckenschalen-Gott-N-Chaak, der dem Himmel Unglück bringt*“. In der mittleren Reihe wird ein Mischwesen aus den alten Gott-

74

N und dem Regengott dargestellt. Interessant ist hierbei die Übersetzung der Namenshieroglyphen und im Text folgen die Hieroglyphen für „Sonnenfinsternis" und „Regen am Tag und in der Nacht".

„Am Himmelsband hängt das Zeichen für Sonnenfinsternis." Es handelt sich hier nicht um eine Sonnenfinsternis im Sinne einer astronomischen Konstellation, sondern um eine, die durch die Folgen des Impakt hervorgerufen wurde. Man beachte, wie oft die Maya Sonnenfinsternis und Regen erwähnen. Dies lässt einen an Paranoia glauben, denn mit Regenfällen, die es in Mittel- und Südamerika gibt, kannten sie sich aus, selbst mit Hurrikans konnten sie leben, denn sie dauern nicht bis an das Ende aller Tage und Jahre.

Interessant ist an dieser Stelle der letzte Satz auf dieser Seite: „*… und der letzte Ort in jener Sequenz ist eine Höhle, ein Cenote oder ein Ort des Regens."* ›Höhle‹ erinnert stark an die Höhle Chicomoztoc im heiligen Berg Teo-Colhuacan in Mexiko. Die Azteken betrachten ihn als Ursprungsort für die Ausbreitung ihrer späteren acht Stämme. Selbst im Feuerregen der Weltuntergangsmythen der Azteken wird die Rettung der in Höhlen Schutz suchenden Menschen dargestellt. Wenn wir irgendwann in der Lage sein sollten, die Maya-Hieroglyphen vollständig zu übersetzen, werden wir sicher eines Besseren belehrt. Dies wird uns eine Welt offenbaren, die unsere Fantasie bei Weitem überfordern wird.

El Lanzon steht hier stellvertretend für den Kometen und in diesem Zusammenhang erinnert er uns auch an das Untier, das Johannes in seiner vierten Schalen-Version beschreibt, egal ob als Himmelsdrache oder als Meeresdrache; sie sind untrennbar miteinander verbunden, beides Seiten derselben Medaille. El Lanzon steht hier als der Teil des Kometen, der im Pazifik niederging und das verursachte, was uns im *Codex Dresdensis* und im *Popol Vuh* hinterlassen wurde. Aber darum ging es unseren Vorfahren wohl nicht wirklich, vielmehr brauchten sie stellvertretend ein Objekt, das sie für das unfassbare Elend, welches sie erleiden mussten, zur Rechenschaft ziehen konnten, und um der Nachwelt zu zeigen: Hütet euch vor diesem Untier, es kann zu jeder Zeit wiederkommen. Für sie, unsere Vorfahren, war es selbstverständlich, dass so etwas jederzeit wieder passieren konnte; es bedeutet aber auch, dass so etwas wie ein Impakt nichts Unbekanntes war, nur diesmal war er anders und weltumspannend und hätte die Menschheit fast ausradiert.

Wir erinnern uns nur an den Zwischenfall vom Morgen des 30. Juni 1908 an der Steinigen Tunguska im mittelsibirischen Bergland und ich wiederhole mich hier nur: Wenn er ein wenig später eingetroffen wäre, hätte die Möglichkeit bestanden, dass er Mitteleuropa verwüstet hätte – unsere Welt wäre eine andere! Da hilft es auch nichts, dass sich die Medien heute gegenseitig versuchen das Wasser abzugraben, hier geht es wohl mehr um die Auflage und weniger um Fakten.

Die vierte Schale ist dahingehend von Interesse, dass sie auf die Sonne ausgerichtet ist, hier heißt es: *„… auf die Sonne, und es wurde ihr gegeben, auf die Menschen zu brennen mit Feuersglut.“* Im *Codex Dresdensis* wird das alles verzehrende Feuer gar wohl zitiert, auf Codex S. 40 steht geschrieben: *„Es ist Feuer im Himmel, der vierfache Ara-Papagei, er bringt eine große Dürre.“* Weiter heißt es*: „Der Brand des Himmelshundes, Unglück für die Götter, Unglück für die Brunnen.“*

Die Bemerkung „Unglück für die Götter“ kann man schwer für eine normale Dürreperiode heranziehen, hier sollten wir von etwas Größerem ausgehen und bedenken, dass diese Dürre von langer Dauer war. Wir müssen auch in Betracht ziehen, dass die Landschaft durch Sintflut, Sintbrand und den sie begleiteten Vulkanismus mit Erdbeben völlig umgestaltet worden war und es in den ersten Jahrzehnten kaum möglich gewesen sein kann, von Ackerbau zu reden.

Man sollte des Weiteren in Betracht ziehen, dass der *Dresdener Codex* ja nur die Sintflut widerspiegelt, was wiederum die Vermutung aufkommen lässt, dass es da noch einen Codex für den Sintbrand und wenigstens noch einen für das Große Beben geben sollte. Da wir aber um die Geschichte der Codizis wissen, dürfte es sich hierbei wohl um Wunschdenken handeln. Aber vielleicht taucht eines Tages aus irgendeiner Bibliothek ein weiterer vergessener Codex auf. Wie heißt es doch so schön: Die Hoffnung stirbt zuletzt. Was der Alt-Amerikanistik fehlt, ist ein Nag Hammadi, und man wäre einen entscheidenden Schritt weiter. Nur, wo befindet sich in Mittel- und Südamerika das bewusste Nag Hammadi? Noch bedeutender wäre ein Fund in der Größenordnung von Qumran, wie er sich am Toten Meer 1947 zugetragen hat, und wer weiß, vielleicht gibt es solch einen Ort irgendwo in der Neuen Welt. Man kann der indigenen Bevölkerung nicht übel nehmen, wenn sie solche noch existierenden Schätze vor uns verbergen würde, schließlich haben wir wirklich alles unternommen und unternehmen es noch, um uns so unglaubwürdig zu machen, wie es nur möglich ist. Sie haben allen Grund, der Welt auch noch heute zu misstrauen! Unser Fehler liegt darin begründet, dass unser Ego es uns verbietet, aus den Fehlern vergangener Generationen zu lernen, angeblich sind wir weiter und bedeutend besser als die zurückliegende Generation.

Das ist der Grund, warum wir so schlecht vorwärts kommen.

Inka-Mythen,
was wollen sie uns mitteilen?

*„Der Geist einer Sprache offenbart sich am deutlichsten
in ihren unübersetzbaren Worten."*
Marie Freifrau von Ebner-Eschenbach (1830 – 1916)

Die ethnische Vielfalt der Prä-Inka-Epoche spiegelt sich bis
in die Zeit der spanischen Conquista wider. Durch diese außerordentliche ethnische Vielfalt in den Kordilleren kommt
es zu einer beeindruckenden Anzahl von Schöpfergottheiten,
Ursprungsorten und Ursprungszeiten, die Mythologie dankt
es.

Die Mythen der indigenen Völker belegen die Lebendigkeit des menschlichen Seins auch am anderen Ende der
uns bekannten Welt, und dies bis in unsere Zeit hinein. Wir
müssen uns hüten, was unsere rationale Denkweise anbelangt, den Mythos allein auf die Fantasie zu begrenzen und
als Allegorien und Metaphern seiner wahren Bedeutung zu
entrücken. Schon Francis Bacon (1561 – 1628) erkannte
früh, *„dass Mythen eine besondere Form der menschlichen Erkenntnis darstellen"*. (Heinz Krumpel, *Mythos und Philosophie
im alten Amerika*) Dem kann man eigentlich nichts mehr
hinzufügen.

Aristoteles, der sich selbst als *mythophilos* (einer, der gern
Geschichten hört) bezeichnete, bemerkte schon zu seiner
Zeit, dass der Mensch nicht ohne Mythen leben kann. Für
den deutschen Sprachraum seien hier stellvertretend die Gebrüder Grimm genannt, die sich sehr um diese bemühten.
Wenn wir nicht bald die Märchen, Sagen, Legenden und Mythen als das wahrnehmen, was sie in Wirklichkeit sind, dann

werden unsere Enkelkinder in geistiger Armut aufwachsen, denn ihnen wird sich die philosophische Größe unserer mythologischen Vergangenheit verschließen. Nur die Mythen sind in der Lage, uns durch ein Labyrinth von nicht vorhandenen Beweisen aus einer Zeit weit vor der unseren zu führen und uns Lösungen zu offenbaren. Die Informationen, die im Mythos verborgen liegen, offenbaren sich uns nur, wenn wir den jeweiligen Kulturkreis in einer inhärenten Begrifflichkeit wahrnehmen, die in Symbolen ihren Ausdruck findet. Die Symbole im Reich Tahuantinsuyu sind Legion, das Problem liegt aber darin, diese als solche zu erkennen, denn nur dann können wir uns ihnen mit dem nötigen Respekt nähern und mit der nötigen Offenheit gegebenenfalls sogar verstehen.

Erst durch Alexander von Humboldt (1799 – 1804) und seine historische Reise durch Mittel- und Südamerika wissen wir um die altamerikanische Mythologie. Er erkannte als Erster, dass die Volksmythen mehr darstellten, als man bis dahin bereit war, den alten südamerikanischen Völkern zuzugestehen. Für Humboldt reflektierten sie tatsächliche Ereignisse und keine fiktiven, mit der ihm eigenen Gründlichkeit untersuchte er die Mythen nach soziologischen Gesichtspunkten. Seine Arbeit und seine Überlegungen zur Mythologie im alten Amerika regte die Welt an, sich näher mit diesem Thema zu beschäftigen. Alexander von Humboldts Einfluss ist heute noch genauso aktuell wie vor zweihundert Jahren und die heutigen Menschen wissen darum, jedenfalls in Südamerika. Man kann sein damaliges Wirken nicht hoch genug einschätzen.

„In den hieroglyphischen Gemälden der Azteken, ihren Bauten mit behauenen Steinen und ihren Bildhauerarbeiten sah Humboldt Ähnlichkeiten zu den antiken europäischen Hochkulturen." (Heinz Krumpel, *Mythos und Philosophie im alten Amerika*, S. 15)

In Alexander von Humboldts Werk *Ansichten der Kordilleren und Monumente der eingeborenen Völker Amerikas* (Paris 1810/13) kann man dies äußerst spannend und unterhaltend nachlesen und sich an Humboldts exzellenten Zeichnungen erfreuen. Wie sagt doch der Dichterfürst der Deutschen, Johann Wolfgang von Goethe, so treffend: *„Humboldt überschüttet uns mit geistigen Schätzen.“* Das Traurige ist, dass zwei Jahrhunderte vergehen mussten, ehe dieses wichtige Werk Humboldts erstmals vollständig in deutscher Sprache erschien. Bei dieser Gelegenheit noch einmal vielen Dank dem französischen Außenministerium, vertreten durch die Kulturabteilung der französischen Botschaft in Berlin (Mai 2004).

An dieser Stelle ist es mir wichtig, Simon Bolivar (1783 – 1830) zu erwähnen, denn er hat Humboldts Wirken und Werk als das erkannt, was es in Wirklichkeit ist. Zu Recht sagt er: *„Alexander von Humboldt hat Amerika mehr Wohltaten erwiesen als alle seine Eroberer, er ist der ›wahre Entdecker‹ Amerikas.“*

Kehren wir zurück zu unserem eigentlichen Thema, den Mythen des Inka-Reiches Tahuantinsuyu.

„Der Titicaca-See und der mystische Ort Tiahuanaco sind die Orte, wo der Kosmos, die Sonne, der Mond, die Sterne und die Vorfahren der Menschen zuerst ins Dasein traten.“ (Gary Urton, *Mythen der Inka*) Die Alten wussten um ihre alten Lieder, und was sie berichteten, war für sie etwas Reales. Was uns wiederum zeigt, dass ein Mythos ein unaufhaltsamer Bestandteil einer bestimmten ethnischen, prähistorischen Epoche ist. Dass zu Anbeginn der Zeit zwei Menschen sich vom Titicaca-See aus auf den Weg zu den Höhlen von Tambo Toco bei Pacaritambo machten und diese auf unterirdischen Wegen erreichten, war für sie das Natürlichste auf der Welt.

Der Mythos ist bekannt und braucht hier nicht wiederholt zu werden. Legen wir aber dem Mythos unsere Erkenntnis über den Impakt zugrunde, kommt dies dabei heraus; Nachdem die Sonne längere Zeit nicht zu sehen war, bedingt durch die Impaktnacht, erbarmte sie sich und spendete den Menschen wieder Wärme. Da die Menschheit fast ausgerottet war und eine Erklärung her musste, wo die Jetzt-Menschen herkamen, nutzte der Inka geschickt die alten Lieder und brachte sich somit in Stellung. Er erklärte sich zum Sohn der Sonne und die Sonne selbst schickte Manco Capac mit seiner Schwester Mama Ocllo hinab zum Titicaca-See. Er nutzte geschickt die alten Lieder, die sich durch die Jahrhunderte bzw. Jahrtausende erhalten hatten und über deren Ursprung schon damals die Zeit des Vergessens hinweggeschritten war. Da wir uns schwertun, in der Zeit zurückzuschreiten, was Mesoamerika und Südamerika anbelangt, ist der Weg zum Ursprungsort der andinen Mythen für uns nicht wirklich begehbar und wir vergeuden wertvolle Zeit mit Spekulationen. Der Mensch neigt anscheinend dazu, sich und zwei, drei Generationen zurück als den Höhepunkt der menschlichen Entwicklung zu betrachten, und da wird alles und jeder verdammt, der diese Ansichten auch nur ansatzweise in Zweifel zieht, der brauchbare Rest wird angepasst.

Irgendwie kommt einem das alles nicht wirklich fremd vor, sondern vertraut, und dieses Vertraute schmeichelt unserer Dekadenz.

Die uns bekannten Inka haben keine Tinte verspritzt, nicht im Sinne unserer antiken Welt, nein, sie haben hier und da ein paar Knoten weggelassen und an anderer Stelle ein paar neue Knoten eingefügt, wenn möglich farbig, und schon war ihre Herkunft wahrlich göttlich. Da sich ihre Herrschaft aber auf einen gefälschten Mythos bezog, musste dies Auswirkungen auf ihren gesamten kulturellen und sozialen Herrschaftsbereich nach sich ziehen, was es dann auch tat. Da sich der Inka auch Lieder und Mythen eroberter Völker zu eigen machte, ging seine geschickte Lüge unter und wurde zur Wahrheit. Die wenigen, die um die Kunst der Knoten wussten und uns beim Verstehen derselben hätten helfen können, gibt es nicht mehr, und so werden die uns verbliebenen Quipus ihr Dasein als interessante und sehenswerte Artefakte fristen. Die Quipucamayoqs sind ausgestorben und mit ihnen das Wissen um die Kunst der Quipus, wir werden wohl nie in der Lage sein, diese Verluste zu erfassen, denn die Knotenbewahrer oder Knotenmacher sind von der Zeit ihrer Aufgaben entbunden und somit für immer für uns verloren.

In seinem Werk *Comentarios Reales de los Incas* (veröffentlicht 1609 in Lissabon) erwähnt Garcilaso de la Vega folgenden Mythos: *„Als sich die Wasser der Flut verliefen, ein Mann in Tiahuanaco erschien. Dieser Mann sei so mächtig gewesen, dass er das Land in vier Teile sonderte und jedem Viertel einen eigenen König gab. Manco Capac erhielt den Norden, Colla den Süden, Tocay den Osten und Pinahua den Westen. Dieser in Tiahuanaco tätige ›Schöpfer‹ habe den Königen befohlen, sich in die ihnen zugewiesenen Viertel zu begeben und die dort ansässigen Völker zu unterwerfen und zu regieren."* (Gary Urton, *Mythen der Inka*).

Durch den Hinweis auf die Flut liefert der erste Inka, Manco Capac, den Beweis (?), dass Ayar Manco Capac und Mama Ocllo die Personen sind, die den Weg vom Titicaca-See unterirdisch zum „Haus der Morgenfrühe" gingen, welches sich in Pacaritambo befand. Die Vorfahren der Inka wussten um die Flut und deren Folgen; was verloren gegangen war, war der Zeitpunkt, an dem sich die Sintfluttragödie ereignete, und dadurch war es ihnen so leicht möglich, ein wenig die Geschichte zu beschönigen, dank der Knoten.

Es wird sich wohl nie feststellen lassen, welcher ethnischen Gruppe die Inka angehören.

Die Geschichte ist Zeuge: Herrscher auf allen Erdteilen, zu allen Zeiten und selbst heute noch, schönten ihre Geschichte bis in unsere Tage, und auch in der Zukunft wird sich an diesem System wohl nichts ändern. Auch für die Inka gilt: Man muss eine Lüge nur oft genug wiederholen und sie wird zur Wahrheit, für eine lange Zeit; aber nicht für ewig.

Betrachtet man die Zyklen der Weltalter der Inka, so fällt wieder der Bezug zum Ablauf eines Impaktes auf, siehe auch die *Genesis*. In der Kosmologie der Inka und der Andenvölker spricht man von fünf Weltaltern; dieses Wissen verdanken wir dem Proto-Ethnologen und indigenen Übersetzer Don Felipe Waman Puma de Ayala (1534 – 1550). Einer alten Legende nach soll es fünf Spiegel der Sonne gegeben haben, stellvertretend für die einst am Firmament sichtbaren Kometen-Fragmente. Es soll einen sechsten Spiegel der Sonne geben, welcher aus rosafarbenem Granit besteht und sich noch heute in der Inka-Festung Ollantytambo befinden soll.

Die Weltenalter der Inka unterscheiden sich stark vom Weltenalter der uns bekannten antiken Welt. Bei den antiken Griechen finden wir das bekannteste aller Weltenjahre, auch „das große Jahr“ genannt, am bekanntesten ist es aber unter dem Begriff „Platonisches Jahr“ (ca. 25.700 bis etwa 25.920 Jahre), welches sich aus den 12 großen Monaten (2150 Jahre) zusammensetzt und den gesamten Tierkreis durchläuft.

Um das Trauma Sintflut wirklich bewältigen zu können, verfielen die verschiedenen ethnischen Gruppen auf einen Trick, um es mit unseren Worten verständlich zu machen. Sie zogen die einzelnen Abschnitte (wenn man dies überhaupt so nennen darf) einfach ein wenig in die Länge (1000 Jahre) und schon war das Armageddon ein Begriff, mit dem man halbwegs umgehen konnte. Dies trifft auch auf Mesoamerika zu. Denn die Folgen der Sintflut wurden dadurch verständlich und von den Nachfahren der Überlebenden erst begreifbar, wenn man so etwas wie die Apokalypse überhaupt begreifen kann. Deshalb bekam jedes Welten-Jahr eine Sonne zugeteilt, was aus der Sicht der Mythologie nur verständlich erscheint. Jede Sonne steht hier stellvertretend für eine der für sie sichtbaren glühenden Sonnen, welche sich der Erde näherten, und die wichtigsten sichtbaren und spürbaren Folgen.

Da hätten wir zuerst die dunkle Urzeit mit dem Wari Wiracocharuna, einem Menschengeschlecht, welches übersetzt in etwa bedeutet: „das Volk aus der Zeit der Arche Noahs". Wir müssen mit dem Einfluss der christlichen Missionierungen wohl leben müssen, denn so viel Auswahl an Mythen besteht nun mal nicht.

Das zweite Welten-Jahr wird von den Wari Runa dominiert, welche sich durch einen primitiven Ackerbau ein einfaches Leben in Frieden leisteten, ihr Zeitalter endete mit einer Überflutung.

Die Purun Runa („Wilde Menschen") bildeten das dritte Welten-Jahr. Über sie wird berichtet, dass sie sich erfolgreich mit Ackerbau, Bergbau und der Herstellung von Schmuck beschäftigten. Sie fertigten ihre Kleidung aus gefärbter und gesponnener Wolle. Die Bevölkerungszahl stieg langsam, aber stetig an, und man begann wieder im unbesiedelten Tiefland zu siedeln, welches sich nach den Jahrhunderten von den Flutschäden wieder erholt hatte. Wahrscheinlicher ist hier wohl, dass sie nach Jahrhunderten, wenn nicht gar nach Jahrtausenden ihre Angst so weit beherrschten, dass sie es wagten, wieder im Tiefland zu siedeln. Ein weiterer wichtiger Grund hierfür dürfte darin liegen, dass die Bevölkerung wieder einen Stand erreicht hatte, der es notwendig machte, wieder die Niederungen zu besiedeln. Es war dies die Zeit der Stadt-Königreiche (und zwar in Quechua, nicht in den Sprachen der uns bekannten antiken Welt) und deren Hochkonjunktur. Dies dürfte auch der Zeitpunkt für unsere Vorfahren gewesen sein, nun wieder mit ihren geliebten Kriegsspielen zu beginnen, welche sich bis in unsere Zeit erhalten haben. Zu diesem Zeitpunkt beteten die vielen ethnischen Völker des Andenraumes den Schöpfer Pachacamac an.

Die Auca Runa („Die kriegerischen Menschen") bildeten das vierte Welten-Jahr, und wie nicht anders zu erwarten stieg die Zahl der kriegerischen Auseinandersetzungen. Bevorzugt wurden nun wieder Befestigungsanlagen gebaut und jeder in Frage kommende Berggipfel mit Steinhäusern verziert. Die Lebensbedingungen hatten sich gegenüber dem davor liegenden Zeitalter entschieden verbessert, in materieller wie in technologischer Hinsicht.

Endlich, im fünften Welten-Jahr, der fünften Sonne, begann die Zeit der Inka, welche mit dem Einfall der spanischen Conquista endete. Die Inka-Mythologie baut wie auch die Mythologie der antiken Welt auf Weltschöpfung und Weltvernichtung auf. Dieses Konzept, ob nun Anden-Mythen genannt oder die Mythen der antiken Welt, bildete den Grundstein der jeweils herrschenden Klasse. Dabei wird allzu oft vergessen, dass der Mythos zu Recht Anspruch erhebt auf die von ihm behauptete Wahrheit. Diese Wahrheit wird nun von den jeweils Herrschenden etwas zurechtgelogen oder negiert, dies sind dann jene Schalen in der Mythologie, die entfernt werden müssen, um an den Ursprung des Mythos zu gelangen.

Was die Inka selbst anbelangt, so bleibt eine Frage aber weiter unbeantwortet, und ob sie je wirklich gelöst wird, sei dahingestellt:

Woher kamen sie wirklich?
Wer waren die Vorfahren der Inka?

An dieser Stelle wird es notwendig, sich mit den Ausgrabungen im Casma-Tal im Norden von Peru zu befassen. Sechín Bajo, um diesen Ort handelt es sich, liegt am nördlichen Talrand des Rio Casma und umfasst nach heutigem Erkenntnisstand ca. 30 Hektar. Nach dem jetzigen Erkenntnisstand ist dieser Zeremonialplatz der mit Abstand älteste in Peru und somit von Südamerika, vorläufig jedenfalls; Tiwanaku wird bewusst ausgeblendet.

Mit seinen 5500 Jahren braucht sich Sechín Bajo nicht vor dem Alten Ägypten und Mesopotamien zu verstecken, es stellt sich vielmehr die Frage, warum sich vor circa 6000 Jahren eine Kulturexplosion rings um den Globus vollzog. Man könnte dies ja so auslegen, dass die Überlebenden der Sintfluttragödie gut 4000 Jahre benötigten, um mit den Folgen der Sintflut fertigzuwerden, und dabei halfen ihnen keine Außerirdischen, damit mussten sie allein fertigwerden. In dieser Zeit konnte die Menschheit sich so weit erholen und vermehren, dass sie einen neuen Anfang wagte.

Gewisse Bauelemente in Sechín Bajo lassen an Chavin de Huantar denken, dies wird noch durch einen Relieffries aus prähistorischer Zeit gestützt. Es handelt sich hierbei um mythologische Darstellungen, die einen direkten Bezug zu Chavin de Huantar nahelegen. Die Ähnlichkeiten in der Bauausführung von Sechín Bajo und Chavin de Huantar sind verblüffend und somit gibt es nun doch einen Vorläufer zur Architektur von Chavin de Huantar. Anhand der mythologischen Motive kann man erkennen, wie Symbole und mythische Vorstellungen sich zu religiösen Vorstellungen wandelten. Wir müssen bedenken, dass schon ca. 4000 Jahre vergangen waren und die Menschen nur noch die alten Lieder kannten, die Erinnerung daran muss aber noch sehr lebendig gewesen sein, um so ein Vorhaben wie Chavin de Huantar zu beginnen und zu beenden. Denn zwischen Sechín Bajo und Chavin de Huantar liegen die Cordillera Negra und die Cordillera Blanca, und dies allein ist schon respekteinflößend.

Professor Heinz Krumpel schreibt zu Recht: *„Möglicherweise verschlechterte sich die wirtschaftliche Situation, wodurch sich der religiöse Druck erhöhte, um Ordnung und Herrschaft aufrecht zu erhalten.“*

Die wirtschaftliche Situation verschlechterte sich arg, denn hier in Südamerika müssen wir mit den gleichen Folgen rechnen, die auch Ägypten heimsuchte. Das Weltwetter hatte sich nach 4000 Jahren wieder halbwegs normalisiert und die langen und großen Regenfälle als Folge der Sintflut wurden weniger und blieben schließlich ganz aus, dadurch fielen die Ernten immer geringer aus und die ehemalige Wüste holte sich ihr Land zurück. Ägypten war in der Lage, dieses Defizit an Regen durch den Nil zu kompensieren, aber der Rio Casma war dazu wohl nicht in der Lage, zumal die Cordillera Negra keine Gletscher besitzt, welche ihn mit zusätzlichem Wasser hätten versorgen können. Dies könnte einer der möglichen Gründe dafür gewesen sein, sich an den Verursacher der Sintflut zu erinnern, und als logische Konsequenz daraus errichtete man den Gefängniskomplex Chavin de Huantar. Das ist dann wieder die Stelle, die uns zu El Lanzon führt, den Verursacher der Sintflut. Sechín Bajo ist in Verbindung mit Chavin de Huantar wohl die Initialzündung, deren es bedurfte, um in Südamerika den Abschluss mit der Apokalypse zu finden und das Leben jetzt auf einer völlig neuen Stufe zu beginnen. Die Vielfalt der südamerikanischen Mythen lässt sich somit auf ein paar wenige ethnische Gruppen reduzieren, denn erst vor circa 6000 Jahren setzt eine Bevölkerungsexplosion ein und damit geht auch eine vermehrte Vervielfältigung der Mythen einher.

Der Kalender der Maya und Olmeken beginnt nach der langen Zählung 3114 v. Chr., zu diesem Zeitpunkt gab es noch keine Olmeken und auch keine Maya, was vermuten lässt, dass die alten Völker Amerikas wieder einen Entwicklungsstand erreicht hatten, der es ihnen erlaubte, an frühere Entwicklungen anzuschließen. Auch in der antiken Welt Europas spielen sich große geschichtliche Ereignisse ab. Hier drängt sich der Verdacht auf, dass die Überlebenden des Armageddon ca. 5000 Jahre brauchten, um mit den Folgen fertigzuwerden und ein neues, bescheideneres Leben zu leben. Dies lässt vermuten, dass ihre mathematische Besessenheit ihren Ursprung in der Zeit vor den Armageddon hat, denn er ist einfach zu perfekt. Aber sie verstanden es vortrefflich, ihn zu nutzen. Hier möchte ich ein Zitat vom Schamanen Wandernder Wolf anführen, welches Professor Heinz Krumpel in seinem Buch erwähnt (S. 164): *„Wir sagen nicht, dass die Welt untergehen wird. Es gibt Hoffnung, wenn wir bereit sind, die Natur zu verteidigen. Wir sind hier, um die Erde zu erhalten, nicht, um sie zu zerstören."*

Nur werden wir wohl nie wirklich verstehen, wie die alten Völker Südamerikas ihre Mythen gelebt und erfahren haben, denn mit unserer Sicht über ihre Ansicht der Dinge ist es uns nicht möglich, in ihre mystische Welt vorzudringen. Unser einseitig wissenschaftliches Weltbild nötigt uns, unsere mystische Seite des Seins zu leugnen, was zu einer Verarmung unserer selbst führt. Man kann sich Mythos und Wissenschaft auch als das Yin und Yang aus dem Taoismus vorstellen. Es verkörpert die polar entgegengesetzten, aber dennoch aufeinander bezogenen Kräfte. Da Yin und Yang Gegensätze verkörpern, die sich wechselseitig beeinflussen und somit den ewigen Kreislauf des Lebens verkörpern, sollte die Wissenschaft akzeptieren, dass sie ohne Mythos nur die halbe Wahrheit repräsentiert.

Die altamerikanischen Völker glaubten an ihre Mythen, denn diese erlaubten es ihnen, mit den Problemen, vor die sie sich gestellt sahen, fertigzuwerden, was bedeutet, dass sie ihrem Leben einen Sinn gaben, denn der Ursprungsort und die Zeit waren längst der Vergessenheit anheimgefallen.

Der im El Lanzon projizierte Mythos, welchen zu erkennen uns nicht gelingt, entwirft ein Bild von dem Ort und dem Aussehen des Sintflut-Kometen, sodass sich der Glaube in diesen Ort manifestiert. Dort und nur dort durfte das Gefängnis der Ewigkeit gebaut werden, was letztlich auch geschah.

Aus dem Buch von Professor H. Krumpel möchte ich hier eine aztekische Geschichte wiedergeben, welche sehr gut verdeutlicht, wie unsere Vorfahren versuchten, mit dem Trauma Sintflut fertigzuwerden. Auf S. 142 schreibt er: *„Richard Nebel bezieht sich auf Alfonso Caso, wenn er schreibt: Huitzilopochtliist, die Sonne, ist der junge Krieger, der jeden Tag aus dem Schoß der alten Erdmutter hervorkommt und jeden Abend stirbt, um mit seinem Licht die Welt der Toten zu erhellen. Sobald aber der Gott hervorgekommen ist, muss er mit seinen Brüdern, den Sternen, und seiner Schwester, dem Mond, einen Kampf ausfechten. Mit der Feuerschlange, dem Sonnenstrahl, schlägt er diese jeden Tag in die Flucht. Sein Sieg bedeutet, dass die Menschen einen weiteren Tag leben können.“*

Dieser Ausschnitt beschreibt ganz gut, wie versucht wurde, mit ein und demselben Problem fertigzuwerden, hier mit Liedern und weiter südlich mit einen Bauwerk. Jede Priesterkaste versuchte somit für sich das Optimale an Machbarem zu sichern und die eigene Position zu festigen. Parallelen hierzu finden wir in unserer antiken Welt und bei den Alten Ägyptern.

Hesekiel

Hesekiel war ein israelitischer Priester und ein Prophet des Alten Testaments, er lebte ca. 600 – 560 v. Chr. und gehörte zur ersten Gruppe von Israeliten, die ins babylonische Exil verschleppt wurden. So steht es geschrieben.

Was aber wäre, wenn Hesekiel nicht mit Außerirdischen konfrontiert wurde, sondern mit Menschen der Erde, welche sich halt nur auf einer anderen Entwicklungsstufe befanden? Ich wiederhole mich, selbst in unserer Zeit gibt es verschiedene Entwicklungsstufen der menschlichen Zivilisationen und wir brauchen die Aliens nicht ständig zu missbrauchen, nur weil wir gerade mal wieder nicht weiterwissen. Erich von Däniken und seine Ansichten über Hesekiel finde ich ja gar nicht so schlecht, aber was ist, wenn er hier daneben liegt? Wenn sich die Geschichte als solche vor sehr langer Zeit zutrug und wir sie nur da einordnen, wo sie bequemerweise aufgezeichnet wurde, man erinnere sich an Gilgamesch!

Wir Menschen sind wie geschaffen für den Irrtum und bisher irren wir von Irrtum zu Irrtum. Unsere gewählten Volksvertreter irren ständig und verkaufen es auch noch als persönlichen Erfolg – wenn das kein Beweis dafür ist?

Hesekiel steht als Prophet im Buch der Bücher, die *Genesis* auch, und selbst die Sintflut mit dem altehrwürdigen Noah kommt darin vor. Was wäre, wenn die Erzählung von Hesekiel in der Bibel einen Vorläufer hätte, so wie Gilgamesch der Vorläufer von Noah war?

Dann würde alles ein wenig anders aussehen und wir

müssten uns völlig neue Gedanken machen. Spekulieren wir ein wenig mit unseren neuen Gedanken.

Hesekiel beschreibt hier technische Vorgänge und Gerätschaften auf der Erde, die es zur damaligen Zeit nicht gab, so glauben wir, aber das bedeutet nicht automatisch, dass es so etwas auf der Erde wirklich nicht gab. So, wie er die technischen Erscheinungen beschreibt, sind sie ihm völlig fremd, und er beschreibt sie mit seinem Wortschatz. Dieser Wortschatz erlaubt es uns, sie so auszulegen, wie wir es für gut erachten. Ein Städter unserer Tage spricht anders als ein Dörfler in der Dritten Welt.

Wir leiden allesamt unter dem Atlantis-Syndrom, was bedeutet, dass es ein Atlantis nie gegeben haben darf und es deshalb die Aliens richten müssen. Aber so kann man sich der Sache nicht nähern, wir sollten vielmehr versuchen, uns dem Problem Atlantis zu stellen, um einen Weg aus dem Dilemma zu finden. Es spricht mehr als nur Platon für Atlantis.

Wir wissen heute, dass so weit entwickelte Zivilisationen wie die unsrige bei Naturgewalten ganz schnell an ihre Grenzen kommen, technisch, logistisch, medizinisch und – der wichtigste Punkt – im Blick auf die Ernährung. Wenn unser Essen nicht zu 101 % steril ist, glauben wir schon, wir werden vergiftet, Milch kommt nicht von Kühen, sondern aus einem viereckigen Karton. Wie wollen wir all das überleben, wenn es dann nichts mehr zu essen gibt? Essen in unserem Verständnis, bei Mutter Erde gäbe es schon noch was zu essen, nur würden wir dieses Essen wollen? Wir würden sterben wollen, weil wir uns weigern würden, Natur zu uns zu nehmen, da wir mittlerweile schon so von Chemie überzeugt sind.

In meiner Kindheit hieß es noch „Dreck macht Fett", da wurde schon mal im Nachbarsgarten eine Möhre entliehen, gewaschen und geschält wurde sie deshalb noch lange nicht

– und sie leben alle noch, die meisten jedenfalls. Dank unserer industriellen Nahrungsmittel sind wir nicht mehr so robust und umso leichter Beute eines noch so unscheinbaren Bazillus. Der nächste Komet möge bitte einem anderen Planeten den Vorzug geben, damit uns bitte schön nicht mit solchen Problemen der Alltag verleidet wird. Vor diesem Problem und anderen müssen die wenigen überlebenden Atlanter gestanden haben, sie hatten nie wirklich eine Chance, die Folgen der Sintflut zu händeln, ihre Kultur war zu fortschrittlich, sie selbst zu verwöhnt, um nicht zu sagen dekadent, um den neuen Anforderungen an ihr neues Leben gerecht zu werden. Es ist anzunehmen, dass sie in der Folgezeit ausstarben und den Völkern Platz machten, die bisher keine Gelegenheit zur Existenz hatten. Ihre Chance kam, als die dominierende Kultur abgetreten war. Aus der Geschichte ist bekannt, dass es immer nach Zäsuren in der Entwicklungsgeschichte der Erde die Schwachen waren, welche die Lücken füllten, die bisher von den Starken besetzt worden waren.

Wenn wir unter Berücksichtigung dieser Arbeitsthese nun Hesekiel einmal neu interpretieren, dann erhalten wir einen Bericht von einem Menschen über Menschen, die versuchten, einen Teil ihrer moralischen und ethischen Werte in eine völlig andere bzw. neue Zeit zu retten und gleichzeitig an Menschen weiterzugeben, die dazu noch nicht wirklich in der Lage waren. Dass aber einzelne Personen sich bewusst waren, dass sie etwas ändern müssten, wenn sie ihre eigene Zivilisation weiter voranbringen wollten.

Beispiele dafür finden wir auf allen Kontinenten, wenn wir nur suchen würden, denn wer sucht, der wird auch belohnt. Als Beispiel soll uns hier Hesekiel 3,1–3,3 dienen:

1. *Und er sprach dann zu mir: „Menschensohn, was du findest, iss. Iss diese Rolle und geh, rede zum Hause Israel."*
2. *Da öffnete ich meinen Mund und er ließ mich nach und nach diese Rolle essen.*
3. *Und er sagte weiter zu mir: „Menschensohn, du solltest deinen eigenen Bauch essen lassen, damit du gar deine Eingeweide mit dieser Rolle füllst, die ich dir gebe." Und ich begann sie zu essen, und sie wurde in meinem Mund wie Honig so süß.*

Hierbei muss es sich um den Transfer von Wissen handeln, welcher es den Israeliten ermöglichte, schnell und ohne größeren Aufwand an Wissen zu gelangen, das von enormer Bedeutung für ihr Volk war, aber an ausgesuchte Personen, die man für würdig erachtete. Wie der Transfer vor sich ging, ist hier nicht von wesentlicher Bedeutung.

Frage: Hat dieser Wissensexport nur hier stattgefunden oder aber auch in Mesoamerika bzw. in Südamerika?

Quetzalcoatl wäre für diese Rolle wie geschaffen, zumal er ja als Kulturheros verehrt wird. Er gilt als der Erfinder des Handwerks, der Landwirtschaft und des Kalenders und er verlässt die Hauptstadt, weil er in Konflikt mit den Anhängern des Tezcatlipoca gerät, wegen dessen sakraler Menschenopfer. Was den Kalender anbelangt, so müssen wir wohl oder übel zugeben, dass sie da in Mesoamerika etwas weiter waren als wir in der Alten Welt, dieses profunde Wissen erwirbt man nicht mal eben so, das sollte uns mittlerweile klar geworden sein. Des Weiteren gilt er auch als Windgott, Gott des Himmels, sein Erkennungszeichen ist die Feder, als Zeichen der Erde lässt er sich als Schlange darstellen. Wohingegen die Azteken ihn als Wasser- und Fruchtbarkeitsgott darstellen. Hier kommen Wind, Wasser und Erde vor, und dann haben wir es mit den Problem der Fruchtbarkeit zu tun. Durch die Umweltgifte bedingt, durch den Impakt, war ein Fruchtbarkeitsgott sicher von Vorteil.

Der Fruchtbarkeitskult findet sich merkwürdigerweise zur gleichen Zeit rund um den Globus. All diese Merkmale lassen auf etwas schließen, was letztlich unsere direkten Vorfahren dazu nötigte, einen Fruchtbarkeitskult zu inszenieren, um den eigenen Fortbestand zu gewähren, denn auch noch nach Jahrhunderten waren die Folgen des Impakts sicher noch spürbar. Die wenigen Atlanter müssen den Versuch unternommen haben, wenigen, nicht näher zu bestimmenden Gruppen ihr Wissen weiterzugeben, um deren Zivilisation ein Weiterleben zu ermöglichen, das Ganze mit sehr interessanten Mitteln, welche uns heute so noch nicht wieder zur Verfügung stehen. Wie viel von ihrem Wissen und was genau, wird sich uns wohl nie ganz erschließen.

Quetzalcoatl wandert dann der Legende nach gen Osten und diese Legende verhalf Cortés zu seinem zweifelhaften Sieg über das Aztekenreich.

Bei Hesekiel verläuft die Reise gen Westen – fällt denn niemandem auf, dass da ein Zusammenhang bestehen muss? Beide bewegen sich auf den gleichen, nicht mehr zu bestimmenden Ort zu, von dem wir wahrlich gerne wüssten, wo er zu suchen wäre. Egal wie man sich bewegt, von Europa nach Westen oder von Amerika aus nach Osten, in der Mitte von beiden ist der Atlantik, und dies gefällt uns seit Platon nicht. Lagen hier nun Atlantis oder die Gärten der Hesperiden?

Bei Hesekiel spielt sich dies alles ca. 500 Jahre v. Chr. ab, das Wissen, welches hier benutzt wird, ist wohlweislich älteren Datums, als wir es wahrhaben wollen. Nur weil es damals niedergeschrieben wurde, heißt dies doch noch lange nicht, dass es der Zeitpunkt war, wo das Ereignis stattfand. Was, wenn es sich nun um weit ältere Aufzeichnungen handelt, mündlicher oder schriftlicher Art?

Ich zitiere hier noch einmal Erich von Däniken: *„An der südlichen Seitenwand des Tempels fließt ein Wasser, ein Fluss, hinaus in den östlichen Landstrich und ergießt sich ins Meer."* Was ist daran bemerkenswert konkret? Alle Flüsse dieser Erde fließen ins Meer, bis auf ein paar wenige, die versanden. Wenn man sich in den Cordillera befindet, kann man nur vermuten, dass der Fluss zum Meer fließt, sehen kann man es nicht. Die Flüsse Südamerikas fließen auch alle ins Meer, wobei die meisten in den Atlantik fließen und nur ein paar wenige in den Pazifik.

Von Däniken schreibt weiter: *„Dieses Wasser fließt hinaus in den östlichen Landstrich, strömt dann hinab in die Steppe und ergießt sich ins Meer, in die salzige Flut, und die Flut wird gesund."* Es stimmt schon, dass die Flüsse ins Amazonasbecken fließen und von dort aus ins Meer gelangen – nur, wo ist die Steppe und fruchtbar soll sie auch noch sein im Amazonasbecken? Nur weil der Amazonas-Urwald grün ist, heißt dies doch nicht, dass er fruchtbar ist. Es sind gar viele Expeditionen im Amazonasbecken verhungert, weil sie halt nichts Essbares fanden, und die Völker, die seit ewigen Zeiten hier leben, haben sich an die Lebensabläufe angepasst. Dass Hesekiel auf einen sehr hohen Berg gebracht wurde, steht hier nicht zur Diskussion, aber gleich die Cordillera de los Andes, wo es mehr als einen hohen Berg geben soll? In unmittelbarer Nähe liegen interessante Gebirge (Libanon, Kaukasus, südiranisches Randgebirge, um nur einige zu nennen), welche die gleichen Gegebenheiten aufweisen und auch mit Steppe dienen können. Die Entfernung von Chavin de Huantar zum Atlantik ist riesig, im Text scheint dies gleich um die Ecke zu sein; hier versucht man etwas passend zu machen, was nicht wirklich überzeugend zusammenpasst.

Man sieht es doch heute jeden Tag, dass der Boden nur eine sehr kurze Zeit Ernten hervorbringt und die Menschen dann weiterziehen müssen; vor 2500 Jahren wird dies sicher nicht anders gewesen sein. Wenn das Amazonasbecken so fruchtbar ist, wieso zerstören wir es dann? Es ist nur kurze Zeit fruchtbar und die Pflanzen haben gelernt, mit dem Mangel an Nährstoffen zurechtzukommen

Es geht nicht darum, Hesekiels Bericht abzulehnen, dazu ist er viel zu interessant und äußerst lesenswert. Wir müssen nichts passend machen, nur weil es eben mal so schön in eine Theorie passt. Eigentlich kann man mit Hesekiel alles und nichts beweisen, und das tun wir schon Jahrhunderte, nur jedes Jahrhundert halt auf seine eigene Art und Weise.

Ein kleines Beispiel: Wir heute Lebenden haben Schwierigkeiten, uns das Mittelalter vorzustellen und es einzuordnen, denn das funktioniert auch nicht so richtig. Hinzu kommt, dass jede nachfolgende Generation diese Epoche auf ihre eigene Art und Weise interpretierte und wir heute eine Unzahl von Ansichten über das Mittelalter haben. Dies ist mit Sicherheit einer der Gründe dafür, dass es unsere Lieblingsecke in der Geschichte ist, denn hier wird garantiert jeder fündig. Frage: Welche ist historisch korrekt und auch glaubwürdig? Bei Hesekiel wird es das Gleiche sein, nur dass bei ihm die Zeiträume noch größer waren und es sich meist um mündlich tradierte Geschichten handelt. Diese Geschichten waren zu diesem Zeitpunkt bereits Legenden und Mythen aus längst vergessenen Tagen; denn der Mensch neigt dazu, traumatische Erlebnisse zu negieren, aus reinem Selbstschutz.

Das Buch Mormon und
Chavin de Huantar

*„Unter Intuition versteht man die Fähigkeit gewisser
Leute, eine Lage in Sekundenschnelle falsch zu beurtei-
len."*
Friedrich Dürrenmatt

Professor H. D. Disselhoff sagt über Chavin de Huantar
treffenderweise Folgendes: *„Meiner Überzeugung nach walte-
te ein noch ungeklärter Einfluss von außen bei der Entstehung
der Chavin-Kultur."* Dies habe ich Erich von Dänikens Buch
Botschaften und Zeichen aus dem Universum, S. 361, entnommen. Wenn man den ungeklärten Einfluss von außen als ein
Werk der Mormonen sieht, dann verkennt man das Problem.

Sein Jerusalem der Anden, wie er es zu nennen pflegt,
unter Zuhilfenahme der „Kirche Jesu Christi der Heiligen
der Letzten Tage", besser bekannt als Mormonen, geht am
Thema Chavin de Huantar vorbei und verkennt somit die
wahre Bedeutung von Chavin de Huantar, ganz zu schweigen von dessen eigentlichem Ursprung, und die Frage nach
seiner Funktion stellt sich dann nicht. In Chavin de Huantar
den Tempel Nephis zu erkennen ist gewagt, aber das weiß
Erich von Däniken besser als jeder andere, und seine Akte
Hesekiel ist da nicht besonders hilfreich. Im Jahr 1969 gab
Juan Moricz die Entdeckung einer gigantischen unterirdischen Welt bekannt, in seinem damaligen Buch *Aussaat und
Kosmos* schreibt Erich von Däniken über die Metallblattbibliothek in Ecuador und machte sich damit keine Freunde,
aber Jahrzehnte später entschuldigte er sich dafür in einem
weiteren Buch. Sein Ego geht halt mit ihm hin und wieder

durch, aber dank seines Egos kann man sich heute überhaupt erst zu solchen Themen äußern und das muss und anerkannt werden.

Er kommt doch aus den Schweizer Alpen und weiß mit Sicherheit, dass mit der Höhe die Luft für Flachlandtiroler etwas dünn wird. Frage: Wie haben die Nephiten dann den Weg nach Chavin de Huantar gefunden? Dazwischen liegt das Mittelmeer, der Atlantik, und wenn das noch nicht genug Wunder ist, dass sie bis hierher überlebt haben, dann kommt noch der Amazonas mit seinen ein bis zwei Nebenflüssen und man ist noch nicht in den Anden, ganz zu schweigen von der Frage, welcher Nebenarm nun der richtige ist, und auf dem Weg in die Cordillera gibt es jede Menge schöne und gesunde Plätze zum Siedeln. So einfach sollte man sich das Thema nun doch nicht machen, obwohl es sehr anschaulich dargestellt wird. Die Nephiten sind viel zu jung, um auch nur ansatzweise in Südamerika etwas bewegt zu haben, und es gibt bis jetzt keinen wirklichen Beweis ihrer Anwesenheit, was aber nicht ausschließt, dass sie nicht doch ihre Spuren in Amerika hinterlassen haben könnten. Die Frage bleibt also: *Wo?*

Da Chavin de Huantar mit Sicherheit älteren Datums ist als der salomonische Tempel von Jerusalem, ist es schwer, den Ausführungen Erich von Dänikens zu folgen. Sein selbst auferlegter Zwang, alles, aber auch wirklich alles, was mit der Menschheit zu tun hat, der Existenz Außerirdischer zu unterstellen, macht es schwer, den Blick auf das Wesentliche bei Chavin de Huantar zu lenken. Hier geht es nicht darum, das Thema Außerirdische zu verdammen, dazu ist es mir viel zu interessant, aber wir sollten im Zweifelsfalle doch lieber davon ausgehen, dass es vor uns schon eine technisch hoch entwickelte Kultur gegeben hat und wir Menschen nicht ganz so trottelig daherkommen, wie es zur Zeit geschieht.

Es spricht mehr für eine frühe Hochkultur als für die Existenz von Aliens, denn durch diese Betrachtungsweise können wir das bleiben, was wir am besten können – Mensch sein und keine mögliche Kunstart aus dem Reagenzglas, auch wenn wir nach Jahrtausenden immer noch die gleichen Fehler machen. Aber diese machen wir wenigstens richtig.

Es lohnt durchaus, mit neuen Brillen in Erich von Dänikens Büchern zu lesen, denn er hat eine echte Fleißarbeit bei der Beschaffung von Informationen geleistet, nur dass sie diesmal etwas menschlicher gedeutet und nicht Alien-mäßig verdreht gesehen werden.

Betrachten wir einmal kurz seine heilige Zahl 7, denn sie kommt in allen Kulturen unserer Vorfahren vor – mit einer kleinen Ausnahme: der Chinesen, welche die legendäre 9 bevorzugen. Die 7 ist nicht die Schlüsselzahl für Chavin de Huantar, der Schlüssel ist der Monolith El Lanzon. Man kann die 7 nicht auf die Himmelskörper – Sonne, Mond, Merkur, Venus, Mars, Jupiter und Saturn – reduzieren, denn dies ist eine willkürliche Interpretation unsererseits. Es ist wahrscheinlicher, dass unsere frühen Vorfahren ihre Kenntnisse von Astronomie und den Himmelskörper nebst den perfekten Kalendern geerbt haben und es sich dabei um das Erbe einer Hochkultur *vor* der unseren handelt. Über diese Variante sollten wir uns eigentlich mal Gedanken machen.

Wir selbst zwingen heute noch Völkern dieser Erde unsere so viel bessere Lebensweise auf, ohne sie zu fragen, ob sie die überhaupt brauchen bzw. wollen. Im Prinzip haben wir im Laufe unserer Entwicklung nicht wirklich etwas dazugelernt. Es geht wie schon vor Jahrtausenden nur darum, andere so zu manipulieren, dass sie nicht gleich merken, dass sie unterdrückt werden, und die Methoden werden immer weiter verfeinert.

Was muss geschehen, dass wir uns endlich bereit erklären,

Platon so zu akzeptieren, wie er es verdient hätte? Denn wenn wir uns endlich überwinden könnten, dies zu tun, würde uns ein Blick in die goldene Vergangenheit unserer Vorfahren gewährt werden, der uns in Staunen versetzen würde.

Selbst unsere Generation spricht noch vom verflixten 7. Jahr. Die 7 spielt schon eine bedeutende Rolle im Leben der Menschheit, aber keine im positiven Sinne. Die Bedeutung der 7 resultiert aus der Tatsache, das der Sintflut-Komet sich beim Durchgang um die Sonne in 7 Fragmente aufspaltete, denn so berichten es die alten Mythen. Sie erzählen uns, dass 7 glühende Sonnen sich der Erde nähern.

Denken wir nur an den Kometen Shoemaker-Levy 9, welcher im Sommer 1994 im Jupiter einschlug (16. bis 22. Juli). Genauso müssen wir uns den Sintflut-Kometen vorstellen und schon haben wir eine glaubwürdige Version, welche durch die alten Mythen der Völker ihre Bestätigung findet.

Deshalb handelt es sich bei Chavin de Huantar sehr wohl um einen Kultplatz erster Ordnung, denn es ist dies der Ort, wo eine dieser glühenden Sonnen für ihre Verbrechen an der Menschheit bestraft wurde und ihre Strafe noch heute verbüßt. Leider wollen wir dies nicht wahrhaben, wir weigern uns konsequent, die Sintflut als das wahrzunehmen, was sie eigentlich ist. Selbst die geflügelten Wesen von Chavin de Huantar mit ihrem Menschentorso, menschlichen Händen und Beinen, den Vogelkrallen und dem undefinierbaren Kopf sind mit Sicherheit Darstellungen des Kometen oder der Kometenteile, die die Menschen zur damaligen Zeit sahen. Frage: Wie stellt man die Apokalypse realistisch dar? Etwas, das man eigentlich nur noch aus den Erzählungen der Vorfahren kennt, da die letzten Augenzeugen längst verstorben sind und nur noch die alten Lieder existieren. Denn die, die dieses Inferno überlebt haben, haben Chavin de Huantar nicht erbaut, das waren die Generationen derjenigen, die die direkten Folgen überlebten.

Die künstlerischen Arbeiten, die uns heute von Mexiko bis Chile bekannt sind, sind so ganz anders, als wir sie von der Alten Welt her kennen. Sie haben etwas technisch Exaktes, und was die Farbgestaltung anbelangt, so ist sie selbst für europäische Augen gewöhnungsbedürftig, aber sie beeindrucken, und dies auf eine nachhaltige Art und Weise.

Selbst die Raimondi-Stele ist einfach nur erst mal schön. Das eigentlich Traurige an ihr ist, dass man in sie hineininterpretieren kann, was gerade dem Zeitgeist gerecht wird, und dieser Weg führt leider nicht zum gewünschten Ergebnis. Platons Atlantis und Südamerikas Megalith-Kultur haben wahrscheinlich mehr miteinander zu tun, als uns angenehm ist.

Die Kultur der Vor-Sintflut-Zeit hat nicht überlebt, aber sie wussten um ihr mögliches Ende und haben uns Zeichen hinterlassen, nicht wirklich für uns, mehr für sich selbst, um für ihren möglichen Neuanfang optimale Chancen zu haben. Sie glaubten daran, dass ein Teil dieses Armageddon überleben würde, und ein paar wenige haben ja auch dieses nicht Vorstellbare überlebt. Wir, die wir so viel besser sind, begehen den gleichen Fehler heute wieder, nur viel entschlossener und konsequenter. Denn keiner spricht darüber, was passiert, wenn unsere viel gepriesene Atomenergie beim Einschlag eines Kometen in Mitleidenschaft gezogen wird.

In unserer Epoche leben Hochtechnologie und Steinzeit nebeneinander her (Andamanen, Papua-Neuguinea, Teile Amazoniens). Wir sollten respektieren, dass dies vor ca. 10.000 Jahren auch schon so gewesen sein muss.

Es macht keinen Sinn, anzunehmen, sie hätten mit hunderten von tonnenschweren Steinen gebaut, wenn es kleine genauso gut getan hätten, es sei denn, sie verfügten über die dazu nötige Technik. Die Erklärung eines Einsatzes von tausenden von Arbeitern macht auch nicht wirklich Sinn, denn der logistische Aufwand nur zur Versorgung und Unterbringung sprengte höchstwahrscheinlich die damaligen Mittel. Akzeptieren wir jedoch Atlantis als eine mögliche Hochkultur mit den technischen Möglichkeiten und den nötigen Ressourcen, dann wird einiges verständlicher und wir könnten unsere Geschichte aus der Sicht unserer direkten Vorfahren betrachten und brauchten das Ganze nicht mit den Augen der Aliens zu sehen. Wir sollten der Kultur Atlantis zu gestehen, dass sie über das nötige Wissen verfügte und sie es zu nutzen wusste. Es ist zwar gewagt, aber mit der Quantenmechanik lässt sich hier vielleicht einiges erklären. Wie schon gesagt, es ist alles schon einmal gedacht worden, wieso nicht dies?

Die gewaltige Tempelanlage Tiwanaku (16°33′17.48′′S – 68°40′23.37′′W ca. 3.900 m über dem Meeresspiegel) in Bolivien spricht für sich. Die Erbauer werden ihren Tempelkomplex nicht selbst zerstört haben, und die Aymara, denen man nachsagt, sie hätten ihn zerstört, waren dazu wohl kaum in der Lage. So bleibt als einzig glaubwürdige Alternative nur eine Katastrophe himmlischen Ausmaßes, um das Trümmerfeld, welches sich hier zeigt, auch nur ansatzweise zu erklären. Ob wir es je verstehen, wird die Zukunft entscheiden. Wir können es drehen und wenden, wie wir wollen, es bleibt nur der Sintflut-Komet übrig, alle anderen Optionen sind nicht wirklich überzeugend.

Was die Sintflut anbelangt: Der spanische Konquistador und Chronist Fernando Montesino behauptet, dass die mysteriöse Anlage vor der Sintflut errichtet worden sei. Selbst damals fiel den Menschen nichts anderes ein, denn Tiwanaku lässt sich mit unserem Wissen nicht erklären und neu bauen; selbst wenn wir es könnten, wir würden es nicht tun, es gibt für uns keinen Grund dafür.

Über die Pyramiden von Gizeh braucht es an dieser Stelle keines Kommentars – sie sagen uns mehr, als wir verstehen können und wollen.

Die Inka-Festung „Sacsayhuamán" (9°35′37.28′′ S–77°10′40.38′′W), welche angeblich von Inka Pachacútec Yupanqui und Inka Túpac Yupanqui in 70-jähriger Bauzeit errichtet worden sein soll: Das erinnert irgendwie an die Pyramiden von Gizeh und ist doch nicht glaubwürdig erklärbar. Der größte verarbeitete Stein ist 9 m hoch, 5 m breit und 4 m dick und bringt somit die Kleinigkeit von ca. 200 Tonnen auf die Waage, dazu kommen noch 20 km Transportweg, und das nicht im Flachland, sondern in ca. 3.600 m Höhe in den Kordilleren Südamerikas. Ich bewundere die Inka, aber so weit geht meine Bewunderung nun doch nicht. Die Alten Ägypter hatten es im Vergleich dazu gerade leicht, flaches Land im Gegensatz zu den Kordilleren und einen Nil gibt es hier auch nicht und die Pyramiden stehen auf Meeresniveau, nicht 3600 m hoch.

Padre José de Acostas schreibt in seinen Buch *Natur und Sittengeschichte der Indianer*: *„Die Indianer sagen, alle Menschen seien in der Flut ertrunken. Doch aus dem Wasser des Titicaca-Sees sei ein gewisser Viracocha erschienen, der sich in Tiwanaku aufgehalten habe, wo es bis heute Ruinen sehr alter, merkwürdiger Gebäude gebe. Von dort sei er nach Cuzco gewandert und so habe sich die Menschheit wieder vermehrt ..."* Dieser Hinweis entstammt Graham Hancocks Buch *Die Spur der Götter*, S. 64.

Einen weiteren und wichtigen Hinweis finden wir bei Pedro de Cieza de Leon. In seinem großartigen Werk über die Inka, *Auf den Königstrassen der Inkas*, S. 241, schreibt er: *„Eine alte Überlieferung der Inkas aus dem Jaule Tal. Die Indianer berichten Folgendes: In Urzeiten sollen hier Scharen von Teufeln erschienen sein, die großen Schaden stifteten und* *die Einwohner sehr peinigten. Da seien fünf Sonnen am Himmel erschienen, deren Glanz die Dämonen so erschreckte, dass sie unter Heulen und Stöhnen verschwanden. Und der Teufel Huari-vica, der an diesem Ort wohnte, wurde nie mehr gesehen und der Platz war ganz verbrannt und verkohlt.*"

Bei den Scharen von Teufeln können wir, glaube ich, davon ausgehen, dass es sich um Vorboten der sieben Sonnen handelt, welche kurz vor dem Erreichen der Erde sind. Die Collas sprechen von Teufeln, welche die Erde verbrennen, es dürfte sich hier wie schon in der *Edda* (den Heldenliedern der Germanen) um die dort erwähnten Muspells-Söhne handeln, welche die kleineren Begleiter und Vorboten der sieben Sonnen gewesen waren.

Auf S. 436 schreibt Pedro de Cieza de Leon weiter: „*Der Name dieses großen Sees im Lande der Collas ist Chucuito (Titicaca), nach dem Tempel, der in seiner Mitte steht. Ihre Vorfahren sollen nämlich geglaubt haben, dass der Himmel einmal viele Tage lang kein Licht mehr spendete. In dieser trüben Dunkelheit habe sich eines Tages die Sonne wieder in all ihrem Glanz von eben jener Insel Titicaca erhoben.*"

Das spricht doch eine sehr deutliche Sprache, es klingt nicht nur nach Impakt-Nacht, es handelt sich um dieselbe.

Das alles zeigt eigentlich sehr deutlich, dass die Nephiten nicht für den Bau von Chavin de Huantar verantwortlich sein können, denn ihre Geschichte beginnt erst Jahrtausende später. Die Datierung von Chavin liegt nach der derzeitigen Situation irgendwo zwischen 500 und 1000 v. Chr. Und das mag wohl so für den heutigen Tempel stimmen, aber wir sollten bedenken, dass dieser Tempel nur eine erweiterte bzw. erneuerte Anlage eines weit älteren Tempels gewesen sein muss. Chavin de Huantar ist das Produkt vieler verschiedener Volksgruppen über viele Jahrtausende hinweg. Aber alle haben sie eines gemeinsam: das Bewahren und Erhalten einer wirklich großen Verpflichtung der Menschheit gegenüber. Der Ursprungsgrund ging im Laufe der Jahrtausende zwar verloren, aber die Botschaft blieb erhalten und wurde bis in die Zeit der Inka am Leben erhalten. Für uns unverständlich, aber für diese indigenen Völker war es so extrem wichtig, diese Kultstätte zu erhalten, dass dies über Jahrtausende funktionierte und von Volk zu Volk übernommen wurde. Erst in der Zeit der Conquista ging das Vermächtnis als solches verloren und wir finden heute keinen Zugang mehr zu ihm, denn wir wissen ja von keinem Vermächtnis, und in Chavin de Huantar gibt es keinen, den man mal so einfach danach fragen könnte. Da wir Steine nicht datieren können, ist uns eine zeitliche Bestimmung verwehrt, und selbst wenn, alle Datierungen haben ihre Macken, was die Genauigkeit anbelangt, und so genau wollen wir es ja auch gar nicht wissen. Denn unser selbst auferlegtes Korsett erlaubt halt nur bestimmte Zeiträume, und alles, was älter ist als 5000 Jahre v. Chr., ist uns suspekt.

Was die Jaguar-Kondor-Religion für Chavin anbelangt, so sollte man bedenken, dass jeder einzeln betrachtet den Menschen auch unserer Zeit noch genügend Respekt einflößt, und das war mit Sicherheit vor Jahrtausenden noch viel dramatischer. Im Zusammenhang mit den Folgen der Sintflut, dem Sintbrand und so weiter machten unsere Vorfahren aus zwei Respekt einflößenden Wesen ein wahres Ungeheuer, welches aus der Luft kommend auf Erden alles vernichtete, ohne dass man ihm hätte Einhalt gebieten können. So ein Wesen betet man nicht an, man stellt es so dar, dass sein Anblick allein schon so furchterregend ist, dass einem das Blut in den Adern gefriert. Wir müssen auch in Betracht ziehen, dass die Atlantis-Kultur der unseren ebenbürtig war, wenn nicht gar überlegen, und durch den Sintflut-Impakt die Reste der damaligen Welt sich in simple Naturkinder zurückverwandelten, und zwar in die, auf die wir unsere Geschichte aufbauen. Mit an Sicherheit grenzender Wahrscheinlichkeit haben damals nur Völker dieses Armageddon überlebt, die noch naturnah gelebt haben und nicht durch den zivilisatorischen Fortschritt verweichlicht waren.

Das ist dann die Stelle in der Geschichte, wo die Steinzeit wieder die Rolle übernimmt, die ihr nach unserer Ansicht zusteht. So wird selbst das babylonische Sprachengewirr erklärbar, nur dass dies auch bei den Quiché-Maya im *Popol Vuh* erwähnt wird.

Die Schamanen waren wahrscheinlich die, die das Vermächtnis von Atlantis hüteten, welches aber im Laufe der Jahrtausende verloren ging. Beachtung verdienen hier zwei Personen, die wir möglichst nicht als Fantasiegebilde abtun sollten, dazu erscheinen sie in den alten Legenden als zu real: Quetzalcoatl und Viracocha.

Den Überlebenden zu erklären, was passiert, wenn sie nicht den Weisungen des Schamanen folgen, war simpel, da sich dieses Trauma ja im Unterbewusstsein der Menschheit manifestiert hatte (und bis heute noch manifestiert ist, nur dass wir „Aufgeklärten" es nicht wahrhaben wollen). Zu Anfang hat dies mit Sicherheit auch so funktioniert, es ist erst sehr viel später mutiert und führte so zur Unterdrückung, erst der Menschen der eigenen Gruppe, dann auf andere Gruppen ausgeweitet. Wir dürfen dies heute leben, aber nicht hinterfragen, denn damit kann man die Menschen schön steuern.

Die Künstler, die diese Bilder und Ornamente souverän herstellten, kannten das Original ja nicht, sie konnten nur das darstellen, was die Schamanen von ihnen forderten, immer den alten Liedern Gehorsam schuldend. Der große religiöse Kunststil von Chavin de Huantar war für die Ewigkeit gedacht und nicht, um einem Herrscher zu huldigen – das ist der wesentliche Unterschied zu anderen religiösen Bauten der Geschichte; man kann ihn nicht genug würdigen.

Wir kennen das Volk nicht, das es sich zur Aufgabe gemacht hat, das Vermächtnis von Chavin zu erbauen, folglich sind wir nicht in der Lage, seine Symbolik zu entschlüsseln. Der Grundstein muss zu einem sehr frühen Zeitpunkt gelegt worden sein, nämlich da, wo noch die Gruppe über ihr tägliches Leben entschied und nicht eine einzelne Person. Verstehen werden wir ihre Symbolik erst, wenn wir unsere Hausaufgaben gemacht haben, will heißen, die Geschichte der Menschheit so zu akzeptieren, wie sie sich tatsächlich ereignet hat, und nicht, wie wir es gerne sehen würden, denn das führt geradewegs in eine Sackgasse, welche zu verlassen mit der Zeit immer schwieriger für uns wird.

Wollen wir hoffen, dass uns noch die Zeit dazu bleibt.

Die Metallbibliothek von Ecuador

„Hier am Äquator, im Königreich der Kitu, von dem die Stadt Quito ihren Namen erhielt, am wahren Nabel der irdischen Zivilisation, liegt die Antwort auf die Frage nach der verlorenen Geschichte der Menschheit."
Juan Morciz

Bei der Metallbibliothek handelt es sich um die Bibliothek, die garantiert aus der Zeit vor den Göttern stammt, eines der Vermächtnisse von Atlantis. Ob es uns nun gefällt oder nicht, aber hier im Oriente, der östlichen Cordillera am Rande der Welt, deponierten sie ihr gesamtes Wissen, um den möglichen Überlebenden der Sintflut Kunde von ihrem Wissen zu geben und um einen Neuanfang der Menschen zu gewährleisten. Was sie nicht voraussehen konnten, war, dass der Impakt so verheerend für die gesamte Menschheit war. Wir müssen davon ausgehen, dass die Wissenden, welche um die Depots wussten, selbst Opfer der Katastrophe wurden und so das Depot verloren war in den Wirren der Zeit. Denn die Mythen der Welt berichten ja davon, dass immer nur eine bzw. zwei Personen überlebt hätten. Wir wissen heute von der Kammer des Wissens in Ägypten und von der Metallbibliothek in Ecuador, und in beiden Fällen dürfte es sich um die zwei Hälften der gleichen Medaille handeln.

Durch Stan Hall wissen wir von Petronio Jaramillo, welcher in seiner Jugend die Metallbibliothek aufsuchte. Er schreibt hierüber Folgendes: *„Es gab kristallförmige Säulen verschiedener Farben: zylindrisch, viereckig, rechteckig, halbmondförmig, trapezförmig – alle in der Form von Stützen, mit einigen Teilen aus Kristallen."* (Stan Hall, *Tayos Gold*, S. 245)

Dies alles erinnert an den Mitchell-Hedges-Kristallschädel, welcher einer alten Indianer-Legende zufolge nur einer von insgesamt 13 Kristallschädeln sein soll, alle von der gleichen hervorragenden Qualität. Die Wissenschaft sieht es anders, aufgrund seiner exzellenten Qualität wird er zur Fälschung erklärt, denn zu solch einer Arbeit waren unsere Vorfahren ja angeblich nicht in der Lage – und schon ist wieder ein Mysterium der Geschichte entzaubert und unsere Welt wieder ein bisschen besser.

Dann gibt es da noch Hermes Trismegistos, den „Dreimal Weisen“, mit seiner *Tabula Smaragdina*, welche bis heute als der grundlegendste Text der hermetischen Schriften gilt. Es gebietet die Vernunft, die *Tabula Smaragdina* an verschiedenen Orten zu deponieren, denn dadurch wird sichergestellt, dass wenigstens ein Depot den Wirren der Zeit entkommt. Sie bilden das Fundament der Alchemie, mit welcher es erst möglich wurde, Wege aus dem Chaos zu finden, und so der Weg bereitet wurde zu unserer heutigen missverstandenen Art von Wissenschaft. Alchemie hat so einen zweifelhaften Ruf, dass sich schon von vornherein ein Bezug zu Atlantis verbietet und somit von selbst ausschließt. Vielleicht können und wollen wir es nicht nachvollziehen, weil ihre Sicht der Dinge eine völlig andere war und wir heute Lebenden nicht in der Lage sind, uns ihre Ansicht zu eigen zu machen; das verstellt uns den Blick auf das Wesentliche. Man erzählt uns immer, dass die Naturgesetze universell seien, nur wie definieren wir *universell* und wie taten das die Atlanter? Was aber, wenn dem nicht so ist, wenn die Natur noch andere Möglichkeiten vorsieht? Aber das zu erörtern ist nicht Aufgabe dieses Buches.

Sollte derartiges Wissen tatsächlich existieren – und dem wird so sein –, dann werden sie niemals von einem Wissenschaftler verstanden werden, der sich der orthodoxen Wissenschaft verschrieben hat. Erst wenn wir Platon und seine Geschichte von Atlantis akzeptieren, werden sich uns Wege auftun, und diese werden uns eine Welt eröffnen, die jenseits unserer Vorstellungen liegt. Der Weg zu Atlantis führt auch über die Pyramiden in der Alten Welt, in der Neuen Welt aber geht der Weg durch die Metallbibliothek von Ecuador. Wir müssen lernen zu akzeptieren, dass dies extrem wichtige Orte sind, die ihr Geheimnis bis heute zu bewahren wussten, und wenn wir unsere Ansichten darüber nicht revidieren, werden wir weiter im Schatten unserer eigenen Geschichte leben müssen.

Tiwanaku und Sacsayhuamán gehören mit Sicherheit in die Zeit vor dem Impakt, denn es gibt nichts Vergleichbares, und Aufzeichnungen über den Bau derselben gibt es auch nicht; dies gilt auch für die Pyramiden von Gizeh.

Betrachten wir einmal Ecuador und die Aussage, es sei die Wiege der Zivilisation. Diese Aussage macht Sinn, denn Ecuador hat alles, was es zum Leben braucht, im Überfluss; man muss sich halt nur etwas bemühen. Im Zweifelsfall lese man bei Alexander von Humboldt nach, dank seiner Lehre von der Vegetationsgeografie, welche er so schon am Chimborazo und seiner Erhebung über dem Plateau von Taipa darlegte. Hier in Ecuador wären optimalen Voraussetzungen für die Entwicklung einer menschlichen Zivilisation vor der Flut gegeben, und mit Sicherheit auch in Atlantis.

Man geht heute davon aus, dass vor ca. 8000 Jahren amero-indianische Gemeinschaften entstanden, begünstigt durch die idealen Voraussetzungen für die Landwirtschaft und Aquakultur. Das dürfte so weit schon zutreffen, aber es ist dies mit Sicherheit nur eine weitere Wiederentdeckung. Bedingt durch die Folgen der Sintflut und die extrem niedrige Bevölkerung ist es gut möglich, dass die Menschheit 2000 Jahre brauchte, um sich neu zu organisieren und neu zu finden. Das Klima Südamerikas ist nicht gerade dafür bekannt, dass sich menschliche Zeugnisse hier lange halten, mit einer Ausnahme, und die gibt es eigentlich nur in der Atacamawüste, sie gilt als die trockenste der Welt.

Von Interesse in Südamerika ist hier die hohe Entwicklungsstufe der Metallverarbeitung, welche in der Küstenregion nachgewiesen wurde. Begünstigt durch den Vulkanismus in Ecuador gibt es reiche Erzlagerstätten und Goldvorkommen, welche eine einzigartige Vollkommenheit der Goldschmiedekunst hervorbrachten, die ihresgleichen in der Welt sucht. Hier nennt man es „Tombak" und beim alten Platon spricht man von *oreichalkos* (Goldkupfererz) – ein Schelm, wer Böses dabei denkt.

Das als „Granulieren" bezeichnete Verfahren ist so kompliziert und genial, dass man heute davon überzeugt ist, es könne niemals von mehreren Völkern unabhängig voneinander erfunden worden sein. Diese Technik kann sich nur vom Ursprungsort aus weltweit verbreitet haben. Nur noch in Mesopotamien gibt es vage Hinweise auf die hohe Goldschmiedekunst der Granulation. Mit Sicherheit handelt es sich hier um eine Technologie aus der Zeit vor der Sintflut, welche sich in unsere Zeit hinüberretten konnte, während das Wissen darüber aber mit den Jahren unwiederbringlich verloren ging, sodass uns der Beweis zu Atlantis nicht möglich ist.

Das Gleiche trifft auf die irisierenden Bilder zu, welche von Experimenten mit Keramik stammen, und diese Technik ist in Ecuador bereits voll entwickelt. Wozu diese Art von Keramiken? Wer brauchte so etwas? Was wollte man damit mitteilen bzw. für wen oder was wurden diese Arbeiten benötigt?

Wieso wächst Balsa-Holz nur in Ecuador? Mit Balsa-Holz-Booten ist es jedenfalls möglich, Tausende von Kilometern den Pazifik zu befahren. Man beachte Thor Heyerdahls Fahrt auf seinem legendären Floß Kontiki (28. April 1947, Start in Callao/Peru; er lief am 7. August 1947 vor Raroia im Tuamotu-Archipel auf Grund), mit dem er in 101 Tagen den Pazifik überquerte und 6980 km zurücklegte.

Wir sind noch nicht in der Lage, die wahre Bedeutung der Metallbibliothek von Ecuador, geschweige denn deren Bedeutung für unsere Art von Zivilisation zu erfassen. Zur Zeit ist es wohl besser, sie bleibt da, wo sie ist; es wird die Zeit kommen, wo wir eine höhere Stufe der Entwicklung erreichen werden, um mit dem Wissen der Bibliothek so umzugehen, wie ihre Erbauer es sich einst dachten.

Hier die Abschrift über den Inhalt der Metallbibliothek in der Tayus-Höhle aus dem Buch *Tayos Gold* von Stan Hall (S. 243–246):

„Zunächst schaute ich in eine kleine Kammer und sah einige goldene Spielsachen und darunter kleine Bälle aus Gold oder Marmor in verschiedenen Größen. In der zweiten Kammer vergrößerte sich mein Erstaunen noch. Es gab Tausende von Tierfiguren, einige normal stehend, andere liegend, einige mit den Beinen in der Luft, andere sitzend. Rinder und Pferde im Überfluss, kein Elefant und keine Fliege fehlten. Käfer und Sperber, Mastodonten, Reptilien – so viele wie in einem Weihnachtsgeschäft. In der Mitte standen Katzen auf Podesten, so fein ziseliert, dass sie gleich Miau zu machen schienen. Krokodile, Ochsen, Widder, Spitzmäuse, Strauße, Flusspferde – alle auf Podesten aus glitzernden Steinen unterschiedlichster Farben, sodass ich nicht sagen konnte, ob es Rubine, Smaragde, Diamanten oder Saphire waren, denn ich wusste noch nicht Bescheid über Edelsteine. Doch ich konnte den Gedanken nicht abschütteln, dass es sich darum handelte. Es waren große wundervolle Kristalle, die das Licht einfingen und in Tausenden von glitzernden Strahlen verstreuten.

Ich sah sie alle, berührte sie und bewunderte ihre Vollkommenheit. Einige der Figuren erschreckten mich, so lebendig und gar gefährlich wirkten sie. Keine von ihnen konnte ich anheben; sie waren so schwer, als seien sie auf ihre geheimnisvollen Posten geschraubt.

Und noch packender als dies: Es gab ein menschliches Skelett mit Knochen aus Gold – auf dem Rücken liegend, die 208 Knochen perfekt beieinander – auf einem Bett aus Kristall, das reiner war als das reinste Wasser. Ich wusste nicht, was ich mehr bewundern sollte, den kristallenen Sarg oder das Skelett.

Stellen Sie sich meine Überraschung vor, als ich in einer dritten Höhlenkammer auf Figuren stieß, halb menschlich, halb Tier, als ob sich alle Mythen in einer Vorstellung aus Gold und Edelsteinen vereinigt hätten. Sie standen da, als würden sie angreifen, oder einfach nur kapriziös sein. Es gab Körper mit den Köpfen von Habichten, mit Pferdehufen, Flügeln, Vögel mit menschlichen Armen und Beinen, Hyänen mit den Gesichtern von Prinzessinnen, Papageien, Insekten, Spinnen mit den Gesichtern von Frauen, Esel mit den Gesichtern von Männern. Eine Vielzahl von Kombinationen zwischen Mensch und Tier, alle voller expressiver Haltungen, die ich in diesem Augenblick der Verwunderung nur unschwer interpretieren konnte – nur dass sie aus dem fernen Zeitalter von Osiris, Ptah, Thot und Anubis zu stammen schienen.

In einer besser ausgeleuchteten Ecke der (dritten) Kammer stand eine beeindruckende, geradezu überwältigende Figur: halb Mensch, vor einem großen Kessel sitzend, in dem sie anscheinend Kinder kochte. Mit dem Horrorbild des Moloch vor Augen ging ich zur nächsten (vierten) Kammer.

Diese, so wünschte ich, hätte ich zuerst betreten sollen. Sie war voller Harmonie. Alle ausgestellten Dinge befanden sich in harmonischem Einklang mit meiner Mentalität. Es gab wenige Statuen, aber die Abbildung begannen mit einer Frau, die

ihr Baby in perfekter Haltung und Form säugte, und als ob
der natürliche Akt noch unterstrichen werden sollte, besaß ihre
Brust die Form der Erde. Eine zweite, ähnliche Frauenstatue
war in sitzender Haltung mit Kind auf ihrem Schoß zu sehen,
dem sie etwas (die Brust) in den Mund steckte, das ebenso wie
die Erde geformt war. Eine weitere Frauenstatue stand aufrecht,
eine Hand erhoben, als wollte sie dem Kind zeigen, wie es gehen
sollte. Eine weitere Frau hatte ihr Kind halb in ihrem Umhang
versteckt, als wolle sie es verbergen oder beschützen; diesmal war
kein Ball dabei.

Die Kammer war derart friedlich und angefüllt mit den Zeichen der allgemeinen Mütterlichkeit, dass ich eine Weile ausruh-
te. Als ich erwachte, war die Kammer bereits dunkel. Ich war
müde, erschöpft vom Anblick solcher Wunder und vom Nachdenken. Bei meiner weiteren Erkundung kam ich durch ungefähr zehn weitere Kammern, die alle große Wunder enthielten.

Schließlich stieß ich auf die große, die majestätische, wo
Licht schien wie die Sonne. Es handelte sich nicht um eine andere Höhle, sondern um die Fortsetzung des Hauptganges des
ganzen Systems. Der Boden war mit Kristallquarz und farbigen
Steinen bedeckt, die das Licht reflektierten. Einige Wände wirkten wie Kristalle, andere waren mit einem glasartigen Material
überzogen. Gewölbe verbanden sich zu verschiedenen Formen
und Höhen. (Es gab) Türen zu jeder Seite, hermetisch verschlossen mit gläsernen Überzügen, jede 25 bis 40 Zentimeter breit.
Als ich den Strahl meiner Taschenlampe darauf richtete, gab
es Tausende von Regenbogenfarben, die das Licht festzuhalten
schienen. Andere Türen waren rot und schienen mit Myriaden
von Rubinen besetzt zu sein.

Es gab kristallförmige Säulen verschiedener Farben: zylindrisch, viereckig, rechteckig, halbmondförmig, trapezförmig – alle
in Form von Stützen, mit einigen Teilen aus Kristallen. Wieder
und wieder hörte ich mich Worte sagen wie ›Fantastisch! Un-

114

glaublich! Gigantisch!‹ Während ich diese Wunder betrachtete, fragte ich mich: ›Wie ist es möglich, dass diese Welt der Wunder unbewohnt bleibt? Wie ist es möglich, dass die Besitzer gingen und alles zurückließen?‹

Und dann erschien plötzlich ein überwältigender Anblick vor mir, unglaublich auch für die wildeste Fantasie. Ganze Bibliotheken voller schwerer, voluminöser Bücher! Ich ging hinüber und betrachtete eine oder zwei Seiten eines undurchsichtigen gelben Metalls. Sie schienen von einer einzigen Person geschrieben zu sein, in beinahe perfekter Schrift ähnlich der modernen Taquigraphie, mit wenig Relief. Der Durchdruck auf der Rückseite zeigt, dass nur eine Seite beschrieben worden war. Und auch hier gab es bekannte Symbole wie Kreuze, Kreise, Halbkreise, Vierecke, Dreiecke und Sterne.

Ich legte weitere Seiten um und sah Dinge wie mathematische Formeln, Illustrationen, geometrische, ekliptische und räumliche Figuren; darüber hinaus auch Tierkreiszeichen, alles in feinsten Details, doch in Zeichen und Buchstaben einer Sprache, die mir unbekannt war. Ein ums andere Mal war ich verblüfft.

Es gab Tausende von Bänden, jeder von ihnen mochte fast 50 Kilogramm wiegen. Ich legte einen der Bände auf einen Tisch mit vier vergoldeten Beinen. Dann nahm ich sieben Bücher, konnte sie jedoch nicht zurücklegen, weil mir das zu anstrengend war. Die Regale für die Bücher waren mit getriebenem Gold bedeckt. Die Möbel waren gleich. Alle Stützen aus Gold, Gold, Gold! Wie viel mehr gab es in den anderen Höhlengängen? Was bedeuten die Symbole?“

Dies ist so weit der Bericht von Petronio Jaramillo aus dem Jahr 1947, er selbst war damals gerade mal 17 Jahre alt, und dieses Thema hat zur damaligen Zeit nun wahrlich keinen interessiert. Deshalb kann man getrost von einer Fälschung absehen. Stan Hall haben wir es zu verdanken, dass das Erbe der Metallblattbibliothek so der Menschheit erhalten bleibt. Ich persönlich vermisse unsere Gespräche abends in Quito, ob bei Charrito oder im Hansa-Krug.

Das Ganze erinnert aber irgendwie an Ägypten und die nicht versiegenden Mythen, Legenden und Gerüchte um die Pyramiden von Gizeh.

Von Interesse im Zusammenhang mit der Metallbibliothek in Ecuador ist der Gelehrte Muhammad al-Makrizi (1364 –1442), denn seine Ansichten über die drei großen Pyramiden gegenüber von Misr (Gizeh) erlauben es uns, die zwei Seiten der gleichen Medaille einmal etwas genauer zu betrachten. Er sagt sehr treffend: *„Meiner Ansicht nach können die Pyramiden nur vor der Sintflut erbaut sein; denn wären sie nachher erbaut, so würden die Menschen über sie Bescheid wissen.“*

Vor dem gleichen Dilemma stehen wir auch in Ecuador und es wird dadurch nicht leichter, sondern genauer betrachtet nur noch schwieriger. Wir haben uns so daran gewöhnt, dass wir den Ursprung dessen, was nicht zu erklären ist, bei Außerirdischen suchen. Aber bei einer Hochkultur vor circa 10.000 Jahren könnten wir ein wenig auf Außerirdische verzichten, und vieles in unserer Geschichte könnte den Platz einnehmen, der ihr womöglich zusteht. Viele unserer Probleme wären dann keine Probleme mehr.

Erdogan Erivan geht in seinem Buch *Das Sternentor der Pyramiden* auf die Schrift des Gelehrten Muhammad al-Makrizi ein. Im Blick auf den Grund für die Erbauung der drei großen Pyramiden von Gizeh heißt es hier:

„Die Ursache der Erbauung der Pyramiden war, dass 300 Jahre vor der Sintflut Saurid folgenden Traum hatte: Die Erde kehrte sich mit ihren Bewohnern um, die Menschen flüchteten in blinder Hast, und die Sterne fielen herab …“ (S. 138–139)

So betrachtet macht der Bau der Pyramiden Sinn und es

würde auch die Metallbibliothek erklären, denn die Kultur vor der Sintflut wusste um die Gefahr, die aus den Weiten des Alls drohte; wir sollten lieber davon ausgehen, dass sie eine gut funktionierende Astronomie besaßen. So erfuhren sie rechtzeitig von dem im Anflug befindlichen Problem und hatten somit Zeit, sich seiner anzunehmen. Sie wussten, dass sie nichts dagegen tun konnten, aber sie wussten, sie konnten der Nachwelt Kenntnis von ihrer Welt hinterlassen. Was sie nicht wissen konnten, war, dass ihre Welt für immer vom Angesicht der Erde getilgt werden würde und die nachfolgenden Zivilisationen nichts mit den Zeichen anzufangen wussten und sie so als Zeichen fiktiver Götter herhalten mussten – bis heute.

Bei den Kopten in Ägypten gelten die großen Pyramiden als ein Sammelwerk des Wissens und wir müssen akzeptieren, dass dies auch auf die Metallblattbibliothek in Ecuador zutrifft. Was wäre, wenn es sich in Ecuador auch um Kammern des Wissens handelt? Es macht keinen Sinn, nur ein Wissensdepot anzulegen, wenn man die Folgen nicht vorhersehen kann!

Im *Hitat* heißt es dazu weiter, und dies beziehe ich jetzt ganz bewusst auf die Metallbibliothek in Ecuador, denn das Wort ›Pyramide‹ kann man auch leicht gegen ›Höhle‹ austauschen: *„Östlich der Cordillera, wahrscheinlich in der Provinz Pastaza am Rio Pastaza in Amazonien, befinden sich verschiedene Höhlensysteme, welche seit Anbeginn der Zeit existieren. Diese Höhlensysteme sind den Geologen unter dem Namen Napo-Formation bekannt. Die Ursache, welche die Leute bewog, eine der Höhlen zur Metallblattbibliothek umzubauen und auszurüsten, sind nicht bekannt und es wird nirgends über sie berichtet. Meiner Ansicht nach kann die Bibliothek nur aus der Zeit vor der Sintflut sein, den wäre sie nach der Sintflut entstanden, dann wüssten wir Menschen darüber."*

Die Shuar sind sich über die Zeit ihrer Erbauer, über den Namen des Erbauers und die Ursache ihrer Erbauung nicht einig, aber sie haben immer an die Erbauer geglaubt und den Auftrag der Erbauer immer versucht zu achten und ihm gerecht zu werden.

Die Wahrsager des *Hitat* berichten, *die Sintflut werde kommen und danach ein Feuer, das aus dem Sternbild des Löwen hervorkommen werde, um die Welt zu verbrennen …*

Dies dürfte eine der letzten Nachrichten aus der Zeit vor der Flut sein; die erste wirkliche Nachricht nach der Sintflut ist mit Sicherheit Chavin de Huantar. Es mag noch einige Orte wie Chavin de Huantar auf der Welt geben, nur sind sie bis jetzt als solche nicht wahrgenommen worden, und danach gesucht hat auch keiner. Bisher gibt es auch keinen wirklichen Grund, nach solchen Orten zu suchen.

Um dies hier besser zu verstehen, hilft uns Lucius Annaeus Seneca (4 v. Chr. – 65 n. Chr.) weiter, bei ihm können wir können Folgendes nachlesen: *„Vieles haben die geleistet, die vor uns gewesen sind; aber sie haben es nicht zu Ende geleistet. “*

Heinrich Kruparz erwähnt in seinem Buch *Atlantis und Lemuria* Baird Thomas Spalding (1857 – 1953), welcher von Aufzeichnungen der ältesten Zivilisation der Menschheit berichtet. Diese Aussagen beruhen auf den Erlebnissen seiner Expedition im Jahr 1894, welche ihn in den Potala-Palast in Lhasa führte; hier erhielt er auch eine Einladung zum damaligen Dalai Lama. Die Forschungsreisenden, die aus elf Abenteurern bestanden, bekamen einen Priester zugeteilt, der über die Herkunft der besagten Tafeln Bescheid wusste und ihnen einige zur Betrachtung vorlegte.

„Im Potala wurden den Mitgliedern der Expedition folgende Arten beschrifteter Tafeln gezeigt, wobei jedes dieser Einzelstücke ein Kunstwerk für sich darstellte, zum Teil mit Einlegearbei-

ten und Titelüberschriften in goldenen Lettern!

- *Tausende von Tontafeln mit eingeritzten Schriftzeichen.*
- *Inschriften in Bronze-Tafeln.*
- *Aufzeichnungen auf Kupferblech.*
- *Gravuren in dünnen, weißen Marmorplatten.* "
  (S. 205)

Kommt einem das nicht irgendwie bekannt vor? Es muss sich hier um das Wissen der Menschheit vor der Sintflut handeln, denn wir finden diese Art der Wissensübermittlung in Ägypten, Mittel und Südamerika und in Tibet.

Spalding spricht von einem alten Tempel im Himalaja, in dem zwei Stockwerke unter der Erde Tafeln aufgestapelt waren. Ähnliche Tafeln wurden in Indien und in Mexiko gesehen und teilweise entziffert. Aber hier muss ich mich auf die Recherche von Herrn Kruparz verlassen und sie erscheint mir glaubwürdig.

Dann gibt es da noch die unterirdische Welt von Huangshan, geografische Koordinaten: „118°23′05′′ östlicher Länge, 29°44′50′′nördlicher Breite", über welche Luc Bürgin in seinem Bildband *Chinas mysteriöses Höhlenlabyrinth* berichtet, und hier in China ist es das Gleiche wie im Rest der Welt, es gibt keine noch so kleine Legende über die Erbauer. Alles, was man weiß, bezieht sich auf die Zeit nach der Sintflut und man datiert gewissenhaft in der Zeit nach der Sintflut, das erspart einem das lästige Erklären der Höhlen. Nichts gegen China und seine Menschenmassen, das mag ja auch in der Geschichte funktioniert haben, aber ob sich solche Menschenmassen auch unter der Erde so steuern lassen, darf angezweifelt werden. Zumal es in den letzten Jahrtausenden keinen nachweisbaren Grund gab, so etwas aus dem quarzitisch gebundenen, teils grobkörnigen, teil mittelkörnigen Sandstein zu meißeln. Bekannt sind bis jetzt 36 solcher Höhlen, erschlossen sind bisher nur fünf dieser Kavernen und es wird wie so oft am Geld scheitern. Wenn man sich die Fotos von Luc Bürgin genau ansieht, dann stellt sich einem doch die Frage, wozu dieser Gigantismus der Megalith-Kultur? Wer braucht so etwas? Wozu waren diese künstlichen Höhlen gedacht? Da es bisher weder historische noch mythische Überlieferungen gibt, sollten wir davon ausgehen, dass sich auch in Zukunft keine historischen Überlieferungen finden werden. Denn wir wissen aus der ägyptischen Geschichte, dass es sich mit den Pyramiden genauso verhält, keine historischen Überlieferungen, aber Kammern des Wissens? Die Metallblattbibliothek von Ecuador befindet sich auch in einem zu groß geratenen Höhlensystem und enthält Kammern des Wissens.

Betrachten wir einmal folgende mysteriösen Orte, denn sie heben sich explizit von anderen mystischen Orten in der menschlichen Entwicklung ab. Beginnen wir mit dem Gizeh-Plateau, Tibet mit Lhasa und seinem imposanten Potala-Palast, Chinas mysteriösem Höhlensystem in der abgelegenen Provinz Anhui unweit von Shanghai und der Metallblattbibliothek in Ecuadors Osten – ein Schelm, wer da keinen Zusammenhang sieht. Es gibt ihrer mehr, aber diese sollen stellvertretend auch für die anderen bekannten und noch unbekannten Orte unserer Welt dienen.

In diesem etwas zu groß geratenen Höhlensystem in China hätte man ohne große Mühe Unmengen von Wissen deponieren können und eine große Anzahl von Menschen dazu. Was an den Fotos von Luc Bürgin stutzig werden lässt, sind die Bearbeitungsspuren der Meißel, wenn es denn solche waren. Die Spuren der Meißel auf S. 118/links oben, S. 120/links oben und S. 121/122 links unten ähneln denen, die heute in der Kali-Industrie zum Einsatz kommen. Wenn wir es hier mit Steinsalz zu tun hätten, würden wir von Salzabbau sprechen und der Fall wäre erledigt, so aber haben wir es mit riesigen und einer schier endlosen Zahl von Kavernen zu tun, welche in Sandstein gehauen wurden. Dadurch, dass die Kavernen über viele Jahrtausende genutzt wurden und somit Spuren aus vielen Epochen zu finden sind, ist es fraglich, ob man die wahren Erbauer finden kann. Luc Bürgin gelangt selbst zu dem Schluss, dass hier mit modernsten Mitteln gearbeitet wurde; aber er weigert sich, seinen eigenen Gedanken konsequent zu Ende zu denken, denn auch er muss auf sein Überleben in dieser unseren Zeit bedacht sein, und somit bleibt er im Zeitrahmen der klassischen Geschichtsschreibung. Eine Hochkultur vor unserer Zivilisation ist zur Zeit nicht gewollt, und somit bleibt alles beim Alten.

Wieso macht uns Platon so viel Angst?

Hier war man vor den Säureregen auf jeden Fall sicher, und sauberes Wasser war anscheinend genügend vorhanden, sodass eine bestimmte Gruppe von Leuten eine längere Zeit hier hätte aushalten können. Das Bild S. 177 unten bestätigt noch einmal den Verdacht von rotierenden Industriemeißeln, wie sie in der heutigen Kaliindustrie verwendet werden. Dies könnte die chinesische Antwort auf die bevorstehende Sintflut gewesen sein, denn mit Sicherheit musste man auch hier, dass etwas noch nie da Gewesenes das Leben so, wie sie es kannten, verändern würde. Aber auch hier wurden die Menschen von den tatsächlichen Ereignissen überrascht, denn sie hatten die Folgen weit unterschätzt. Das Armageddon wütete hier genau so wie an den oben genannten Orten.

Um hier zu einem zufriedenstellenden Ergebnis zu gelangen, wird sehr viel Zeit vergehen, denn es sind ja noch 31 Höhlen zu erforschen. Solange die Sintflut ein Mythos ist und die Welt sie als solchen hinnimmt, so lange ist uns der Weg zu unseren Anfängen verwehrt. Unsere heutigen

Wissenschaftler finden ständig neue Flutkatastrophen, nur um uns zu beweisen, dass es nie eine Sintflut gegeben habe. Keine Sintflut – kein Kometen-Impakt – kein Atlantis, und Platon ist ein Zeitzeuge ohne Geschichte und unsere Welt wieder einmal der Sieger.

Unsere orthodoxe Geschichtsauslegung sollte uns Angst machen, denn man kann mit ihr vieles zurechtreden, aber das ändert an den Tatsachen nichts. Es stimmt schon, dass man eine Weltbevölkerung für dumm verkaufen kann, aber ob dies für alle Zeit möglich ist, wird die Zeit und nur die Zeit allein entscheiden.

Wir müssen endlich wahrnehmen, dass Geschichte mehr ist als nur eine Sammlung von Gute-Nacht-Geschichten! Erst wenn wir aufhören, sie ständig zu manipulieren, werden wir merken, was für einen wertvollen Schatz wir unser Eigen nennen könnten. Dies hindert uns, in geschichtlichen Dimensionen zu denken und Entdeckungen zu machen, welche unser aller Leben bereichern würden.

Popol Vuh – Gilgamesch-Epos

„Geschichte darf man weder beweinen noch belachen,
Geschichte muss man verstehen.“
Baruch de Spinoza (1632 – 1677)

Unsere schöne Alte Welt beruft sich darauf, dass ihre großen Kulturen ihren Aufstieg und ihre Größe den großen Strömen verdanken. Da wären die Alten Ägypter mit ihrem Nil, die Sumerisch-Akkadische (besser bekannt als Mesopotamien) mit ihren legendären Flüssen Euphrat und Tigris (hierbei wird gewöhnlich der Dritte im Bunde unterschlagen, aber er gehört nun einmal zu Mesopotamien, der Fluss Karun, welcher aus dem Sagrosgebirge kommt), die Induskultur, welche ihren Namen nach dem gleichnamigen Fluss erhielt, wo es keine Hinweise auf die Erbauer gibt, und nicht zu vergessen die Alten Griechen, welche zwar nicht an einem Strom lebten, aber dafür die Ägäis hatten, und mit ihr kann man schon etwas anfangen. Sie taten das, was Kulturen in der Antike so zu tun pflegten, sie trieben Ackerbau und Viehzucht, beschäftigten sich mit Astronomie, Mathematik und Philosophie und führten mit Vorliebe Kriege; Gründe gab es zuhauf.

Nun sind die alten Kulturen in Mesoamerika und die in Südamerika keine, die ihren Aufstieg großen Strömen verdanken, aber müssen es immer große Ströme sein? Hauptsache Wasser! Sie verdanken ihren Aufstieg großen Seen und das verbindet sie wiederum mit den Kulturen an den Flüssen. Ohne Titicaca-See (8288 km²) kein Inka-Reich und keine Vorgängerkulturen, ohne den Texcoco-See kein Azteken-Reich. Dies sollte uns klarmachen, dass Wasser die Kraft ist, die Kulturen schafft und auch wieder vernichten kann und dies auch hin und wieder tut. Dann haben wir da noch den Amazonas und die Gerüchte über eine Hochkultur in Amazonien; Percival Harrison Fawcett glaubte an sie.

Denn hier in Amazonien gibt es die Terra preta do indio, welche die Voraussetzung für eine Hochkultur erst schafft. Wie wir sehen, gab es auch in der Neuen Welt ideale Voraussetzungen für Großkulturen, und nicht nur an Seen. Die Voraussetzungen für Kulturen waren gleichbedeutend mit denen der Alten Welt, wenn nicht sogar um einiges besser. Die vermutete und noch nicht lokalisierte Amazonas-Kultur brächte dann das ganze Geschichtsbild noch einmal durcheinander, weil wir uns eingestehen müssten, dass die indigenen Völker der Neuen Welt nicht die Wilden waren, für die wir sie gerne halten.

Betrachten wir nun einmal die Genesis der Maya, das *Popol Vuh*, auch bekannt unter *Das Buch des Rates*, etwas genauer und vergleichen sie mit dem *Gilgamesch-Epos* aus dem alten Mesopotamien. Das *Gilgamesch-Epos*, das *Popol Vuh* und der *Codex Dresdensis* berichten alle drei über das Armageddon, welches die Menschheit an den Rand der Ausrottung führte.

Bei diesen epischen Werken von Weltbedeutung handelt es sich mit Sicherheit um uralte Lieder und Mythen, die den Weg durch die Jahrtausende zu uns gefunden haben; dass sie erst Äonen später niedergeschrieben worden sind, ist hier nicht von Bedeutung. Wichtig ist, *dass* sie niedergeschrieben wurden und uns so erste Kunde von der Sintflut gaben. Kurz nach der Apokalypse und Jahrhunderte später blieb nur die Übermittlung durch Lieder, erst nach wiederholter Erfindung der Tontafel und später des Papiers war an eine schriftliche Version zu denken. Wir sollten nicht vergessen, dass für so etwas, Tontafel und Schrift, eine gewisse Entwicklungsstufe vonnöten ist.

Für andere Dinge war einfach keine Zeit, es ging nur noch darum, irgendwie zu überleben, und das war für Jahrzehnte, wenn nicht für Jahrhunderte die einzige und wichtigste Aufgabe. Epische Werke wie das *Popol Vuh* und das *Gilgamesch-Epos* entstehen nicht mal so nebenbei, es bedarf hierzu schon etwas mehr – vor allem großer Verantwortung gegenüber den nachfolgenden Generationen in einer dringlichen Absicht. Es sollte historisch korrekt weitergegeben werden und es muss so erzählt bzw. so niedergeschrieben werden, dass es auch noch der Letzte in der Gruppe versteht und selbst weitergeben kann.

Was auf keinen Fall vergessen werden darf, sind die Umweltvergiftung durch den Impakt selbst und die daraus resultierenden Erkrankungen der Menschen, verbunden mit Erbschäden an den Neugeborenen, die es mit Sicherheit gab. Denken wir nur an die weltweit bekannten Mutterkulturen, die wir heute ganz vorsichtig unter dem Begriff „Matriarchat" kennen. Matriarchat bezeichnet einen Gesellschaftstyp in der menschlichen Entwicklung, in dem die religiösen Vorstellungen auf eine Ahnfrau oder Ur-Göttin hinweisen und die Frauen die zentrale Rolle in Religion und Gesellschaft innehatten. Die Geburt eines gesunden Kindes in der Nach-Sintflut-Epoche hat mit Sicherheit den Einfluss der Mutter auf die Stellung in der Gesellschaft gefestigt. Gesunder Nachwuchs war gleichbedeutend mit Einfluss und Macht in der jeweiligen Region, denn nur gesunde Kinder konnten den Fortbestand der Gruppe sichern. Mit der sich im Laufe der Jahrtausende ständig verbessernden Lebensqualität und dem damit verbundenen Anwachsen der menschlichen Population verdrängte das immer stärker werdende Patriarchat nach und nach das Matriarchat, was letztlich zu unserer heutigen Zivilisation führte. Das Matriarchat hat schon seine

Vorteile gegen über dem Patriarchat, nur: So, wie man es zur Zeit versucht wieder durch die Hintertür zu installieren, hat es wenig Aussicht auf Erfolg.

Die wenigen Überlebenden müssen und werden die erhaltenen Informationen mündlich an ihre Nachkommen weitergegeben haben, denn eine Schrift wie vor der Sintflut taucht erst sehr viel später wieder auf, und da sie mit Sicherheit nur Worte gebrauchten, die ihrer damaligen Lebens- und Denkweise entsprachen, müssen wir uns heute in ihre Welt, ihre Zeit zurückversetzen, um überhaupt einen Zugang zu ihrer Gedankenwelt zu erlangen. Im Laufe der vielen Jahrhunderte wurde hinzugedichtet und die Geschichte selbst den neuen Erfordernissen angepasst, was dann zum heutigen Mythos bzw. zur Legende wurde. Wenn man sich bemühen würde, die einzelnen Verkleidungen zu entfernen wie bei einer Zwiebel die verschiedenen Schalen, würde man irgendwann zum historisch wahren Ereignis gelangen, was aber wiederum mit viel Arbeit, viel Zeit und einer gehörigen Portion Glauben verbunden ist.

Ob uns dies gelingt, darf zu Recht bezweifelt werden, denn die Zeit ist ein sehr mächtiger Gegner und ihre wichtigste Waffe ist das Vergessen. Aber trotz alledem sollten wir nichts unversucht lassen, uns einen Zugang zu vergessenen Informationen zu beschaffen.

Die Regentabellen im *Codex Dresdensis*, das *Gilgamesch-Epos* und das *Popol Vuh* berichten alle drei von einer Flut, die die Menschheit fast vom Angesicht der Erde getilgt hätte. Die Gemeinsamkeiten sind da, man kann sie nicht wegzaubern, aber darüber schweigen kann man und dies tut man auch. Ob dies aber zur Lösung beiträgt? Die Orte und die Zeit verbieten es, hier von Regionalfluten auszugehen, so vielen Zufällen muss man schon einen gemeinsamen Ausgangspunkt zubilligen.

Die Regentabellen im *Codex Dresdensis*, soweit sie übersetzt sind, lassen den Gedanken aufkommen, dass sie sehr viel älter sein müssen, als es uns angeraten erscheint; das trifft auf das *Gilgamesch-Epos* zu und auch auf das *Popol Vuh*.

Der Vorläufer des *Gilgamesch-Epos* verliert sich in der Zeit, was für uns von Interesse ist, ist die Geschichte, die Utnapischtim dem Gilgamesch von der Sintflut berichtet, er erhielt Kenntnis über die Sintflut durch den Weisheitsgott Ea.

Dies deutet darauf hin, dass dieses Epos, so wie wir es heute kennen und schätzen, seinen wahren Ursprung im Nebel der Zeit zu haben scheint, und weist halt wieder auf die Sintflut hin. Die Heimat Utnapischtims waren die Städte Uruk, Nippur, Enlils und Schuruppag im alten Babylonien. Im dritten Jahrtausend v. Chr. gab es das Land Babylon noch nicht in unserem Sinne, vielmehr unterschied man das Land Sumer und das Land Akkad im Norden. Dies bedeutete aber auch zwei Sprachen, Sumerisch und Akkadisch, wobei das Akkadisch dominierte. Aus dem Zweistromland sind uns hinlänglich Mischwesen bekannt, welche tierische und menschliche Züge tragen. Beschrieben werden sie wie folgt: *„deren Schrecken furchtbar ist, deren Blick tödlich ist"*, nachzulesen bei Walther Sallaberger, *Das Gilgamesch-Epos*, S. 29, *„Humbaba, sein Brüllen ist die Sintflut, sein Mund der Feuergott, sein Atem der Tod"*. Besser kann man doch wohl den Verursacher der Sintflut doch nun wirklich nicht beschreiben, denn hier haben wir jene Tiere vereint, welche im Zweistromland als die gefährlichsten galten, und diese vereint ergeben die bekannten Mischwesen, welche im Zweistromland dominierten. *„Da war ein Mann mit finsterem Gesicht, sein Gesicht glich dem Löwenadler (Anzu), eine Löwenpranke war seine Hand, Adlerkrallen seine Nägel"*, und in Chavin de Huantar sind Puma und Harpyie die bevorzugten Tierarten, die Schlange ist natürlich ein unbedingtes Muss. Es handelt sich östlich wie westlich des Atlantiks um wirklich sehr beeindruckende Tiere, denen auch wir heute Lebenden unseren Respekt nicht entziehen können. Der Adler und die noch beeindruckendere Harpyie haben nichts von ihrer mythischen Größe eingebüßt und das werden sie auch nie. Der Löwe in der Alten Welt und der Puma bzw. der schwarze Panther in der Neuen Welt stehen hier für Kraft und den unbeugsamen Herrscherwillen schlechthin und dies beeindruckt uns bis in unsere Zeit. Damit die Menschen der damaligen Zeit es verstehen konnten und es einzuordnen wussten, wurde es mit einem menschlichen Gesicht versehen, welches zu Beginn der Darstellung den Impaktor darstellen sollte, wohingegen es in späterer Zeit als Synonym für den Herrscher angesehen wurde.

Ein weiteres wichtiges Merkmal ist das Wasser, man unterscheidet hier zwischen Oberflächenwasser (Wasser des Todes) und Süßwasser, welches sich tief unter der Erde in Höhlen gesammelt hatte: *„In den Tiefen unter der Erde erstreckte sich der Apsu, ein Ozean von Süßwasser, der Leben und Heil spendet.“* Die Überlebenden der Sintflut waren sich der Gefahr bewusst, die ihnen durch das Oberflächenwasser drohte, und diese Tatsache spiegelt sich in ihrem *Gilgamesch-Epos* wider.

Im *Gilgamesch-Epos* kommt uns der Held als Mensch nahe, denn er wird hier mit all seinen Schwächen und Stärken dargestellt, die Menschen jener Epoche identifizieren sich mit Gilgamesch, seinen Fehlern und seinen Schwächen, seine Misserfolge machen ihn zu einem der ihren. Unter den mesopotamischen Königen gilt Gilgamesch als Prototyp aller mesopotamischen Könige nach ihm, denn ihm oblag die Fürsorgepflicht für sein Land und seine Bewohner. Etwas, das leider in Vergessenheit geraten ist.

Professor Walther Sallaberger sagt sehr richtig auf S. 109:

128

„An Vielfalt und Tiefe gewinnt der Text durch Analogien, Andeutungen, Vergleiche und Bilder.“

Betrachten wir einmal folgenden Vers genauer:
Gilgamesch, wohin eilst du?
Das Leben, dem du nachrennst, das wirst du nicht finden!

Denn es ist durch die Folgen der Sintflut für immer verloren.

Als die Götter die Menschheit schufen,
da haben sie das Leben in ihrer Hand behalten.

Die Götter sind diejenigen, welche bestimmen, warum einige wenige die Sintflut überlebten dürfen und andere nicht. Ein paar wenige dürften wohl durch Zufall überlebt haben. In unserer heutigen Zeit wären die Politiker die Götter, denn sie würden festlegen, wer zu den Glücklichen zählt und in der Arche eine zweite Chance für den Neuanfang bekommt. So können wir uns das auch vor ca. 10.000 Jahren vorstellen, als die Atlanter sich vor dieses Problem gestellt sahen.

Den wenigen Überlebenden blieb nur ein verzweifelter Ausweg, auch wenn wir uns schwertun mit dem Nachvollziehen. Sie mussten leben, auch wenn sie keinen Sinn mehr im Leben sahen, und nur unter diesem Aspekt macht dieser Vers aus dem *Gilgamesch-Epos* Sinn:
Du, Gilgamesch, gefüllt sei dein Bauch,
freue dich Tag und Nacht!
Verbreite täglich Fröhlichkeit,
Tag und Nacht tanze und spiele!

Hier sieht man wieder, dass der Frage der Ernährung eine enorme Bedeutung zukam, denn es wird lange Zeit gebraucht haben, bis die Menschen der Erde wieder genug Lebensmittel abringen konnten, sodass es für alle reichte. Deshalb der Verweis, dass man sich über jeden Tag und jede Nacht freuen sollte. Es zeigt uns deutlich, wie katastrophal die Situation nach der Sintflut gewesen sein muss.

Deine Kleider seien gereinigt,
dein Kopf gewaschen, du mit Wasser gebadet!

Diese Stelle zeigt uns auch sehr deutlich, dass die Voraussetzungen für eine Grundhygiene noch nicht erfüllt waren, aber den Überlebenden die Bedeutung der Hygiene nichts Fremdes war.

Das wirft aber die Frage auf: Woher wussten sie um die Grundregeln der Hygiene? Nach unserem Verständnis, was diese Zeit anbelangt, hätte es so etwas überhaupt noch nicht geben dürfen.

Sieh hin auf den Sohn, der deine Hand hält,
die Frau möge sich immer an deinen Lenden erfreuen!

Dies weist überzeugend auf den Umstand hin, dass eine Schwangerschaft von sehr vielen Faktoren abhing und ein gesundes Kind nicht unbedingt der Normalfall in den ersten Jahrhunderten nach der Sintflut war. Auch in unserer Zeit wünscht man sich gesunde Kinder und dies dürfte noch auf diese dunkle Zeit der Menschheit hinweisen, auch wenn es ein ganz verständlicher Wunsch ist, ein gesundes Kind zur Welt zu bringen. Bekommt ein Frau in unserer Zeit kein Kind, setzt sie Himmel und, wenn es sein muss, auch die Hölle in Bewegung, um ein Kind zu bekommen, und dieses Problem dürfte vor Jahrtausenden noch sehr viel ausgeprägter gewesen sein, denn wer weiß, wie es ohne diese Dringlichkeit heute um uns bestellt wäre?

Die durch den Impaktor verursachte Umweltzerstörung wird sehr viel Leid unter den Menschen verursacht haben, und wenn wir ehrlich zu uns selbst sind, wollen wir gar nicht wissen, an was für Krankheiten unsere Vorfahren zu leiden hatten. Der Fruchtbarkeitskult, den es rund um den Globus zu beobachten gab, müsste einmal näher daraufhin untersucht werden – die Ergebnisse würden uns sicherlich nicht überraschen.

Die Umweltgiftproduktion und die damit verbundenen Strahlenschäden, das haben schon Alexander und Edith Tollmann in ihrem Buch *Und die Sintflut gab es doch* sehr ausführlich dargelegt und deren Wirken auf das menschliche Leben nachgewiesen, sodass wir hier nicht näher darauf einzugehen brauchen.

Was das *Popol Vuh* anbelangt, so dürfen wir uns überaus glücklich schätzen, dass es überhaupt existiert und nicht der Bücherverbrennung Frey Diego de Landas (zu seiner Rechtfertigung: Er war hier nur einer von vielen, aber wir verdanken ihm den Schlüssel zum Verständnis der Maya-Glyphen) zum Opfer gefallen ist, dies trifft leider auf alle drei noch vorhandenen Codizis zu. Diese alle sind bedeutend älter als die Zeit der klassischen Maya; hier ist die Stelle, wo wir zu mehr Zugeständnissen bereit sein sollten und es auch müssen, denn sonst endet der Weg in einer Sackgasse. Wenn wir uns aber hier verweigern, werden wir wohl nie in die Lage versetzt werden, das *Popol Vuh* auch nur ansatzweise in seiner ganzen Pracht und Herrlichkeit zu verstehen. Unsere Zivilisation interpretiert unsere ureigenste Geschichte halt gern nach ihren gerade vorherrschenden moralisch-ethischen Anschauungen und diese müssen ja nicht unbedingt mit der Wahrheit übereinstimmen, denn wer verträgt schon zu viel von diesem Zeug? Dank dieser Betrachtungsweise ist es schwer möglich, sich mit einen Mysterium auseinanderzusetzen, und man erspart sich unbequeme Wahrheiten, denn diese könnten ja weitere unbequeme Fragen nach sich ziehen.

Die Schöpfung im *Popol Vuh* beginnt so: *„Noch war kein Mensch da, kein Tier. Vögel, Fische, Schalentiere, Bäume, Steine, Höhlen, Schluchten gab es nicht. Kein Gras. Kein Wald. Nur* *der Himmel war da. Noch war der Erde Antlitz nicht enthüllt.*

Weichet zurück, ihr Wasser, und gebet Raum, dass die Erde aufsteige und sich festige!

Es werde Licht! Dass Himmel und Erde sich erhellen!

Darauf schufen sie die Tiere des Waldes, die Wächter der Wälder und Berge: Rehe, Löwen, Jaguare, Vögel; und als Wächter der Lianen schufen sie Schlangen, Nattern und Vipern."

Das wollen wir so stehen lassen, denn es sagt uns nichts Neues, wir kennen es so ja schon aus dem *Gilgamesch-Epos.* In der Schöpfung der Quiché-Maya wird darauf hingewiesen, dass die Schöpfung des Menschen und seine Formung aus Lehm nicht gelang. Wörtlich heißt es dort: *„Denn es schwand dahin, es war zu weich, es war ohne Bewegung und Kraft, das Haupt hing zu einer Seite, der Blick war verschleiert, es konnte nicht rückwärts blicken. Bald weichten es die Wasser auf, und es sank dahin."*

In der forensischen Medizin würde man bei dieser Charakteristik von Wasserleichen ausgehen und zur Sintflut wird es davon sicherlich genug gegeben haben. Leider fehlt es uns an Vorstellungsvermögen, sich diese Menge von Leichen und die katastrophalen Umstände auch nur annähernd vorzustellen. Das übersteigt bei Weitem unsere Denkfähigkeit, denn wir sprechen ja schon von einer Sintflut, wenn ein Fluss über die Ufer tritt. Durch den Missbrauch von Wörtern wie Apokalypse, Armageddon und Sintflut verlieren sie immer mehr von ihrer tatsächlichen Bedeutung, verstärkt wird das Ganze noch durch jede Menge bunter Bilder, mit welchen man uns darauf hinweisen will. Durch diese Schwemme von bunten Bildern und alles, was damit in Zusammenhang steht, wird daraus etwas Normales und das nehmen wir nicht mehr als Gefahr wahr. Das wird sich eines Tages für unsere Kinder als Nachteil herausstellen.

Einen direkten Hinweis auf den Impaktor liefert uns Siebenpapagei und er sagt sehr richtig über sich: *„Ich bin die Sonne, bin das Licht und der Mond."* – *„Groß ist mein Glanz. Für mich werden die Menschen wandern und siegen. Denn aus Silber sind meine Augen, wie Edelsteine blitzen sie, wie Smaragde. Meine Zähne blitzen wie kostbare Steine gleich dem Antlitz des Himmels."* Die Vorfahren der Quiché-Maya beschreiben hier sehr anschaulich, wie sie die sieben Sonnen wahrnahmen, welche sich der Erde näherten, man könnte theoretisch daraus sogar auf die Größe des einzelnen Sonnen schließen.

Betrachten wir nun einmal kurz die zwei Söhne von Siebenpapagei, da wäre zum einen Zipacna, welcher von sich sagt: *„Ich bin der Erschaffer der Gebirge."* Der zweite Sohn, Cabracan: *„Er bewegte die Berge und er machte die großen und kleinen Gebirge erzittern."* Obwohl nur zwei Söhne, erinnern sie doch an die Muspell-Söhne der altgermanischen *Edda*. Interessant bei den Quiché-Maya ist, wie sie mit dem Impaktor-Siebenpapagei umgehen. Bei ihnen muss er sterben, man nimmt ihm seine Zähne mit einer List, schon geschwächt raubt man ihm das Augenlicht, man beraubt ihn somit seiner Attribute der Macht und tötet ihn dadurch, braucht ihn also nicht mehr einzusperren. Die Quiché-Maya ersparten sich durch diesen Trick den Bau einer Tempelanlage wie in Chavin. Die Zähne sind der Teil seiner Macht, mit denen er seine Opfer verschlingt und zerstört, eine durchaus glaubwürdige Möglichkeit. Hier ein Monster mit furchterregenden Zähnen und Augen, in Chavin de Huantar der furchterregende Dolch – beide stellen mit den ihnen verbliebenen Mitteln das gleiche Ereignis dar.

Die Erbauer von Chavin de Huantar befreiten sich von der unerträglichen Last der Ereignisse dadurch, dass sie den Verursacher der Apokalypse mit all seinen Folgen für immer wegsperrten, in Mesoamerika töten die Vorfahren der Quiché-Maya den Verursacher Siebenpapagei, und dies überließen sie auch noch dessen eigenen Söhnen. Sehr interessanter Schachzug durch die damaligen Hohepriester, nur dass unsere Volksvertreter auf diesem Ohr taub sind.

Da die Menschen mit solchen Verbündeten aber nicht wirklich glücklich waren, versuchten sie die Söhne Siebenpapagei zu töten was ihnen nicht gleich gelang. Aber als Zipacna 400 Jünglinge erschlug und diese zum Himmel aufgestiegen waren, waren die Plejaden geboren. Durch solche Markanten hinweise findet ein Vergessen nicht mehr statt, vielmehr ist dies der Grundstein zu einem neuen epischen Mythos, der in der Lage ist, die Jahrtausende unbeschadet zu überleben, sein äußeres Erscheinungsbild passt sich den Zyklen der Zeit an, was aber unverändert bleibt, ist die Botschaft an sich, die in ihrem Kern unangetastet erhalten bleibt. Hier in Mesoamerika die Plejaden, in Peru El Lanzon, in unserer Welt bleibt es bei Gilgamesch.

Eines haben das *Popol Vuh* und das *Gilgamesch-Epos* gemeinsam und dies ist auf keinen Fall zufällig: Die eine Sprache die alle Menschen bis dahin verband, ob in Amerika, Ägypten, Europa oder im Vorderen Orient, verschwindet für immer als Sprache; was uns bleibt, ist die Erinnerung daran. Als Strafe für ihre Missachtung der göttlichen Regeln spricht plötzlich jede Völkergruppe eine andere Sprache, was bedeuten könnte, dass die einzelnen Gruppen welche das Glück hatten zu überleben, wieder lernten, sich mit Lauten zu verständigen, wir sagen heute Sprache dazu.

In der Bibel heißt es dazu bei Moses, 11:6/7 und 8: *„Darauf sprach Jehova: 6 „Siehe! Sie sind ein Volk, und sie haben alle eine Sprache, und dies fangen sie an zu tun. Ja, nun wird ihnen nichts, was sie zu tun gedenken, unerreichbar sein." 7 „Auf Lasst uns hinabsteigen und dort ihre Sprache verwirren, damit sie nicht einer auf des anderen Sprache hören." 8 „Dementsprechend zerstreute sie Jehova von dort über die ganze Erd-*

oberfläche, und sie hörten allmählich auf, die Stadt zu bauen."

Im *Popol Vuh* liest sich dieses Thema dann so: *„Aber es fiel ein schwerer Regen. Das Feuer der Stämme brannte, als ein Hagelschlag auf die Stämme fiel und das Feuer unter Eiskörnern begrub. Da hatten sie wiederum kein Feuer. Balam-Quitzé und Balam-Acab gingen wieder, Feuer zu erbitten. ›Oh Tohil! Die Kälte wird uns töten.‹ So sprachen sie zu Tohil. ›Es ist gut. Seid ohne Sorge‹, sagte Tohil und schlug Feuer, indem er über die Sohle seiner Sandale strich. Und es freuten sich Balam-Quitzé, Balam-Acab, Mahucutáh und Iqui-Balam, denn wiederum wärmten sie sich. Aber da das Feuer der übrigen Stämme auch erloschen war, vergingen diese vor Kälte im Hagelschlag, ihre Zähne klapperten, sie zitterten, durchnässt waren sie, Knie und Hand bebten, nichts konnten sie mehr festhalten, als ankamen. ›Unser Stolz vor euch ist dahin. Um ein wenig Feuer bitten wir euch.‹ So sprachen sie, als sie ankamen. Aber man gab ihnen nicht statt, das zerriss den Stämmen das Herz. Und schon war die Sprache von Balam-Quitzé, Balam-Acab, Mahucutáh und Iqui-Balam verschieden. ›Wehe! Wo blieb unsere Sprache! Was ist uns widerfahren? Verloren sind wir. Woher die Verwirrung?‹"*

Die Kulturen rechts und links des Atlantiks waren mit den gleichen Problem konfrontiert und sie berichten darüber auch dasselbe, wenn auch schon in verschiedenen Sprachen.

Wir sind da angekommen, wo wir wohl oder übel akzeptieren müssen, dass es sich um den gleichen Punkt auf der Zeitlinie handelt und es östlich und westlich des Atlantiks die gleichen apokalyptischen Probleme gab, einer Zeit, die weit vor unserer Vorstellungskraft liegt. Erschwert wird es dadurch, dass es die Sintflut und Atlantis als Hochkultur nie gegeben hat, denn wir lassen mythologische Beweise nicht zu.

Unsere Vorfahren waren viele Jahrhunderte lang damit beschäftigt, mit den Folgen fertigzuwerden, sodass im Laufe der Zeit eine Verdrängung stattfand, welche sich bis in unsere Epoche hinein erhalten hat, und diese vielen Faktoren und die Widersprüche in sich haben dazu beigetragen, dass wir es nur unter großen Schwierigkeiten wieder rekonstruieren können.

Wir wären gut beraten, uns etwas näher mit den alten Mythen und Legenden der Vorzeit auseinanderzusetzen, und ein wenig Glaube könnte sehr hilfreich sein.

Die astronomischen Zahlen im *Dresdener Codex* weisen auf die Zeit vor 31.000 Jahren hin, was erst einmal niemand zu verwundern scheint. Frage: Wieso eigentlich? Im Alten Ägypten gab es einen Priester namens Menetho, er verfasste die Chronik zur Politik, Religion und Geschichte des Alten Ägypten. Interessant ist in diesem Fall nur sein Werk über die „Königslisten“. Als Hauptschöpfergott der Alten Ägypter gilt der memphitischen Theologie zufolge Ptah. Sein Beiname war „Vater der Götter“, von dem alles Leben ausgeht, und die Götter haben keine Schwierigkeit mit dem Beginn ihrer Existenz 32.000 Jahre v. Chr. Fällt es denn da niemandem auf, dass da ein Zusammenhang bestehen könnte, bestehen muss? Wenn wir uns dann noch das alte Indien näher ansehen, dann werden wir feststellen müssen, dass die Menschheit wahrscheinlich doch älter ist, als man uns glauben machen will. Angesichts des Alters unserer Erde von ca. 5 Milliarden Jahren könnten wir ja auch davon ausgehen, dass unsere Zivilisation nur eine weitere Auflage einer viel früheren Kultur ist. Wie schon geschrieben, nichts gegen die Aliens, aber was wäre, wenn *wir* die eigentlichen Aliens sind? Dieser Gedanke ist nicht wirklich neu in der menschlichen Geschichte, er passt nur nicht ins bestehende Bild von unserer glorreichen Evolution. Einsteins Relativitätstheorie ist ein Bestandteil der allgemeingültigen kosmischen Gesetze, dem zufolge spricht auch nichts dagegen, dass sie schon einmal in ferner Vergangenheit gedacht worden sind. Da unsere Zivilisation sich schwertut, in die Vergangenheit zu denken, überlassen wir das Feld lieber den Aliens; die Folge davon ist, wir haben verloren, bevor wir zu Ende gedacht haben.

Wenn wir aber akzeptieren, dass die Großen der Geschichtsschreiber mit ihren Berichten der letzten 6000 Jahre vielleicht doch näher an der Wahrheit waren, als wir ihnen heute einräumen, dann wäre dies ein Anfang, ein kleiner zwar, aber ein Anfang. Nur weil wir uns so schwertun, ihre Beschreibungen über Land und Leute zu akzeptieren, wir außerdem alles, was sie zu berichten haben, in Zweifel ziehen, ist es uns unmöglich, den Wert ihrer Arbeit so zu würdigen, wie es ihrem Werk tatsächlich zusteht. Ihre Ansicht und ihre Darstellung über ihre Zeit und unsere Ansicht über ihre Epoche damit zugleich eine Aufarbeitung des Ganzen und verhindert somit den Ausblick auf etwas wirklich Schönes in unserer Geschichte; denn ihre Botschaft ist für lange Zeit für unsere Zivilisation verloren. Durch unsere subjektive Interpretation der Ur- und Frühgeschichte verzerren wir die Geschichte mitunter ins Groteske. Stattdessen sollten wir ein wenig mehr glauben und den Berichten einen realen Kern zugestehen, was es uns erlauben würde, das gesamte Bild zu sehen.

Heinrich Schliemann hat doch wohl bewiesen, dass wir selbst einem Homer vertrauen können, und der war schon zu seiner Zeit bekannt dafür, dass er gern etwas übertrieb. Wie heißt es doch so schön über Homer: *„Dass er gelebt hat, wissen wir nicht mit Sicherheit, dass er blind war, ist erwiesen."* Wir sollten uns eingestehen, dass ein Herodot oder ein Platon vielleicht doch näher am Zeitgeschehen waren und deshalb etwas mehr Respekt verdienen. Wir müssen uns vielmehr überlegen, wie wir den alten Historikern in unseren Sprachgebrauch Gerechtigkeit widerfahren lassen, denn es gibt ein paar mehr als nur diese beiden. Zuerst einmal muss das Gesamtwerk gesehen werden und nicht nur gefällige Passagen aus ihren Werken. Nur mit Hilfe dieser unserer alten Historiker wird es uns möglich sein, Chancen zu nutzen, die sie uns im guten Glauben hinterlassen haben. Das Gestern so zu schauen, wie sie es uns zu sehen hinterließen, um daraus die richtigen Lehren und Erkenntnisse für uns und unsere Zukunft zu ziehen. Wir wären in der Lage, Fehler zu vermeiden, die sie schon stellvertretend für uns begangen hatten. Früheren Generationen war es noch möglich und erlaubt, frei ihre Gedanken zu äußern. Es gab Ausnahmen, ohne jeden Zweifel, aber heute wird alles der Disziplin untergeordnet, und das ähnelt mehr einer Diktatur (George Orwell, *1984*) als der Demokratie in der antiken Welt.

Wir sollten das geschriebene und das gesprochene Wort, auch wenn sie schon ein paar tausend Jahre auf dem Buckel haben, nicht als Fantasiegebilde eines Uralt-Reisenden abtun. So kann und sollte man Geschichte nicht behandeln, auch wenn sie sich so wunderbar als Politikum missbrauchen lässt.

Denn Konsequenzen sind nicht zu befürchten. Der, der die Wissenschaftler bezahlt, bestimmt auch, was wir unter Geschichte zu verstehen haben.

Die Steinzeit ist mit großer Sicherheit etwas anders verlaufen, als man uns heute glauben machen will, und der Verdacht liegt nahe, dass die Entwicklung des Menschen weit früher begann, sehr viel früher – aber dies darf nicht sein.

In der Steinzeit hat man mit Steinen herumhantiert wie wir mit Ziegelsteinen im 19. Jahrhundert, nur dass ihre Steine um einiges größer waren, sehr viel größer. Wir sprechen hier von einigen Tonnen, bis zu einigen Hunderten von Tonnen. Willkommen in der Megalith-Kultur, der Zeit, aus der man diese nur mit Muskelkraft und ganz ohne Technik errichteten, heute noch Ehrfurcht gebietenden Bauten bewundern kann und es auch tun sollte. Siehe Baalbek im Libanongebirge, dort gibt es den „Stein des Südens", er ist ca. 20,31–20,76 m lang, 4,00 m unten und 4,14–5,29 m oben breit und 4,21–4,32 m hoch, und man geht davon aus, dass er die Kleinigkeit von ca. 1000 Tonnen wiegt. Im Jahr 1990 entdeckte man noch einen weiteren Monolithen, welcher 19,5–20,5 m lang ist, 4,34–4,56 m breit und 4,5 m hoch, was in etwa einem Gewicht von 1242 Tonnen entspricht. Frage: Wer braucht so etwas? Nur zur Erinnerung, wir sprechen vom Libanongebirge und nicht vom Flachland! Die alten Römer waren es auf keinen Fall, sie benutzten lieber ihre Technik, denn darin waren sie Meister; ihre Bauten kann man heute noch bewundern und sie haben nichts Megalithisches an sich.

Wer soll das glauben? Wozu das Ganze? Warum dieser Aufwand, der sich selbst mit Gigantismus schwer erklären lässt?

Altarabische Legenden weisen da einen möglichen Weg, den Beginn des Menschengeschlechts – Hochkultur von Atlantis.

Was bewog unsere ehrwürdigen Vorfahren dazu, so etwas zu bauen? Mit religiösen Ambitionen lässt sich nicht alles erklären, wozu der Gigantismus unser steinzeitlichen Vorfahren? Wenn wir ehrlich zu uns selbst sein wollten, dann müssten wir zugeben, dass unsere Ahnen uns technisch weit voraus waren und wir uns eigentlich rückwärts in der Zeit entwickelt haben, eine sehr, sehr lange Zeit, welche wir jetzt erst in eine Vorwärtsbewegung umzuwandeln versuchen, leider mit fatalen Folgen für die Umwelt und die menschliche Zivilisation, denn wir leben entgegen der Naturgesetze. Wo würden wir jetzt stehen, wenn uns ihr Wissen wieder zur Verfügung stehen würde?

Woher kamen die Arbeitskräfte? Die Bevölkerung entsprach nicht annähernd der unserer Zeit, vorausgesetzt, wir glauben unseren akademischen Geschichtenerzählern!

Das Wie und das Warum sind die eigentlichen Fragen, die wir uns stellen sollten. Hier müssen wir wohl oder übel zugeben, dass unsere eigene Entwicklung etwas chaotisch verläuft, denn uns fehlt ein Generalplan für die Menschheit oder, anders ausgedrückt, eine Vision für unsere unmittelbare Zukunft.

Die Megalithbauten gibt es rund um den Erdball und in vollendeter Form, wieso wundert uns das nicht? Der Verfall einiger Megalithmauerwerke lässt uns nur vermuten, aber nicht wirklich wissen, wo ihre Anfänge liegen. Wo sind die Vorläufer, wo sind die Menschen, die so etwas Wunderbares erbauten? Wozu diese Gigantomanie?

Das Schlimme an der Sache ist doch, dass die Megalithbauten auch noch astronomisch korrekt ausgerichtet sind, woher dieses Wissen? Woher die Kenntnis von der Präzession, der Pendelbewegung der Erde um die Sonne? Diese findet man nicht einfach mal so schnell in einem Steinzeitleben, unsere Astronomen wissen das. Dazu braucht es mehr als Adam Riese, vor allen braucht es Zeit, und der, der sich damit beschäftigt, braucht einen Plan und eine Vision von dem Ganzen. Astronomie war wahrscheinlich immer eine Wissenschaft für Visionäre, anders lässt sich dieser Wissensstand in der antiken Astronomie wohl kaum glaubwürdig erklären. Dies erfordert eine gesunde Kultur mit einer ausgeklügelten Arbeitsteilung, denn man kann schwerlich für den eigenen Lebensunterhalt sorgen, mal eben Megalithbauten errichten und dann noch Zeit für die Sterne aufwenden, und bei so viel Schufterei sei hier die Frage erlaubt, wo nahmen sie noch die Zeit her, ihre Art zu erhalten?

Dies erfordert schon eine hochstehende Kultur, welche

sich ihrer Errungenschaften bewusst ist und die weiß, wohin sie ihre Schritte lenken will. Von Vorteil wäre eine längere Epoche ohne Kriege, da wir aber ihre Nachkommen sind, ist anzunehmen, dass ihnen des Menschen liebstes Spiel auch schon geläufig war und wir es nur fortsetzen.

Verstehen kann man dies nur, wenn man akzeptiert, dass dieses fragmentarische Wissen aus der Zeit vor der Sintflut überliefert worden ist. Es gibt konkrete Hinweise darauf, wo und wie man versuchte, dieses Wissen aus der Zeit vor der Flut in die Zeit danach zu retten. Wir werden hier nicht auf das Alte Ägypten und seine Pyramiden eingehen, denn hier ist es offensichtlich, sondern uns auf Südamerika konzentrieren.

Im nächsten Kapitel werden wir uns Ecuador zuwenden, denn Ecuador ist viel mehr als nur das Land, das zufällig auf dem Äquator liegt. Es ist der heiße Fleck auf unserem Globus in geografischer, botanischer und historischer Sicht; nur weil man sich noch nicht wirklich damit auseinandergesetzt hat, bedeutet es nicht, dass man es dabei bewenden lassen könnte. Hier in Ecuador liegt der Beweis für die Atlantische Hochkultur vor der Sintflut, und wir vermeiden es tunlichst, den Namen dieser Kultur auszusprechen. Wahrscheinlich ist es besser, wenn wir von der Zeit vor den Göttern sprechen, die wichtigsten Zeugnisse ihrer Kultur, Geschichte und ihrer wissenschaftlichen Errungenschaften werden zu Recht in einem ausgedehnten unterirdischen Höhlensysteme östlich der Anden vermutet. Bekannt geworden ist dieses Vermächtnis unter dem Namen „Metallbibliothek", und sie liegt nun einmal, wie es der Zufall so will, in Ecuador. Zum Glück bleibt die bewusste Höhle erst einmal unerforscht, denn sie passt nicht zu unserer Lebensphilosophie. Zumal die dortigen Funde uns mit Sicherheit alt aussehen ließen, und das wollen wir ja nun bei Gott nicht.

Was will uns der mysteriöse, zwei Quadratkilometer große Huapolo-Komplex in Ecuador mitteilen? Pater Pedro Porras (1910 – 1990), Direktor des archäologischen Research Center und Professor für Archäologie an der Katholischen Universität von Quito, hat bisher als Einziger Ausgrabungen hier durchgeführt. Im heutigen Sprachgebrauch spricht man von dem Pyramidenkomplex am Sangay (aktiver Vulkan im Südosten Ecuadors, 5.230 m).

Von 1997 bis 2000 lebte ich in Quito. In dieser Zeit erfuhr ich das erste Mal etwas über die Pyramiden am Sangay. An der Archäologischen Fakultät, der Universidad Católica, in Quito bei Dr. Moncajo haben mein Freund Christian W. Lohs und ich die Expeditionsberichte von Pater Pedro Porras einsehen können.

Im Jahre 1997 lernte ich ihn im Restaurant Hansa-Krug in Quito Stan Hall kennen und schätzen, und es war mir vergönnt, während dieser 2 ½ Jahre manch interessantes Gespräch mit Stan führen zu können. Er war ein wunderbarer Mensch, mit dem man sich über die Mysterien Südamerikas stundenlang unterhalten konnte, ohne dass es einem langweilig wurde, denn er verstand es, einen in seinen Bann zu ziehen, und er verstand es, selbst zuzuhören. Es ist bedauerlich, dass er uns schon so zeitig verließ. Denn seine Ansichten über die Bedeutung Südamerikas, zu Atlantis und zur europäischen Geschichte enthalten viel Wahres.

Der außergewöhnlichste Mensch aber war mit Sicherheit Juan Moricz. Leider war er seiner Zeit zu weit voraus und nur sehr wenige konnten ihn überhaupt verstehen bzw. ihm folgen. Es werden noch Jahrzehnte vergehen, bis wir begreifen, was für ein außergewöhnlicher Mensch er überhaupt war.

„Der Beweis liegt in einer Metallbibliothek in den Anden Ecuadors, geschrieben in der Muttersprache der Menschheit:

Madjar, der Sprache Atlantis!" (Stan Hall, *Tayos Gold*, S. 25)

Diesem Thema wollen wir uns in einem gesonderten Kapitel zuwenden.

El Castillo

„Die Klassiker fremder Länder müssen für jede Generation neu übersetzt und neu interpretiert werden, damit ihre alte Natürlichkeit auf eine neue Art wiedergegeben und ihre ewige Menschlichkeit lebendig und assimilierungsfähig erhalten wird. Allein durch diese ständige Verarbeitung überkommener Substanz bleibt die Einsicht in die Vergangenheit für Gegenwart und Zukunft wirksam."
George Santayana

In der Gebirgsfeste der Cordillera lebte und wohnte einst ein geheimnisvolles Volk, welches von der Zeiten Lauf nicht wirklich erreicht wurde. Es führte dort ein Leben seltsamer Art (mit unseren Augen betrachtet).
Frei nach Pedro de Cieza de León, *Auf den Königstrassen der Inka*

Bei dem Komplex von Chavin de Huantar handelt es sich nicht um ein Kultobjekt nach herkömmlicher Ansicht, denn es geht hier bei dieser Anlage sehr viel tiefer. Es handelt sich nicht um einen jener Orte, wo sich die Unterwelt und die Götterwelt begegnen, oh nein, diese mythische Verbindung besteht nur in unserer Betrachtungsweise und unserem Verständnis der Geschichte von Chavin de Huantar. Genauso wenig, wie die geflügelten Wesen mit Menschentorso das Wirken von Aliens erklären sollen und nicht können, oder wenn die Tierwelt Amazoniens dafür herhalten muss – auch hier irrt der Betrachter. Genauso wenig hilft uns hier das Buch Mormon und Nephi weiter. Die Ausführungen von

144

Erich von Däniken sind zwar erst einmal sehr überzeugend, haben aber mit dem Bau und der ursprünglichen Funktion von Chavin de Huantar nicht wirklich etwas zu tun. Der eigentliche Ursprung liegt in dunkler Zeit, in der Epoche, die wir auszublenden wissen.

Wir müssen endlich akzeptieren, dass der gesamte Komplex Chavin de Huantar so alt ist, dass vergängliche Dinge nicht mehr existieren und er nur deshalb heute noch existiert, weil man ihn ständig restaurierte und ihn so durch die Zeit bis zu uns hin erhielt. Für die Erbauer war es wichtig, dass Chavin de Huantar und die Botschaft am Leben blieben, sie fürchteten, dass sie verloren gehen könnte. Denn hier muss die Inkarnation der Apokalypse, El Lanzon, unser kollektiver Albtraum, seine gerechte Strafe verbüßen. Der gesamte Komplex hat nur eine einzige Funktion: zu verhindern, dass El Lanzon noch einmal so viel unaussprechliches Elend über die Menschheit bringen wird. Er, der mysteriöse El Lanzon, das personifizierte Urübel der Menschheit, befindet sich immer noch an der gleichen Stelle, wo ihn unsere Vorfahren einst verwahrten, und er ist nicht zu entfernen, es sei denn, man reißt große Teile vom El Castillo ein. Leider scheint es so, dass das Universum etwas anderes vorhat und für den 13. April 2036 ein Befreiungsversuch durch Apophis geplant ist.

Betrachtet man El Castillo unvoreingenommen, so fällt auf, dass es im unteren Drittel den weltweit bekannten Megalith-Kulturen gleicht, und dies allein ist schon bemerkenswert, denn dieser Ort liegt so ziemlich am Ende der uns bekannten, mit anderen Worten weit entfernt von vergleichbaren Niederlassungen. Wir sollten davon ausgehen, dass die Planung dieses Objektes zu einem sehr frühen Zeitpunkt in der uns bekannten menschlichen Entwicklung stattfand und man zu diesem Zeitpunkt auch schon mit dem Bau an sich begonnen hatte. Man spürt, dass man zu diesem frühen Zeitpunkt noch über das Wissen und über die dazugehörigen Mittel verfügte, um so einen Megalithbau auch auszuführen. Dies ändert sich aber mit der Höhe des Bauwerkes, denn die Megalith-Bauweise wird durch immer kleinere Steine ersetzt und der Gesamteindruck verändert sich dadurch nachhaltig. Was zu diesen tiefen Einschnitten in der Bauausführung führte, entzieht sich erst mal unserem Wissen, aber es ist anzunehmen, dass das Wissen um die Megalith-Technik langsam verloren ging, genauso wie die technischen Hilfsmittel verschlissen und unsere Vorfahren nicht mehr in der Lage waren, diese durch neue zu ersetzen. Die Produktionsstätten dürften zu jener Zeit schon nicht mehr existiert haben und somit fehlten die nötigen Ersatzteile. Diejenigen unserer Vorfahren, die noch über diese Kenntnisse verfügten, waren nicht mehr in der Lage, ihr Wissen und ihre Fähigkeiten weiterzugeben, aus welchen Gründen auch immer.

An dieser Stelle der Zeitlinie setzt die Rückwärtsentwicklung der menschlichen Kultur ein. Dieses Phänomen kann man weltweit bei allen großen Kulturen beobachten, nur wahrhaben will man es nicht. Unsere Vorfahren brauchten Jahrtausende, um über diesen Einschnitt in ihrer Entwicklung hinwegzukommen. Im Grunde ihres Herzens wussten sie, woher sie kamen, sie wussten aber auch, dass es keinen Weg zurück gab, versuchten jedoch das Wissen darum am Leben zu erhalten, um späteren Generationen davon Nachricht geben zu können. Was sie nicht bedachten, war, dass diese Generationen gar kein Interesse an der eigenen Vergangenheit hatten. Es ist dies der berühmte Rauswurf aus dem Paradies von Adam und Eva. Wir sehen, es sind wieder nur zwei Personen, die eine Chance erhalten, um trotz ihrer Sünden neu beginnen zu können. Die Hochkultur vor unserer Zeit muss den Überlebenden der Sintflut im Rückblick wie das Paradies erschienen sein.

Viracocha, der aus dem Lande der Morgenröte kam und den indigenen Aymara und Quechua half, mit den schwierigen neuen Lebensumständen fertigzuwerden und sie zu meistern, war mit Sicherheit ein Überlebender des biblischen Paradieses, mit anderen Worten ein Atlanter. Er muss einer jener wenigen Überlebenden gewesen sein, die über dieses Wissen verfügten. Dieser weiße Mann von hohem Wuchs weihte die Völker der Anden in die Geheimnisse seiner Zivilisation ein, um ihnen ein Überleben im Chaos zu ermöglichen, und zeichnete ihnen wahrscheinlich Wege auf, wie sie ihre Zukunft gestalten konnten.

Auf seinem Weg nach Norden wäre es Viracocha immerhin möglich gewesen, die überlebenden Menschen darin zu unterweisen, die Anlage von Chavin de Huantar zu bauen, als Vermächtnis an spätere Generationen. Ob Viracocha oder Quetzalcoatl, das ist hier nicht weiter von Bedeutung, nur dass beide in dem Ruf stehen, den Überlebenden geholfen zu haben, einen Weg aus dem Chaos zu finden und gleichzeitig wieder zurück zu den alten Werten der verlorenen Hochkultur, welche da lauten „Moral und Ethik", allerdings auf einer Stufe, die uns fremd erscheinen dürfte. Aber wir wissen auch, dass sie am Ende ihrer Kultur der Menschheit schlimmster Krankheit anheimfielen und an ihrer Dekadenz zugrunde gegangen wären, wenn nicht der Sintflut-Impakt dem ein Ende gesetzt hätte. Ihre Instruktionen für einen Neuanfang sollte den Überlebenden Wege in ein neues menschliches Zeitalter ermöglichen.

Von Bedeutung ist hier die Tatsache, dass diese seltsamen Götter von weißer Gestalt mit rotem Haar und Bart mehr oder weniger bei allen großen Kulturen in Erscheinung traten, halt immer unter einem anderen Namen. Ein Schelm, wer Böses dabei denkt: *der aus dem Land der Morgenröte* kam oder *die Kabiren* (vom Himmel kommend). Die Ägypter scheinen hier eine besondere Stellung innegehabt zu haben, denn sie allein berufen sich auf Thot, den „dreimal großen Hermes Trismegistos" mit seiner berühmten Smaragd-Tafel und seinen legendären 1200 hermetischen Büchern. Ob uns dies nun gefällt oder nicht, es gehört zu unserer Geschichte und sollte bei der Analyse von Chavin de Huantar mitbeachtet werden.

Für die Überlebenden des Sintflut-Impakts war dies die einzige Möglichkeit, denn sie bedurften solch eines weit abgelegenen, am Ende der Welt befindlichen Ortes, um mit den Folgen das Armageddon der Menschheit am Beginn des Holozän fertigzuwerden.

Dabei vergessen wir, dass auch wir Heutigen unter diesem Trauma und seinen Folgen stehen. Wir wissen heute nichts mehr von den Leiden unserer Vorfahren, aber wir benutzen gern ihre Metaphern, ohne uns ihres Ursprungs und ihrer Bedeutung wirklich bewusst zu sein. Zudem hat sich auch im Laufe der Äonen die Bedeutung von einzelnen Wörtern geändert und so entsteht ein ganz anderes Gedankenbild.

El Lanzon ist die in Stein gehauene Inkarnation des einzig wahren Bösen der Menschheit und er steckt genauso mit dem Kopf in der Erde, wie der Sintflut-Komet mit dem Kopf voran auf der Erde einschlug.

Dies ist der erste Teil jener Botschaft, die uns von unseren altehrwürdigen Ahnen hinterlassen wurde, im Glauben daran, dass wir aus ihrem bitteren Leid lernen werden. Werden wir es tun?

Vor sehr, sehr langer Zeit sahen sie die sieben Sonnen wochenlang größer werden, sahen ihren tödlichen Schweif, der immer bedrohlicher wirkte; sie konnten die Gefahr nur erahnen, sie konnten die Folgen unmöglich vorhersehen. Unsere direkten Vorfahren mussten mit etwas fertigwerden, das sich jeder menschlichen Vorstellung entzieht, und für dieses neue

148

Leben – was das Wort „Leben" an sich schon verhöhnt – eine Aufgabe bewältigen, die sich doch als völlig unlösbar für eine sich im Finden begriffene neue Zivilisation darstellt.

Deshalb sollten wir uns bemühen, uns in ihre Welt hineinzudenken, um unsere Vorfahren und ihre Botschaft wenigstens ansatzweise zu verstehen. Das wäre eine Aufgabe für einen neuen Dr. Freud.

Die ungezählten Prophezeiungen, mit denen man uns vor dem bevorstehenden Weltuntergang heute malträtiert, sollten wir aus dem Blickwinkel einer in die Zukunft projektierten Vergangenheit betrachten und nicht als Strafe für unser beschämendes Verhalten gegenüber unserer Mutter Erde. Die Apokalypse des Propheten Johannes ist sein Vermächtnis an uns, eine Mahnung, uns unserer ureigensten Geschichte zu stellen, damit wir der bekannten Zukunft aufgeklärt und vorbereitet entgegentreten können. Der gleiche Impakt heute, und unsere gute alte Erde müsste ohne uns zurechtkommen – wir hätten nur geringe Chancen.

Wir neigen dazu zu vergessen, und wir vergessen nur allzu gern unser Atomspielzeug, weil wir glauben, es zu brauchen. Wenn schon ein kleiner Tsunami wie in Japan Atomkraftwerke zerstört, was passiert erst bei einem Kometen-Impakt? Unsere so viel gepriesene Atomindustrie und nicht zu vergessen das Militär, beides wäre nicht mehr zu kontrollieren und würde sich verselbstständigen. In diesem Spiel ist die Menschheit der absolute Verlierer – Pachamama erholt sich davon.

Was wir brauchen, ist eine Hintertür, die es uns erlauben würde, neue Wege zu beschreiten, und dies sollte für alle gelten, nicht nur für bestimmte Personen.

Die Botschaft unserer Ahnen besteht nicht darin, uns in Angst zu versetzen, sondern darin, uns zu zeigen: Seht her, das kann passieren, und wenn es passiert, seid vorbereitet.

Wir sollten endlich akzeptieren, dass sie nicht so rückständig waren, wie man es uns heute gern glauben machen will. Dies gelingt uns aber nur, wenn wir anerkennen, dass es vor 10.000 Jahren schon einmal eine blühende Hochkultur gegeben hat. Selbst in unserer Zeit existieren Steinzeit und Hochtechnologie in der uns eigenen Terminologie nebeneinander, und das ist auch der eigentliche Grund, warum wir diesen Menschen nicht ihren wahren Entwicklungsstand zugestehen. Wir sind nicht in der Lage, sie so zu sehen, wie sie es wirklich verdient hätten, und wir wollen es auch nicht, unser Gefühl der Überlegenheit gegenüber allem versperrt uns die Sicht auf das, was vorhanden ist; und so sind wir nicht in der Lage zu erkennen, was doch so deutlich vor uns liegt. Wir brauchten ein neues, progressives Verständnis unserer Vorfahren, um hier ergebnisoffen zu forschen.

Auch in der heutigen Zeit existieren auf der Erde Naturvölker und wir glauben ihnen, Gutes zu tun, wenn wir ihnen ungebeten unsere Errungenschaften aufs Auge drücken. Dabei sollte jedem klar sein, dass nur Naturvölker überhaupt in der Lage sind, solche Einschnitte wie einen Impakt zu überstehen und neu beginnen zu können. Unsere viel gepriesenen Errungenschaften, auf die wir so überaus stolz sind, werden unser Verderben sein, denn wir haben heute schon verlernt, was Natur ist; was sie für den Menschen bedeutet, wissen wir nur noch aus Erzählungen älterer Menschen. Unter einer schönen Landschaft verstehen wir ein großes Hotel an einem schönen Ort, der durch das Hotel noch schöner wird.

Solange wir der Meinung sind, dass wir mit Pachamama machen können, was wir für richtig erachten, so lange haben wir das Prinzip des Lebens nicht ansatzweise verstanden. Wir werden wie die Kultur vor 10.000 Jahren an den Folgen von Naturereignissen zugrunde gehen, und wenn wir nicht endlich anfangen zu verstehen, was unsere Pachamama uns sagen will, werden wir zu spät begreifen, wie wenig Zeit uns noch zur Verfügung steht. Ein paar wenige sagen heute der Menschheit, was richtig und was falsch ist und wie sie zu leben haben. Woher nehmen sie das Recht und wo ist ihre Legitimation, wer hat sie ihnen erteilt? So kann es nicht, so wird es nicht gehen, so ist es noch nie gegangen oder höchstens eine Weile.

Der gesamte Komplex Chavin de Huantar mit all seinen Bauten, speziell El Castillo, wurde gebaut, um gewährleisten zu können, dass der Herr der Apokalypse diesen Ort nie wieder verlassen werde, und dies hat bis heute fabelhaft funktioniert. Leider ist im Laufe der Äonen der menschlichen Geschichte die eigentliche Botschaft nach und nach verloren gegangen und wir tun uns schwer damit, zu verstehen, was doch so offensichtlich vor unseren Augen liegt.

Die Abgeschiedenheit des Ortes ist mit Bedacht gewählt worden, denn selbst wenn El Lanzon die Flucht gelungen wäre, der Weg zur Menschheit wäre für ihn weit und beschwerlich geworden. Es ist ein Fakt, dass diese Art der Trauma-Bewältigung nur so in Südamerika stattgefunden hat, und zwar im heutigen Peru. Dies ist eine bemerkenswerte Leistung, welche in der antiken Welt ihresgleichen sucht. Dies lässt zwar keine Rückschlüsse auf andere Kulturen zu und darauf, wie diese mit demselben Problem umgegangen sind, aber was wir in Chavin nicht zu sehen vermögen, wird uns mit großer Wahrscheinlichkeit auch in anderen Kulturen nicht möglich sein zu sehen. Es wird auch in anderen Kulturen solche oder ähnliche Monumente geben, aber diese sind bis jetzt von uns als solche noch nicht lokalisiert worden. Wenn man nicht weiß, wonach man zu suchen hat, wird es schwer, es zu erkennen, auch wenn man davorsteht. Sollte sich dies im Fall von El Lanzon bestätigen, wären wir gezwungen, die Geschichte der Menschheit neu zu schreiben und zu bewerten, und eine Überarbeitung der bestehenden Geschichte setzt voraus, dass wir endlich anerkennen, was schon seit Jahrhunderten überfällig ist. Nur, wer will das schon?

Die Hinterlassenschaften aus der Zeit vor dem Impakt und das, was nach dem Armageddon neu erdacht und geschaffen wurde, sind zwei Seiten derselben Menschheit; wir müssen nur lernen, sie zu unterscheiden.

Fehler in der Geschichtsschreibung passieren, denn wir Menschen sind nun mal nicht perfekt. Aber diesen Charakterzug in unserer Entwicklung versuchen wir noch zu perfektionieren. Wir sind mit Abstand der größte Fehler, der Pachamama je unterlaufen ist, und dies ist wahrscheinlich der Grund, warum es uns noch gibt, denn Pachamama will sehen, wie weit wir es noch treiben. Wir sollten also vielmehr darauf achten, unsere Fehler nicht zu zementieren, so notwendig Fehler auch sein mögen, um zu lernen, wie es einfacher und besser geht.

Die Menschen von Atlantis haben diese *5 Minuten vor zwölf* verstanden und uns etwas hinterlassen. Für sie selbst war es bereits zu spät, jetzt sind wir an der Reihe zu beweisen, dass wir aus ihren Fehlern gelernt haben und ihren Hinweisen folgen werden.

Sind Zivilisationen, die sich in einer frühpubertären Phase befinden, aber dazu bereit, von verschollenen bzw. untergegangenen Kulturen zu lernen? Wohl kaum; man schaue sich nur unseren Alltag an.

El Lanzon I, der steinerne Zeuge

„Es gibt nichts Schöneres als das Mysteriöse.
Aus ihm entspringt alles Wahre,
Kunst und Wissenschaft."
Albert Einstein

Langsam wird es Zeit, sich dem Verursacher der Apokalypse selbst zuzuwenden. Er erinnert uns zuallererst an ein Messer, welches rein zufällig im Boden steckt. Shakespeare kann uns hier vielleicht weiterhelfen. Wie heißt es doch so schön bei ihm: *„Aus welchem Stoff schuf einst dich die Natur, dass so viel fremde Schatten sich dir neigen ..."* Aber diese Betrachtungsweise wird dem Problem, um das es sich hier handelt, nicht annähernd gerecht. Wir wollen es der Einfachheit halber dabei belassen.

Die Ornamente, die sich mit unserer Betrachtungsweise über den Ort Chavin de Huantar nicht erklären lassen, sind bis heute der Grund zu kontroversen Ansichten und vernebeln uns den Blick auf das eigentliche Vermächtnis, welches El Lanzon so einzigartig in der Welt macht. Die Form des Dolches symbolisiert den Charakter von El Lanzon, die Ornamente bestärken den Verdacht, dass wir es hier mit dem Abbild eines Kometen zu tun haben, welcher sich im Anflug auf die Erde befand und mit großer Wahrscheinlichkeit für den Untergang von Atlantis und die Sintflut verantwortlich zeichnet. Die Folgen eines Kometen-Impakts sind uns heute hinlänglich bekannt, denn die Fernsehsender überbieten sich seit Neuestem mit diesen Horrorszenarien.

Selbst in unserem Kulturkreis haben unsere Ahnen Kometen als Schwerter oder Dolche dargestellt und des Öfteren mit einem grimmigen Aussehen versehen, denn zur damaligen Zeit sollten wir davon ausgehen, dass die Urangst vor einem Kometen noch lebendig war; man sah in ihm den Bringer der Apokalypse. Der Kometenschweif als nächtliches himmlisches Zeichen galt über Jahrtausende als Symbol für Unheil und Verderben. Es war die himmlische Strafe für Vergehen, welcher sich die Menschheit schuldig gemacht hatte. Man sah im Schweif des Kometen die strafende Hand Gottes und so verwundert es nicht, dass mittelalterliche Darstellungen den damaligen Waffen ähneln; und dies begegnet uns in El Lanzon wieder. Selbst hier, am anderen Ende der Welt, in Südamerika, verglich man den Kometenschweif mit den Waffen, die den dortigen Völkern zur Verfügung standen.

Der Kometenschweif erregt selbst heute noch unsere Fantasie, nur dass wir nicht mehr über die negativen Erfahrungen unserer Vorfahren verfügen und er deshalb bei uns als Glücksbringer gilt, dem man seine Wünsche äußert. Das Wissen unserer Vorfahren empfinden wir als unnötige Last und von dieser Last müssen wir uns befreien und haben uns schon zu einem guten Teil von ihr befreit, indem wir es der Einfachheit halber als Aberglauben interpretieren.

Unsere Vorfahren hatten nur den einen Wunsch: dass die nächste Apokalypse an ihnen vorübergehen möge. Sie waren an keinem zweiten Armageddon interessiert. In ihrem Unterbewusstsein wussten sie noch um die Gefahren, das Leid und das Elend, unter denen ihre Vorfahren zu leben hatten. Sie selbst konnten es sich nicht mehr erklären, denn die Zeit hatte mittlerweile ihren Tribut eingefordert. Sie waren nicht mehr imstande, zwischen Mythos und real Erlebtem zu differenzieren, weshalb das letzte bisschen Wahrheit, das bis hierher überlebt hatte, dem Mythos selbst zugeordnet wurde. Sogar in alten Märchen und Sagen finden wir noch Hinweise darauf, ganz gleich, aus welcher Region der Erde sie stammen. Die moderne Wissenschaft und das Zeitalter der so viel gerühmten Industrialisierung versetzte dem allen dann den Todesstoß. Das Opfer liegt zwar im Koma, aber es besteht Hoffnung.

Als Johannes vor Jahrtausenden seine Offenbarung niederschrieb, beschrieb er die Strafe Gottes an den Menschen für ihre Verfehlungen. Er wählte bewusst die Form der Zukunft, um den Menschen klarzumachen, was passiert, wenn sie nicht innehalten. Schon damals fingen die Menschen wieder an übermütig zu werden, und daran hat sich bis heute nichts geändert. Bei seiner Offenbarung handelt es sich mit Sicherheit um eine in die Zukunft projizierte Vergangenheit, die wir aber konsequent kollektiv verneinen, denn eine Bevormundung durch unsere Ahnen geht nun wirklich nicht. Johannes beginnt seine Offenbarung mit folgenden Worten: *„Eine Offenbarung von Jesus Christus, die Gott ihm gab, um seinen Sklaven die Dinge zu zeigen, die in kurzem geschehen sollen.“* Das war vor einem platonischen Monat, für Gott nur ein Wimpernschlag, für uns Menschen über 2000 Jahre. Das sollte genügen, um zu erkennen, dass die Offenbarung für die Menschen jener Zeit geschrieben war, nicht für uns. Doch wir brauchen sie wahrlich dringender.

Das ist der Grund dafür, dass die Apokalypse des Johannes weiter eine Rolle spielt. Wenn auch oft aus ihrem geschichtlichen Kontext gerissen, benutzt man heute dieses uralte Wissen, um uns wieder zu verunsichern, denn mit Angst hat man in der menschlichen Geschichte immer gut Geld verdienen können. Wir müssen akzeptieren, dass es keinen Schutz vor einem Impakt gibt, denn hier würfelt das Schicksal mit dem Zufall um die Menschheit.

Das hat dazu geführt, dass wir der Wissenschaft alles abkaufen, was sie so für uns im Angebot hat. Wir sind widerspruchslos bereit, ihr zu glauben, und bedanken uns auch noch. Diese Weigerung, die Erfahrungen der Vorfahren zu nutzen, wird sich noch als Nachteil für uns herausstellen. Wenn es eines Tages so weit sein sollte, wird keiner die Verantwortung dafür übernehmen wollen. Dies wird der Zeitpunkt sein, wo wir uns kollektiv wieder an Gott wenden werden.

Einen Hinweis auf die Tragödie finden wir in der Offenbarung unter 2: *„Diese Dinge sagt der, der die sieben Sterne in der Rechten hält, der inmitten der sieben goldenen Leuchter wandelt."*

Alexander und Edith Tollmann legen in ihrem Buch *Und die Sintflut gab es doch* überzeugend dar, dass die Sintflut ein tatsächliches Ereignis war und die Folgen bis heute nicht wirklich verarbeitet worden sind. Wir sehen das heute natürlich weltoffener und durch die Brille der modernen Wissenschaft. Eine wirkliche Änderung ist nicht in Sicht und das Bisschen, das sich zum Positiven ändert, ändert sich nur sehr, sehr langsam. Der Mini-Impakt vom Februar 2013 ist auch schon wieder vergessen, denn für solche Probleme haben wir nun mal gar keine Zeit und man will uns ja nicht beunruhigen.

Wenn da bloß nicht die alte Inka-Festung Ollantaytambo im Urumbambatal wäre, denn dort befinden sich (noch) 6 „Spiegel der Sonne". Sie bestehen aus rosafarbenem Granit und jeder von ihnen wiegt ca. 50 Tonnen. Wie soll man dies nun wieder erklären? Die „Spiegel der Sonne" sind zwar aus der Nach-Impakt-Zeit, aber mit Sicherheit ein Hinweis auf die sieben Sonnen, die sich der Erde nähern. Und rosafarbener Granit? Ein Schelm, wer da an etwas anderes denkt. Ich zitiere hier A. und E. Tollmann, S. 96: *„Henoch schaut am Ende des Himmels sieben Sterne wie große brennende Berge."* In vielen Mythen kommt er auch als siebenköpfiger Drache daher (vorzugsweise in China). Die indischen Mythen bezeichnen es als *„eine Anzahl fürchterlicher Sonnen"*.

In der altgermanischen *Edda* wird der Unheilskomet als *„Muspell-Ase"* bezeichnet, der hinter sich einen Schweif wie ein Schwert, *„heller glänzend als die Sonne"*, herzieht. So ähnlich sieht auch El Lanzon aus. Die altgriechischen Legenden sprechen von der *„falschen Sonne"*, gemeint ist hier der Sonnengott Helios, der einst seinem Sohn Phaethon erlaubte, seinen Sonnenwagen zu fahren, und dabei die Beherrschung über den Wagen verlor und auf die Erde niederstürzte.

Unter diesen Aspekten sieht El Lanzon aus wie eine schaurige Fratze, die mit dem Kopf voran auf der Erde aufschlagen will und letztlich auch aufgeschlagen ist. All seine Mitstreiter sind bekannt, aber nur er muss stellvertretend für diese Tat büßen. Das obere Drittel stellt mit ziemlicher Sicherheit den Kometenschweif dar, denn wir sollten unseren Vorfahren schon zugestehen, dass es für sie die objektivste Darstellung des Imperators war. Wie sagt schon Einstein: *„Man kann ein Problem nicht mit den gleichen Denkstrukturen lösen, die zu seiner Entstehung beigetragen haben."*

Wir sollten akzeptieren, dass El Lanzon nichts Technisches repräsentiert. Dazu fehlt das technische Element, es ist alles zu rund. Das Fehlen alles Eckigen deutet vielmehr auf Tiermotive hin, denn mit diesen konnten unsere Vorfahren etwas anfangen. Tiere gehörten zu ihrem Leben, genauso wie sie heute zu unserem Leben zählen. Der einzige Unterschied zu uns Heutigen ist, dass sich die Betrachtungsweise der Dinge gewaltig verändert hat. Die Schöpfer von El Lanzon wollten mit ihren Darstellungen auf keinen Fall Jaguar, Harpyie, Kaiman oder Schlange darstellen. Sie wollten vielmehr den Verursacher der Apokalypse charakterisieren. Für sie gab es nur diese Möglichkeit: ein wildes, starkes und zu allem entschlossenes räuberisches Wesen darzustellen. Das musste dann stellvertretend für den Impaktor die Strafe erdulden.

Wenn wir heute den Jaguar, die Schlange und die Harpyie hineininterpretieren, können wir auch davon ausgehen, dass diese drei Tierarten dort wirklich dargestellt wurden. Sie üben auch heute noch eine schöne, wenn auch eine unheimliche Wirkung auf uns aus.

Aus der Alten Welt sind uns mehrere solcher Mischwesen bekannt. Aus dem akkadischen Kulturkreis ist uns Zü bekannt. Er gilt als Sturmvogeldämon und geht auf den sumerischen Imdugud zurück, welcher als löwenköpfiger Adler dargestellt wird. Dies sind nur zwei Beispiele, die uns zeigen, wie unsere Vorfahren etwas darzustellen versuchten, das sich nicht auf direkte Weise darstellen lässt. In der schintoistischen Religion begegnet uns Ama-no-iwato. Hier ist ein Hinweis auf die Impaktnacht enthalten. Es gibt die Felsenhöhle der Dunkelheit im Himmel, in welche sich die Sonnengöttin Amaterasu verärgert zurückzog und erst durch den Tanz der Ama-no-uzume (aus dem Japanischen: „abschreckende Frau des Himmels") wieder herausgelockt wurde. Dann gibt es noch die Anaya (besser bekannt als Menschenvernichter) bei den Athapasken-Navajo-Indianern. Hier bringen Jungfrauen Riesen und Ungeheuer zur Welt, die zum Teil verkrüppelt sind, aber über den tödlichen Basiliskenblick verfügen.

Es zeigt uns, dass sich alle Völker der damaligen Welt vor das gleiche Problem gestellt sahen, und sie versuchten dieses Problem auf eine für sie glaubwürdige Art und Weise zu lösen. Man sollte anerkennen, dass es ihnen zum Teil gelungen ist. Dies war der Zeitpunkt, wo die Menschheit verschiedene Wege einschlug. Es könnte auch der Zeitpunkt des babylonischen Sprachengewirrs sein. Am Ende dieses Weges, den unsere Vorfahren gingen, steht heute unsere Zivilisation als Beweis dessen, was sie damals zu leisten imstande waren.

Was uns letztlich daran hindert, das Wesen von El Lanzon zu erkennen bzw. zu verstehen, scheitert an unserer Dekadenz über die Dinge, die uns den Blick zum Eigentlichen verstellt. Es ist einer der Gründe, warum uns El Lanzon auch heute noch so unheimlich und unerklärlich daherkommt.

In einem Punkt muss ich Erich von Däniken beipflichten. Die außerordentlich komplizierten Tierdarstellungen erreichen in Chavin einen Grad der Vollendung, die bei menschlichen Darstellungen unbekannt ist. Diese perfekten Reliefs sind es, welche uns so faszinieren und die uns danach noch lange begleiten, ohne dass wir es in irgendeiner Form erklären könnten. Der an Virtuosität grenzenden Ausführung am El Lanzon kann man wahrlich nichts hinzufügen. Wer war zu dieser Meisterarbeit in der Lage? Wie muss es vor Jahrtausenden auf die damaligen Pilger gewirkt haben, zumal damals das Ereignis schon viele Generationen zurücklag? Aber noch immer im Bewusstsein unserer Vorfahren.

Als der gesamte Komplex von Chavin de Huantar noch intakt war und seiner ihm zugedachten Aufgabe nachkam, muss er auf die Pilger einen nachhaltigen Eindruck gemacht haben, der die Funktionalität der imposanten Anlage noch einmal hervorhob. Die außen angebrachten Nagelköpfe haben sicherlich dazu beigetragen, diesen Eindruck noch zu verstärken. Selbst der Weg zum Ort des Delinquenten hoch oben in der Cordillera, versteckt hinter einem Pass, muss sehr bewegend gewesen sein. Wer sich also auf eine Pilgerfahrt in Richtung Chavin de Huantar machte, war sich bewusst, dass er sich einem besonders mystischen Ort näherte. Dank Pedro de Cieza de Leon wissen wir heute, dass er noch zu Zeiten des letzten Inka als Zeremonialplatz in Funktion war.

Die sogenannten Nagelköpfe erinnern einen unwillkürlich an die Muspellzsynir (Muspells Söhne) der *Edda*. Sie stehen für Schaden und Verderben und sie werden mit Ragnarök, dem Weltende in der *Edda*, in Verbindung gebracht. Es waren die kleinen Begleiter der sieben glühenden Sonnen, welche sich der Erde näherten und zusätzliches Leid über die Menschen brachten. Man kommt unwillkürlich zu dem Schluss, dass die Nagelköpfe die Begleiter von El Lanzon gewesen sein müssen.

In der Offenbarung des Johannes ist dieses Ereignis sehr treffend geschildert: *„Die Sterne des Himmels fielen herab auf die Erde, wie wenn ein Feigenbaum seine Früchte abwirft."* Die Yámana in Feuerland berichten von der *„alten, bösen Sonne"* Tarnuwa-Lem, die das Unglück über sie brachte.

Die oben genannten Beispiele sollten genügen, um zu belegen, dass die Existenz von El Lanzon sich nicht auf einen Schamanenkult in Verbindung mit simplen Naturvölkern reduzieren lässt, ganz zu schweigen vom Gesamtkomplex Chavin de Huantar. Dies bedeutet aber auch, dass wir unsere antiquierten Ansichten über frühere Naturvölker völlig neu überdenken sollten und letztlich auch müssen. Unsere Vorstellungen über frühere Naturvölker sind irreführend, denn wir wissen noch viel zu wenig über sie, und das, was wir zu wissen glauben, ist von uns so festgelegt worden. Die wenigen Überlebenden der damaligen Völker mussten mit etwas fertigwerden, worauf man sie nicht vorbereitet hatte und womit man eigentlich nicht fertigwerden kann. Der Mensch kann sich nicht auf etwas vorbereiten, was seinen Erfahrungs- und Wissensstand bei Weitem übersteigt. Durch ihre übermenschliche Leistung in dieser apokalyptischen Situation haben sie uns den Weg bereitet und es uns so erst ermöglicht, unsere Zivilisation neu zu gestalten. Ihr eiserner Wille nötigt uns heute mehr als nur Demut ab, auch wenn unser Egoismus dem entgegensteht.

Die exzellente Ausführung der Ornamentik am El Lanzon ist bis heute unerreicht; es fehlt uns hier eine vergleichende Entwicklungssequenz, die auf frühere Arbeiten bzw. Skulpturen hinweist.

Dies trifft aber genauso gut auf die Raimondi-Stele und den Ort Tiwanaku zu. Es gibt nichts Vergleichbares davor und danach, und hierin liegt die eigentliche Schwierigkeit, vor der die Archäologen heute stehen. Wir brauchen gar nicht erst nach einem evolutionären Entwicklungsprozess zu suchen, denn ihn gibt es so nicht. Wenn wir aber akzeptieren, dass es einst eine Hochkultur gab, dann ergibt das Ganze einen möglichen Sinn und man könnte anfangen, unvoreingenommen danach zu forschen. Dann wird Platons Atlantis lebendig und die *Readings* von Edgar Cayce sollten unter diesen Geschichtspunkten neu bewertet werden.

Das bedeutet aber auch, dass es ein prädynastisches Ägypten und somit auch ein prädynastisches Südamerika gegeben haben muss, in deren fiktivem Zentrum sich Atlantis befand. Die Legenden um den Inselstaat Mu bzw. Rutas Mu im Pazifik wollen wir in diesem Zusammenhang nur streifen, aber auch dieser Gedankengang hat so seine Verlockungen.

Es geht hier nicht darum, einen oder *den* Standort von Atlantis festzulegen, sondern vielmehr um die Tatsache, dass es schon einmal in der menschlichen Entwicklung eine Hochkultur gegeben hat. Doch durch die Sintflut wird die Hochkultur Atlantis zu einer geschichtslosen grauen Masse in der Zeit degradiert, und somit verlieren wir den Anschluss an die Zeitlinie, ein Teil unserer Geschichte geht damit für immer verloren. Es ist dies die Zeit, wo das geschriebene Wort in Vergessenheit gerät und durch das gesprochene Wort ersetzt wird. Die Geschichtstradition manifestiert sich durch das gesprochene Wort lebendiger und nachhaltiger im Bewusstsein der Völker, als dies mit schriftlichen Zeugnissen möglich gewesen wäre, denn diese unterliegen der Subjektivität und dem Egoismus des Menschen, was wiederum bedeutet, dass jede beliebige Regierungsform in der Lage ist, die eigene Geschichte zu bearbeiten und zu schönen, ganz wie es den

Herrschenden beliebt. Wir sollten auch bedenken, dass das Schreiben an sich erst einmal in Vergessenheit geriet, denn die bestehenden Probleme ließen keinen Raum für diesen Luxus. Das Wissen um die Herstellung von Papier und Tinte verlor sich in den ersten Jahrzehnten nach dem Impakt und es bedurfte vieler Jahrhunderte, um sie von Neuem zu entdecken. Das ist auch die Stelle in der Frühgeschichte der Menschheit, wo das babylonische Sprachengewirr beginnt, und dies nicht nur im Vorderen Orient, sondern auch in Mesoamerika. Deshalb sollten wir den Mythen der Völker etwas mehr Respekt entgegenbringen, und ein wenig Glaube wäre auch nicht zu verachten. In den letzten 5000 Jahren unserer Geschichte haben wir oft genug bewiesen, dass wir uns die Geschichte so zurechtlegen, wie sie unseren jeweiligen Ansichten am wohlgefälligsten ist.

Wie würde unsere heutige Welt aussehen, wenn es die großen Bibliotheken der Weltgeschichte noch gäbe und wir Zugang zu diesem Wissen hätten? Wissen macht den jeweils Herrschenden in allen Epochen Angst, deshalb wird es nur in kleinen Dosierungen verabreicht und Andersdenkende müssen sich nach etwas Passendem umsehen. Wie sagte doch einst Mephistopheles so treffend: *„Es war die Art zu allen Zeiten, Irrtum statt Wahrheit zu verbreiten. "*

Wir sollten davon ausgehen, dass die wenigen Überlebenden des Sintflut-Kometen noch einige Zeit auf die Errungenschaften ihrer Kultur zurückgreifen konnten und sie auch am Anfang noch zu nutzen wussten. Die Zeit selbst hat sich aber gegen sie, die Überlebenden, gewandt. Zwar konnten sie das vorhandene Potenzial an geistigen und materiellen Dingen noch nutzen, aber nur so lange, wie es Wissende gab und die technischen Mittel funktionierten. Gegen die Zeit und den Verschleiß waren sie machtlos und es fehlten ihnen die Möglichkeiten, die noch vorhandene Technik zu reparieren. Was aber viel stärker ins Gewicht fiel, war, dass sie ihr Wissen nicht weitergeben konnten, nicht so, wie es nötig gewesen wäre. Es fehlten ihnen die geeigneten Fachkräfte, und die, die vor Ort waren, waren damit beschäftigt, in ausreichender Menge Lebensmittel zu beschaffen. Dies war der erste und einzige Motor ihrer Entwicklung und hatte deshalb oberste Priorität. Das gesamte Szenario, vor das sich die Überlebenden gestellt sahen, war apokalyptisch, und dies war der Grund dafür, dass unsere Entwicklung noch einmal von vorn beginnen musste. Das alles lässt vermuten, dass wir erst wieder in der heutigen Zeit einen Stand erreicht haben, den die Menschheit vor ca. 10.000 Jahren schon einmal innehatte, wenn er seinerzeit nicht sogar wesentlich höher war. Beim Betrachten dessen, was sie uns hinterlassen haben, kann man schon Zweifel anmelden, denn wir haben heute Probleme, ihre Bauwerke zu restaurieren. An einen neuen Bau wollen wir gar nicht erst denken. Frei nach Maurice Cotterell könnte man auch sagen; *„Immer, wenn wir bei einer Kultur der Vergangenheit auf Rätsel stoßen, welche wir nicht lösen wollen bzw. können, sollten wir davon ausgehen, dass diese Kultur im Zweifel wesentlich weiter entwickelt war, als wir zunächst anzunehmen geneigt sind.“*

Auch wenn uns diese Erkenntnis nicht sonderlich gefällt, so sollten wir uns doch ernsthaft damit auseinandersetzen. Wir vergeben uns ja nichts dabei, wir könnten eigentlich nur davon profitieren!

Der Tello-Obelisk, den man heute in Lima bestaunen kann, ist genauso mysteriös wie El Lanzon. Ein Mitarbeiter von Julio C. Tello fand ihn seinerzeit auf dem versenkten Platz vor El Castillo, und auch seine Gravuren hinterlassen bei uns nur ungläubiges Staunen, denn sie sind genauso unerklärlich wie der Rest von Chavin de Huantar selbst. Man verliert sich in Vermutungen und Spekulationen, was unweigerlich dazu führt, dass man sich immer weiter vom eigentlichen Thema entfernt.

Der Tello-Obelisk verdient eine genauere Betrachtung, da er sich nicht im El Castillo befindet. Wieso? Wir wissen, dass El Lanzon nicht entfernt werden kann, ohne dass El Castillo zerstört wird. Wieso findet sich dann der Tello-Obelisk außerhalb desselben? Seine Bedeutung, seine Funktion müssen sich von El Lanzon gravierend unterscheiden. Ihre Formen sind nicht gleich und die Gravuren zeigen jeweils etwas ganz anderes. Das Mystische am Tello-Obelisk liegt in seiner Ornamentik und da wir sie bis heute nicht verstehen, bleibt uns dieses Objekt wohl noch eine Weile verschlossen. Für alle bekannten Kultplätze dieser Welt gab und gibt es auch heute noch Regeln, hier sind diese Regeln mit den Menschen zusammen ausgestorben und somit wird es schwer werden, das Geheimnis zu lüften. Der heutige Besucher sollte sich deshalb schon darüber im klaren sein, an was für eine, bedeutenden Ort der Geschichte er sich hier befindet.

Es ist davon auszugehen, dass man den Pilgern das Innere von El Castillo vorenthielt und sie nur den Tello-Obelisk zu sehen bekamen. Der Tello-Obelisk sollte die Pilger mit Sicherheit an das Elend ihrer Vorfahren erinnert und an das unvorstellbare Elend, welches die Menschheit an den Rand der Ausrottung brachte. Das Rätsel um die Ornamentik lösen zu wollen ist müßig, denn uns fehlt der Schlüssel zum Verständnis dieser Art von Ornamentik. Wir können zwar einzelne Bildteile interpretieren, aber das Gesamtbild bleibt uns vorerst verschlossen. Was uns fehlt, sind ein Quäntchen Glück und ein südamerikanischer Howard Carter, der im Tal des Flüsschen Mosma und Huachecsa den Schlüsselstein findet.

Es fällt einem schwer, zu glauben, dass sie dies alles mit Steinen aus dem Stein gehauen haben sollen und dann noch in solch einer Qualität, die uns heute ehrfürchtig erstaunen lässt. Dabei muss man bedenken, dass die Archäologen davon ausgehen, dass hier nie mehr als 1000 Personen gelebt haben.

Würden wir heute so etwas mit unserer Hände Arbeit auch hinbekommen? Würden wir so etwas überhaupt nur in Erwägung ziehen? Mit Maschinen sicherlich, aber mit unserer Hände Arbeit wohl kaum, zumal uns ein Motiv dazu fehlt.

El Lanzon ist das Licht in der Dunkelheit, es ist das Zeichen schlechthin, welches es den Überlebenden erst ermöglichte, an eine Zukunft zu glauben. Dieses erste Zeichen muss das Signal gewesen sein, mit dessen Hilfe es möglich wurde, den Folgen der Sintflut zu begegnen und somit den Wege zurück in ein neues Leben zu finden.

Dieses Armageddon der Vorzeit markiert den Punkt, an dem sich die Menschheit neu erfinden musste und gezwungen wurde, völlig neue Wege zu beschreiten, welche dann zu den heutigen Realitäten führten und letztlich zu unserer heutigen Form von Zivilisation.

Womit unsere Vorfahren nicht zurechtkamen, war die Frage nach Schuld und Sühne: Was haben wir Unrechtes getan? Das dürfte sie weit überfordert haben. Da wir es mit Menschen zu tun haben, sollten wir auch in Betracht ziehen, dass sie sich so verhielten wie wir uns heute auch, denn schließlich sind wir ja ihre direkten Nachfahren, ob es uns gefällt oder nicht. Wer daran Zweifel hat, der lese bei Platon nach (*Timaios* und *Kritias*) und er wird eines Besseren belehrt.

Betrachtet man in diesem Zusammenhang die Raimondi-Stele und geht der Aussage von Ingenieur Dr. Wolfgang Volkrodt nach, dann macht seine Ansicht über eine Kesselanlage Sinn. Es könnte sich tatsächlich um eine zentrale

Maschine mit Dampfkessel und dazugehörigen Drehkolben gehandelt haben; mit dieser für uns unverständlichen Maschine wären der Transport und die Bearbeitung der Steine möglich. Die Megalith-Kultur wäre dadurch erklärbar und die bis heute unverstandenen Bausteine ihrer Mystik beraubt. Dies lassen wir mal lieber als Spekulation stehen, als eine zwar nette, aber leider noch nicht bewiesene These, wie so vieles in diesem Zusammenhang. Was hier nötig wäre, wäre ein neuer Nikola Tesla. Die Raimondi-Stele lassen wir hier als Konstruktionszeichnung gelten, denn es handelt sich hierbei um eine äußerst strapazierfähige, und solange uns keine andere plausible Erklärung einfällt, ist es halt so. Sie ist für die Ewigkeit so hinterlassen worden, in der Hoffnung, dass nachfolgende Generationen sich ihrer bedienen und einen Nutzen daraus ziehen können. Auch unsere heutigen politischen Vertreter bunkern alles, was sie für wichtig erachten, in Depots, für den Fall der Fälle, um sich und einem auserwählten Kreis das Überleben nach dem Armageddon zu ermöglichen. Wie man sieht, hat sich in den letzten Jahrtausenden nichts verändert.

Dadurch, dass er eingekerkert ist, kann er nicht wiederkehren und der Menschheit bleibt eine zweites Armageddon erspart; so weit zum Motiv unserer Vorfahren. Was nicht geklärt ist, ist die Verwandtschaft von El Lanzon, und diese sorgt nachts für einen unruhigen Schlaf. Diese Verwandtschaft am nächtlichen Himmel stellt somit das Bindeglied zwischen unseren Vorfahren und uns her, und nur dies wollen sie uns mitteilen, um unserer Zukunft willen. Woher kommen wir und wohin strebt die Menschheit?

Begeben wir uns in diesem Zusammenhang nun einmal in den Norden Südamerikas, nach San Agustín 300 km südlich von Bogotá. Hier liegen präkolumbianische Hügelgräber (Tumuli), besser bekannt sind sie als die Totenstädte. Diese archäologische Fundstätte ist weit über Kolumbien hinaus bekannt, die Gräber sind in diesem Zusammenhang zweitrangig, von wirklichem Interesse sind die bis zu 3 m hohen Standbilder. Diese *Idolos* mit ihren fratzenhaften Gesichtern sind das bemerkenswerte Markenzeichen von San Agustín. Letztlich erinnern sie uns doch ein wenig an Chavin de Huantar bzw. an die Völker Mesoamerikas. Man interpretiert sie heute oft als Götter; ob sie dies einst waren, muss hier erst einmal offen bleiben. Auch hier haben wir es wieder mit der Harpyie zu tun, der man nachsagt, dass sie die Macht und das Licht versinnbildlicht, und damit liegt man so weit auch richtig. Als nach der Impakt-Nacht die Sonne allmählich wieder sichtbar wurde, haben die Überlebenden mit Sicherheit die Harpyie am Himmelsfirmament als Erstes wahrgenommen – und schon haben wir einen gemeinsamen Nenner mit Chavin de Huantar gefunden.

Bei den wenigen Überlebenden muss jedes neu geborene Kind wie ein Geschenk des Himmels gewesen sein, vor allem, wenn es gesund zur Welt kam, was durch die Umweltvergiftung, bedingt durch den Impakt, mit Sicherheit nicht immer gewährleistet gewesen sein dürfte. Hinzu kommen die extrem bescheidenen Lebensumstände und die Frage nach den Lebensmitteln stellt sich erst gar nicht, da es erst mal keine gegeben haben dürfte, ganz zu schweigen von den anderen Widrigkeiten. Wir mit unserer Plastiknahrung und unserem Gesundheitswahn hätten unter diesen Bedingungen wohl kaum ein Chance zum Überleben. Wir würden vor der Milch stehend verdursten, das Fleisch würde vor uns weglaufen, denn wir wüssten nicht, wie wir darankommen könnten, und ob wir das nötige Werkzeug dazu hätten, lassen wir dann mal lieber offen.

Deshalb die Schlange als Fruchtbarkeitssymbol in San Agustín, aber nicht nur hier in Südamerika, auch in der Alten Welt spielte die Schlange eine wichtige Rolle und spielt sie heute noch, man denke nur an die Ärzte und ihren Äskulap-Stab mit den zwei Schlangen.

Die Ausdruckskraft der frühen Megalith-Kulturen auf der gesamten Welt hat nichts von ihrer Magie verloren und dies sollte uns daran erinnern, dass hier mehr dargestellt ist als nur ein Megalithbau mit einem oder mehreren schönen dekorativen Elementen, ob auf einem präkolumbianischen Friedhof oder im Rest der Welt.

Lässt das architektonische Gesamtkonzept von Chavin de Huantar ein astronomisches System erkennen? Mit Sicherheit, nur nicht im Sinne von astronomischer Ausrichtung. Vielmehr ist zu vermuten, dass es Hinweise auf die Richtung gibt, aus der der Sintflut-Impaktor damals auf die Erde zuraste; wir sollten nach solchen Hinweisen Ausschau halten. Diese Aussage lässt sich nur vor Ort klären, und wenn möglich sollten Astroarchäologen sich dieser Aufgabe einmal zuwenden, um jeden Zweifel auszuschließen. Es gibt mit Sicherheit Hinweise darauf und wenn diese die Wirren der Zeit überstanden haben, gilt es diese zu erkennen und auszuwerten.

Außer El Lanzon und den Tello-Obelisken gibt es aber auch Hinweise darauf, dass unsere Vorfahren von der drohenden Gefahr wussten und Vorbereitungen getroffen hatten, um die Zeugnisse ihrer Kultur vor dem zu erwartenden Armageddon zu retten und um den Überlebenden eine Möglichkeit zu eröffnen, auf die Errungenschaften ihrer Vorfahren zurückgreifen zu können, wann immer sie ihrer bedürften. Man sehe sich nur einmal Ägypten an und lese zwischen den Zeilen der Ägyptologen.

Wir müssen unterscheiden zwischen dem Vor-Impakt-Szenario und dem Nach-Impakt-Szenario, was bedeutet, dass Chavin de Huantar der Zeit danach zuzuordnen ist,

168

während die Metallblatt-Bibliothek von Ecuador und der Mitchell-Hedges-Kristallschädel und die Pyramiden von Gizeh eindeutig in die Vor-Impakt-Zeit fallen. Das Wissen aus der Zeit vor dem Impakt ist uns heute bekannt als das heilige Wissen der Alten Ägypter, welches man am besten als Philosophie der Naturprinzipien umschreibt. Über die alten Kulturen der Israeliten, der Griechen, gefolgt von den Römern gelangte es bis zu unserer Zivilisation. Wir sind zwar die Erben des alten Wissens, aber wir weigern uns, es anzutreten.

Es gab in der langen Zeit der Menschheit immer Gruppen von Menschen, die sich um das heilige, geheime Wissen der Menschheit bemühten. Da wären die Hermetiker, Gnostiker, Kabbalisten, Buddhisten und Alchemisten, nur um die bekanntesten zu nennen. Wir nennen es heute „das heilige Wissen der Alten Ägypter" und übersehen dabei, dass es dieses Wissen auch in Mesoamerika und Südamerika gab; nur weil wir noch nichts gefunden haben – danach gesucht haben wir auch noch nicht –, heißt dies doch nicht, dass es dieses Wissen dort nie gab. Oder hat man gesucht? Und nur vergessen, es der Menschheit mitzuteilen? Kann ja mal vorkommen. Die Metallbibliothek von Ecuador birgt mit Sicherheit dieses heilige, geheime Wissen, welches bis heute als verloren gilt.

El Lanzon war für unsere Vorfahren die einzig mögliche Form der Kommunikation, welche es den Erbauern erlaubte, ihre Philosophie in Stein zu meißeln, um ein solch abstraktes Thema überhaupt erst erklärbar zu machen. Götter in unserem westlichen religiösen Verständnis werden von uns in die Tempelarchitektur eingebettet, können aber dieses abstrakte Thema nicht aufklären, denn unsere Weltanschauung trennt seit ewigen Zeiten Geist und Materie und die Wissenschaft von der Religion. Wir weigern uns anzuerkennen, dass der menschliche Geist die Triebfeder menschlicher Wissenssuche und Erfahrung darstellt. Ohne ihn, den menschlichen Geist, wäre eine Zivilisation wie die unsere undenkbar und somit müssen wir einräumen, dass unsere Vorfahren, die Überlebenden der Sintflut, dank ihrer Ideen und ihrer Denkmodelle ihr Leben neu gestalten konnten. Die Not zwingt den menschlichen Geist zu Höchstleistungen und diese ermöglichen es den Menschen, nach Höherem zu streben, denn Geist und Technologie sind nur zwei unterschiedliche Aspekte des menschlichen Lebens.

Diesem Thema wenden wir uns aber in einem gesonderten Kapitel zu.

El Lanzon II, Ansichten über einen prähistorischen Zeugen

„Freiheit ist das Recht, anderen zu sagen,
was sie nicht hören wollen."
George Orwell

Das Magische an El Lanzon ist ohne jeden Zweifel sein Erscheinungsbild im Dunkel von El Castillo, und wir können uns dieser Magie kaum entziehen. Genauso muss es dem Kaninchen ergehen, das von der Schlange hypnotisiert wird. Sein Alter allein lässt sich nur vermuten; wissen tun wir nichts. Dies alles ist es, was die vergänglichen Dinge in der Nähe von El Lanzon so unbedeutend erscheinen lässt. Sein Anfang liegt in der Morgendämmerung der Menschheit vergessen und vergraben. Was wir mit Sicherheit wissen, ist, dass dieser Ort Jahrhunderte, wenn nicht Jahrtausende von unseren Vorfahren genutzt wurde, um Handlungen vorzunehmen, die einen religiösen Hintergrund vermuten lassen. Da sich sein Alter mit den heute bekannten und angewandten Datierungsmethoden nicht mehr festlegen lässt, wird das Datum genommen, das der gerade vorherrschenden Lehrmeinung die wenigsten Schwierigkeiten bereitet.

Der ewige Gefangene, El Lanzon, den man einst schuf, damit wir uns immer erinnern, was er der Menschheit einst antat: Leider ist uns diese Botschaft unserer Vorfahren abhanden gekommen, und neuere Erkenntnisse, die darauf hinzuweisen scheinen, ignorieren wir vorerst lieber.

Im vorherigen Kapitel haben wir schon darauf hingewiesen, dass er an ein im Erdboden steckendes Messer bzw. einen Dolch erinnert. Da der Mensch selten bemerkt, was ihm vor Augen liegt – und dies ist wahrscheinlich des Menschen größte Schwäche –, sieht er, was er sehen will, und das macht ihn unfehlbar.

El Lanzon selbst ist reich verziert mit wirklich schönen, sehr ästhetisch wirkenden Ornamenten. Wohlgemerkt immer in Abhängigkeit vom Standpunkt und von der Epoche des Betrachters. Hier hat sich jemand besonders viel Mühe gegeben, um etwas darzustellen, was sich eigentlich nicht darstellen lässt, zumal wenn der Zeitpunkt und der Ort im Dunkel der Geschichte verschollen sind. Die wenigen mündlichen Überlieferungen bzw. uralten Lieder, die bis in unserer Zeit hinein überdauert haben, werden nicht wahrgenommen, jedenfalls nicht so, wie sie es verdient hätten.

Betrachten wir El Lanzon nun einmal unter diesen neuen Gesichtspunkten und versuchen wir diese so einzuordnen, dass sie in unserem etablierten Geschichtssystem einen Sinn erkennen lassen. Sein unteres Drittel, welches in der Erde steckt, ist sehr schmal und spitz zulaufend. Es finden sich hier keine Ornamente, genauso wie man es bei einem Messer erwartet. Die Messerklinge braucht keine Verzierung, diese würde die Funktionalität beeinträchtigen. Deshalb wird sie erst zum Ende hin mit Verzierungen versehen. Diese Verschönerung dient einem anderen, höheren Zweck und weist uns auf das Eigentliche hin. Kosmische Fragmente sind durch die hohen Temperaturen, die beim Erdeintritt entstehen, schön glattpoliert. Genau so präsentiert sich uns El Lanzon.

Den Menschen jener Epoche hat sich dieses Bild des Kometenschweifs ins Unterbewusstsein eingebrannt, sodass nur dies als Motiv für El Lanzon übrig blieb. Wir müssen bedenken, dass der Schweif schon Wochen vor dem Einschlag sichtbar war und später selbst bei Tageslicht. So etwas kann schon sehr imposant bzw. bedrohlich wirken. Der Kome-

tenschweif an sich kann schon als überdimensionale Waffe
gelten, und das, was er damals anrichtete und den Menschen
jener Zeit antat, lässt sich nicht mit unserem Wortschatz ausdrücken. So blieb nur der Versuch, ihn so darzustellen, dass
ihn auch spätere Generationen noch als den Boten der Apokalypse erkennen konnten.

„Armageddon" und „Apokalypse" sind Wortschöpfungen
dieser wenigen Überlebenden und wir benutzen sie heute,
ohne dass wir uns der Tragweite ihrer Bedeutung auch nur
annähernd bewusst sind. Wir sollten, nein wir müssen davon
ausgehen, dass unsere Vorfahren von der bevorstehenden
Apokalypse wussten, denn die Mythen der Welt berichten
davon und sie haben versucht, etwas zu hinterlassen. Zuerst
einmal für ihre Überlebenden, was nicht wirklich funktionierte, denn sie unterschätzten die tatsächlichen Folgen. So
sind uns Rätsel hinterlassen worden, welche zu lösen uns
unglaublich schwerfällt. Wir können nicht akzeptieren, was
akzeptiert werden muss, um zu erkennen, was doch so offen
zutage tritt.

Dem Fürsten der Chronisten, Pedro de Cieza de Leon,
verdanken wir folgenden Bericht: *„In Urväterzeiten sollen
hier Scharen von Teufeln erschienen sein, die großen Schaden
stifteten und die Einwohner sehr peinigten. Da seien fünf Sonnen am Himmel erschienen, deren Glanz die Dämonen so erschreckte, dass sie unter Heulen und Stöhnen verschwanden."*
Hier begegnet uns wieder das Problem der Schuld und
der Bestrafung. Die Teufel werden bestraft, nur, was passiert
mit den Menschen? Die fünf Sonnen haben auf jeden Fall
einen nachhaltigen Eindruck bei unseren Vorfahren hinterlassen, der auf die eine oder andere Art in uns fortlebt.
Erst im Zeitalter der Morgenröte der sich neu entwi-
ckelnden Kulturen fingen die Menschen wieder an, sich mit
Wissenschaft zu beschäftigen. Wir nennen es heute das Zeit-

alter der Alchemisten und degradieren es dadurch zu einem „dunklen" Zeitalter. Dabei übersehen wir aber gern, dass die Alchemie die Grundlagen für unsere heutige Zivilisation schuf. Die Astrologen versuchten in den Himmelszeichen zu lesen, um die Erscheinungen zu interpretieren und um die möglichen Folgen für die Menschheit zu begrenzen, soweit dies überhaupt möglich gewesen wäre. Wir müssen hier in Betracht ziehen, dass sie möglicherweise Zugriff auf uralte Aufzeichnungen hatten, auch wenn sich das wohl nie beweisen lassen wird.

Kometenschweife gelten auch heute noch als die Himmelszeichen schlechthin und werden nicht mehr als Bedrohung wahrgenommen, obwohl die Medien neuerdings darüber berichten. Der Mini-Impakt vom 15. Februar 2013 in der Oblast Tscheljabinsk wurde durch einen Superboliden verursacht, welcher auf 10.000 Tonnen geschätzt wurde. Man geht von einem Durchmesser von ca. 20 Metern aus. Dieser kosmische Vorfall hätte eigentlich genügen müssen, um uns zu warnen, aber nichts dergleichen geschah. Wir wollen es nicht wahrhaben, wir verdrängen es lieber und dies dürfte noch mit dem Sintflut-Kometen zusammenhängen. Doch diesen Zusammenhang leugnen wir noch viel konsequenter. Dies ist mit Sicherheit ein Schutzmechanismus unserer Psyche oder, anders formuliert, unseres Selbsterhaltungstriebes.

Unsere uralten Mythen, Sagen und Legenden, egal wie wir sie benennen, sind schöne Geschichten, aber nicht mehr; dass da mehr sein könnte, macht uns Angst. Also lassen wir die Schalen der Mythologie da, wo sie sind, nur nicht auf den Gedanken kommen und schälen – und die Welt ist in Ordnung.

Durch den Fürsten der Chronisten wissen wir, dass die Inka sehr sorgfältig allerlei Omen und Vorzeichen beobachteten. Die Höhe der Anden mit ihrer extrem sauberen Luft erlaubt es auch heute noch, astronomische Beobachtungen durchzuführen, die andernorts durch die Lichtverschmutzung nicht mehr möglich sind. Dies erlaubte es selbst den Vorläufern der Maya noch astronomische Staubwolken zu sehen und sie in ihre Sternbilder miteinzubauen.

Als man Atahualpa mitteilte, *„dass ein grüner Lichtstreifen, so dick wie ein Arm und so lang wie eine Lanze, vom mitternächtlichen Himmel herabsank"*, sah er darin das Zeichen, dass seine Zeit abgelaufen war, und tatsächlich war er vierzehn Tage später tot. Dies sollte uns klarmachen, dass zu diesem Zeitpunkt, das Wissen aus der Vorzeit noch real existierte. So real jedenfalls, dass man sich noch an die alten Lieder erinnerte und man den himmlischen Omen noch Beachtung schenkte.

Was nun die Ornamentik von El Lanzon anbelangt, so kann man diese wohl zu Recht als gelungen bezeichnen. Das Kometenfragment, welches durch El Lanzon dargestellt wird, wurde beim Aufschlag zerstört, aufgrund der riesigen freigesetzten Energie. Aber wir sollten davon ausgehen, dass Augenzeugen vor Ort gewesen sind oder sich in unmittelbarer Nähe befanden, und diese müssen das Inferno auch noch überlebt haben, denn nur so lässt sich die detaillierte Ausführung an El Lanzon überhaupt erst erklären. Augenzeugenberichte vom Einschlag der Kometenteile begegnen uns in der *Edda*, dem *Popol Vuh*, der Bibel und dem *Gilgamesch-Epos*. Wir können also davon ausgehen, dass dieses infernalische Armageddon Zeugen hatte und diese darüber noch Zeugnis ablegen konnten. Dass sich die Berichte darüber mit der Zeit veränderten, ist unbestreitbar, aber wir müssen wohl oder übel akzeptieren, dass es einen realen historischen Hintergrund voraussetzt.

Die wirklich interessanten Ornamente beginnen erst zum Ende des ersten Drittels und zu Beginn des zweiten Drittels und sind wirklich bemerkenswert. Ob sehenswert oder nicht, muss jeder für sich selbst entscheiden. Beim ersten Kontakt mit der Ornamentik denkt man unweigerlich an etwas Orientalisches, da man es schon einmal gesehen zu haben glaubt. Man weiß zwar nicht wo, aber irgendwo hat man halt so etwas Ähnliches schon einmal gesehen. Man weiß es nicht wirklich, es ist mehr ein Bauchgefühl. Wie gesagt, beim ersten Mal.

In der Mitte des zweiten Drittels wird es erst so richtig spannend, denn hier wird die Ornamentik lebendig. Man könnte auf den Gedanken kommen, dass sie lebt, und das in einem Maße, das uns Ehrfurcht einflößt. Mit der an Tattoos erinnernden Ornamentik tun wir uns mehr als schwer, denn wir können nur hineininterpretieren, und hineininterpretieren kann man in diesem Fall so gut wie alles und wir tun es mit Begeisterung. Zur Lösung trägt diese Art von Anschauung hier aber in keiner Weise bei.

Wohingegen das letzte Drittel schlicht an einen schön verzierten Messergriff denken lässt. Dies ist dann auch die Stelle, wo man sich in der Ornamentik verliert, und hier wird es dann total subjektiv, fern jeder rationalen Logik. Dies führt dann zu dem Stadium, in dem wir zurzeit verharren und aus dem wir keine Möglichkeit haben, uns zu befreien, es sei denn, wir fangen völlig neu an und gehen das ganze Problem endlich so an, dass andere Thesen über Chavin de Huantar miteinbezogen werden und uns endlich ein 360-Grad-Blick erlaubt wird. Wie nah er uns der Lösung bringt, ist eine ganz andere Frage, und bis dahin wird noch viel Wasser den Rio Maranón hinab ins Amazonasbecken fließen. Das Hineininterpretieren würde uns erschwert, und den wilden Spekulationen würde die Basis entzogen. Dies wiederum würde es uns erlauben, den Blick auf das zu richten, was tatsächlich vorhanden ist. Das bedeutet aber die Akzeptanz einer Hochkultur, die unter Umständen weiter entwickelt war, als wir zugeben möchten. Wir könnten dann endlich den Schritt tun, der es uns erlauben würde, hinter das missverstandene Vermächtnis von Chavin de Huantar zu sehen – und zwar, um es so zu sehen, wie sie es einst sahen.

Stellt man El Lanzon auf den Kopf, sieht man etwas völlig anderes, und dieses Andere erschreckt erst einmal – nämlich dann, wenn die Messerspitze nach oben zeigt. Jetzt sieht man auf einmal einen Kopf mit Hals und dieser Hals ist nicht mehr mit Ornamenten versehen, sondern mit Tattoos geschmückt. Diese bedecken auch noch das gesamte Gesicht von El Lanzon, und dieser Anblick ist nun wahrlich beeindruckend genug. Für unsere Vorfahren dürfte dieser Anblick nicht ohne gewesen sein und wir können davon ausgehen, dass er bei ihnen tiefe Spuren hinterließ. Man erkennt ohne große Mühe das Kinn, den Mund, die Nase und natürlich die weit geöffneten großen, runden Augen, und das funktioniert auch noch heute. In unserer heutigen aufgeklärten Welt können selbst wir uns nicht seiner Ausstrahlung entziehen, und das will schon etwas heißen. Man weiß nicht so recht, wie man sich ihm gegenüber verhalten soll. Das, was man zu sehen bekommt, einzuordnen ist zur Zeit noch nicht möglich, denn uns fehlen die Beweggründe unserer Vorfahren.

Man fragt sich unweigerlich, ob dieser Effekt, der uns an Tattoos denken lässt, beabsichtigt war oder nur ein Mittel der künstlerischen Aussagekraft zur besseren Darstellung des Geschehens. Der gesamte Kopf mit den Tattoos erinnert uns an die Maori in Neuseeland und ihre Tradition, ihre Körper mit Tattoos zu schmücken. Dieses spezielle Phänomen begegnet uns aber überall in der pazifischen Welt; das sollte uns doch ein klein wenig zu denken geben.

Interessant wird aus dieser Sicht der unheimliche Schädelkult aus Peru. Hier in Paracas findet man die schönsten

Stücke der Schädelverformung. Das Dilemma der deformierten Schädel besteht leider darin, dass es sich hierbei um ein weltweites Phänomen handelt, aber es ist ein zutiefst menschliches Problem. Kein wirkliches Problem, das mit außerirdischen Besuchern erklärt zu werden braucht.

Es kann sich hierbei nur um einen missverstandenen religiösen Brauch handeln, zu dem man schon damals den wahren Bezug verloren hatte. Die Zeit muss schon früh den Mantel des Vergessens darüber ausgebreitet haben, denn nur so war es den Menschen überhaupt erst wieder möglich, sich auf ihre neue Chance zu konzentrieren und sich den Aufgaben, die das neue Leben forderte, zu widmen. Was blieb, war der religiöse Kult mit den deformierten menschlichen Köpfen. Sie sollten an etwas erinnern, was die Masse der Bevölkerung schon längst versucht hatte zu verdrängen. Es einfach zu vergessen funktionierte nicht wirklich, denn das Ereignis war ins Unterbewusstsein der Überlebenden eingebrannt – und es existiert bis heute in unseren Köpfen. Es ist leider schon zu lange her und wir können mit diesen Erinnerungen nicht mehr so richtig etwas anfangen. Es lebte mit Sicherheit in den Köpfen der jeweiligen Priesterkasten fort, und diese werden es für ihre Zecke zu nutzen gewusst haben. Auch damals war Wissen schon gleichbedeutend mit Macht; das hat sich bis in unsere Zeit erhalten. Deshalb ist es so wichtig, der Masse nur mit so viel Wissen zu kommen wie unbedingt nötig, und ja nicht mehr.

Die Ornamentik von Chavin de Huantar hat die Zeiten mit all ihren Widrigkeiten überstanden und stellt sich uns heute noch genauso dar wie vor Jahrtausenden. „Es" lebt und will uns seine Botschaft mitteilen, zu welcher wir aber allem Anschein nach noch nicht reif genug sind. Das Vermächtnis hat so lange gewartet, da kommt es jetzt auf ein paar Generationen mehr oder weniger nicht an, denn die

Zeit ist das Maß der Dinge, nicht der Mensch. Solange der Verstand sieht, was er sehen will, so lange wird sich El Lanzon uns mit seiner Botschaft verweigern.

Rabindranath Tagore sagt sehr treffend: *„Wenn ihr eure Türen allen Irrtümern verschließt, schließt ihr die Wahrheit aus.“* Die Irrtümer der Menschheit sind die Flüsse, die den menschlichen Wissensdurst stillen. Aber dies tun wir konsequenterweise richtig und mit großer Ausdauer und Überzeugung – um es kurz zu machen: Hier sind wir beratungsresistent. El Lanzon wird sein Geheimnis wohl noch lange Zeit zu bewahren wissen, denn er ist eine der großen missverstandenen Hinterlassenschaften aus einer Zeit, die es so für uns nicht gibt. Und da es diese Zeit nie geben *darf*, ist das Problem kein Problem mehr.

Von Interesse im Zusammenhang mit Chavin de Huantar und El Lanzon ist hier der Fürst der Chronisten, Pedro de Cieza de Leon; von ihm kommen die entscheidenden Hinweise. Bei der Lektüre seines Berichts über Tici Viracocha im Kapitel 5, S. 132, seines Buches *Auf den Königstraßen der Inkas* drängt sich förmlich ein Vergleich zu Atlantis auf:

„Sie behaupten, dass sie einstmals eine lange Zeit hindurch die Sonne nicht mehr gesehen und schwer unter dem Mangel an Licht gelitten hätten, so dass sie viele Gebete und Gelübde an ihre Götter richteten und sie anflehten, ihnen das entschwundene Licht wiederzugeben. Da aber erhob sich von der Insel Titicaca, die in dem großen See der Provinz Colla liegt, die Sonne in ihrer ganzen Pracht, und alle waren voller Freude. Und danach erschien, so sagen sie, ein weißer Mann von großer Gestalt, dessen Aussehen und Wesen höchste Verehrung hervorriefen. Und dieser Mann hatte übernatürliche Kräfte, denn er machte die Berge zu Ebenen und die Ebenen zu Bergen, und er ließ auch Quellen aus dem gewachsenen Fels entspringen. Als

Diese Zeilen erzählen uns nichts über Außerirdische, nein, sie erzählen vielmehr etwas über einen weißen, weisen Mann. Wir sollten, da wir dies hier schon wieder nicht glauben können, davon ausgehen, dass es sich hierbei doch um eine real existierende Person handelte, die noch im Besitz von Wissen war, das sie zu nutzen und an die wenigen Überlebenden weiterzugeben wusste, zum Nutzen aller.

In der Alten Welt begann der mystische Teil ihrer Weltgeschichte hinter den Säulen des Herakles und dort lagen auch die mystischen Gärten der Hesperiden, während die Menschen in Mesoamerika und Südamerika ihre mystische Heimat im Osten verorteten. Wie soll ein Mensch unserer Zeit mit diesem Paradoxon klarkommen?

Das, was die alten Lieder der Inka und ihrer Vorväter berichten, offenbart eine zutiefst humanistische Einstellung des Tici Viracocha, zu einer Zeit, wo man es zuallerletzt vermuten würde. Unser heutiger Humanismus als Weltanschauung beruht auf der abendländischen Philosophie der Antike, sie orientiert sich an den Werten und an der Würde des einzelnen Menschen. Die Antike verfügte aber noch über Wissen, das uns heute nicht mehr zur Verfügung steht. Was wäre, wenn die humanistische Weltanschauung weit älter wäre und keine Erfindung der alten Griechen? Wenn die alten Griechen nur uraltes Wissen wieder entdeckten und ihrer Epoche so zugute kommen ließen? Der altdelphische Spruch *„Erkenne deine Nichtigkeit und denke daran, dass du ein Mensch und kein Gott bist"* könnte auch direkt von Tici Viracocha stammen, denn er empfahl den Vorfahren der Inka, nach diesen seinen Lehren zu leben. Das Staatengebilde war so aufgebaut, dass die Menschen sich gegenseitig halfen; allein schon durch die Nahrungsmitteldepots waren Hungersnöte so gut wie ausgeschlossen. Es war mit Sicherheit nicht perfekt, aber es hat funktioniert und kam den Menschen zugute. Bei diesem Vielvölkerstaat der Inka kommt einem schon einmal der Gedanke, dass das ganze Gebilde nur funktionierte, weil es sich an die noachidischen Gebote hielt. Heute gilt immer noch: Wer die sieben noachidischen Gebote akzeptiert und sich an sie hält, wird als Zaddik (Rechtschaffener/Gerechter) angesehen. Es geht dies auf die Zeit der biblischen Flutgeschichte zurück und auf den Bund Gottes mit Noah, welcher nach der Flut erfüllt wurde. Er umfasst die sieben „noachidischen Gebote" Gottes im Rahmen einer rechtlichen Beziehung. Hier die Gebote im Einzelnen:

* *Verbot von Mord*
* *Verbot von Diebstahl*
* *Verbot von Götzenanbetung*
* *Verbot von Ehebruch*
* *Verbot der Brutalität gegen Tiere*
* *Verbot von Gotteslästerung*
* *Einführung von Gerichten als Ausdruck der Wahrung des Rechtsprinzips*

Wir müssen, glaube ich, akzeptieren, dass die noachidischen Gebote eine direkte Folge der Sintflut sind und deshalb überall auf der Welt mehr oder weniger gleichzeitig auftraten; als Zeichen dafür steht der Regenbogen. Wir müssen wohl anerkennen, dass es ursprünglich keine jüdischen Regeln gewesen sind, sondern von Menschen für Menschen gemachte universelle Lebensregeln, welche verhindern sollen, dass sich so etwas wie die Sintflut jemals wiederholt. Es drängt sich hier nur der Verdacht auf, dass die noachidischen Gebote eine Neuauflage alter Atlantischer Gesetze sind, welche durch Personen wie Tici Viracocha (Vertreter in Südamerika) oder Quetzalcoatl (Mesoamerika) und Utnapischtim (Sumer) ihre Verbreitung fanden.

Die wenigen Atlanter, die sich nach Ägypten zurückgezogen hatten, benutzten für ihre Botschaft Henoch, welcher als ihr Sprachrohr fungierte. Er berichtet unter anderem: *„Von ihnen hörte und erfuhr ich alles, was ich sah. Nicht für das gegenwärtige Geschlecht dachte ich nach, sondern für das künftige.“*

Diesmal jedoch mit der unmissverständlichen Auflage, dass bei wiederholten Verstößen gegen die Gebote wieder mit härtesten Strafen gerechnet werden müsse. Siehe die Apokalypse des Johannes.

Das Wissen um die Existenz von Tici Viracocha war den damals Lebenden nur noch aus den uralten, überlieferten Liedern bekannt und diese Lieder haben die Zeit besiegt, denn sie haben ihre Botschaft getreulich von Generation zu Generation weitergetragen. Das bedeutet aber auch, dass wir es hier bei Tici Viracocha mit einer realen Person der Geschichte zu tun haben, welche das Armageddon der Sintflut überlebte und mit den ihn zur Verfügung stehenden Mitteln versuchte, den wenigen Überlebenden einen Weg zu weisen, das Leben neu zu beginnen. Was für Tici Viracocha gilt, gilt demnach auch für Quetzalcoatl und Utnapischtim und somit auch für Henoch; sie sind reale Personen aus einer der dunkelsten Zeiten unserer Geschichte.

Warum können wir in den Ruinen von Tiwanaku nicht das sehen, was es einst war: die Hinterlassenschaft einer großen Kultur auf dieser unserer Erde? Wann gestehen wir unseren Vorfahren endlich das zu, was wir ihnen bis heute verweigern? Denn dann tun sich uns ungeahnte Welten auf. Bei der Gigantomanie in Tiwanaku könnte man schlussfolgern, dass es sich hier um eine Bunkeranlage handelt, welche dazu ausersehen war, eine größere Gruppe von Menschen zu beherbergen, um ihnen ein Überleben zu gewährleisten. Ein klein wenig erinnert das Ganze auch an Herodots Beschreibung des Labyrinths.

Wir müssen davon ausgehen, dass die Atlanter um das bevorstehende Armageddon wussten, und bei ihrem Wissensstand kannten sie sogar Datum und Uhrzeit des Einschlages. Was sie nicht vorhersehen konnten, waren die apokalyptischen Folgen wie die Erdbeben, die Tiwanaku dem Erdboden gleichmachten. Sollten jemals wirkliche Ausgrabungen in Tiwanaku stattfinden, so wird man sicher Beweise dafür finden, was aber wie immer am Geld und am Interesse scheitern wird, den Rest erledigt das Altiplano. Wir sollten aufhören, uns vor der Geschichte zu fürchten, vielmehr sollten wir uns ihr stellen, denn sie ist viel lebendiger, bunter und aufregender, zuweilen sogar witziger als das Leben selbst, aber nur, wenn wir es zulassen.

Es drängt sich der Verdacht auf, dass eine bestimmte Personengruppe um diese Vorgänge weiß und man uns dies bewusst vorenthält.

Auf seinem beschwerlichen Weg nach Norden boten sich Tici Viracocha zwei Wege an, der an der Küste und der in der Cordillera de los Andes, welcher dann unweigerlich auch nach Chavin de Huantar führte. Es ist eine Hypothese, eine gewagte und leider nicht zu beweisende, aber es ist eine Option, und diese lassen wir nun erst mal im Raume stehen, bis sich eine bessere findet. Wenn er in Chavin de Huantar war – und was spricht dagegen? –, dann wissen wir nicht, was er hier vorfand und was ihn bewogen haben könnte, genau hier den Bau durchzuführen bzw. beim Bau des Vermächtnisses helfend einzugreifen.

Wie schon erwähnt, setzt die Bauausführung von Chavin de Huantar einiges Wissen voraus und dieses Wissen kommt nicht über Nacht, zumal es keine Vorläuferbauten gibt. Hinzu kommt, dass das untere Drittel noch an eine Megalith-Kultur erinnert, während es darüber wie ein normaler Bau erscheint. Wir sollten daher davon ausgehen, dass die oberen zwei Drittel neueren Datums sind. Man hat mit Sicherheit im Laufe der Jahrtausende des Öfteren den Tempel restaurieren müssen, denn das Wetter, die Geografie und die dadurch bedingten Erdbeben werden dem Komplex mächtig zugesetzt haben. Darin dürfte auch der Grund liegen, dass man Chavin de Huantar nicht wirklich datieren kann, es ist einfach im Laufe der Zeit zu viel passiert, was sich unserer Kenntnis entzieht. Unsere Vorfahren waren daran interessiert, ihr Mahnmal zu hegen und zu pflegen, und sie würden dies auch heute noch tun! Doch durch die Geschichte in Gestalt von Francisco Pizarro und seiner Konquistadoren endet diese eine Epoche schlagartig. Das Ergebnis ist, dass die Zeit die Erinnerung daran weitgehend zerstörte; und die darauffolgende Zeit hat bis heute nicht beweisen können, dass sie viel besser ist.

Tiwanaku, das ewige Rätsel

„Es gibt zwei Arten von Weltgeschichte: die eine ist die offizielle, verlogene, für den Schulunterricht bestimmte; die andere ist die geheime Geschichte, welche die wahren Ursachen der Ereignisse birgt.“
Honoré de Balzac (1799 – 1850)

Das bekannteste Megalithbauwerk, das aus einer mythischen Epoche unserer Erde stammt, ist ohne jeden Zweifel Tiwanaku auf den Altiplano in Bolivien. Nur so am Rande: Der Altiplano liegt in einer durchschnittlichen Höhe von circa 3600 m. Seine jährlichen Durchschnittstemperaturen liegen zwischen 10 Grad am Titicaca-See und 2 Grad im höheren wasserlosen Terrain. Was die Nachttemperaturen anbelangt, so will man es gar nicht so genau wissen, denn es ist da oft frostig kalt, vor allem um die Ohren, und da wir neuerdings auch von gefühlter Kälte sprechen, so scheint es diese Temperaturen nur am Südpol zu geben.

Wie man sieht, ist dies der ideale Ort für eine Stadt mit mehreren tausend Menschen, ein pulsierendes Leben mit Märkten und Parkanlagen und hervorragend geeignet, um Handel und Landwirtschaft zu betreiben. Wer dies glaubt, muss ein sehr gläubiger Mensch sein, zumal Tiwanaku selbst im Schnitt so um die 3800 m hoch liegt.

Heute vertritt man die Ansicht, dass die Hauptbauphase zwischen 600 bis 900 n. Chr. lag! Frage: Wo ist das Wissen um diese bemerkenswerte Technik geblieben? Was war der Grund dafür, dass die Aymara so schnell degenerierten? Die Degeneration ging sehr viel schneller und brutaler über die Bühne der Geschichte als im vergleichbaren Alten Ägypten.

Noch mysteriöser und unverständlicher wird es, wenn man bedenkt, dass die Aymara gar nicht diesen Eindruck machen, denn allein ihre Sprache ist schon sehr bemerkenswert.

Im Andenraum zwischen Ecuador und Bolivien spricht die indigene Bevölkerung Quechua. Quechua wurde schon Jahrhunderte vor der Expansion des Inkareiches in einem riesigen Gebiet gesprochen, deshalb nennen es Linguisten auch „Quechua-Continuous-Zone". Aber dazu bedarf es, um glaubhaft zu sein, eines „Proto Quechua"; dies verlangt aber nach einer nicht näher zu bestimmenden früheren Hochkultur, selbst wenn sie nur regional aufgetreten und Einfluss ausgeübt haben sollte. Um es ja nicht zu einfach zu machen, muss jetzt das Wari-Reich herhalten. Seine Hauptstadt liegt in 2770 m Höhe unter dem heutigen Ayacucho. Auf dem ca. 15 Quadratkilometer großen Gebiet sollen hier einst 20- bis 100.000 Menschen gelebt haben. Dies stellt kein Problem dar, denn die Zeit und die Kultur sind zu jung.

Die Kernregion des Altiplano umfasst Tiwanaku und hier spricht man Aymara, zur selben Sprachfamilie gehört das nur von wenigen hundert Menschen gesprochene Jagaru. Linguisten weisen auch darauf hin, dass Aymara schon vor den Quechua in diesem Raum gesprochen wurde, was dann aber nahelegt, dass sein wahrer Ursprung sich im Dunkel der Zeit verliert. Da hilft es auch wenig, wenn man akzeptiert, dass im Wari-Reich zwei Sprachen vorherrschten, das Quechua bis in einer Höhe von 3700 Metern und das Aymara ab 3700 Metern.

Wieso hat man hier das Gefühl, dass da etwas zu viel Wunschdenken im Spiel ist? Diese Ansicht über Aymara führt dann dazu, dass wir wieder in Chavin ankommen und erklären müssen, was sich nicht erklären lässt. Denn Tiwanaku ist aus der Zeit vor der Sintflut, und Chavin de Huantar ist das Mahnmal, das an die Zeit vor der Flut gemahnen und den Überlebenden Trost bringen soll.

Heute zählt der Altiplano leider zu den am wenigsten entwickelten Regionen in ganz Südamerika und das sollte uns nachdenklich machen! Die Luft war hier vor 2000 Jahren genauso dünn wie heute und das Nahrungsangebot damals wahrscheinlich nicht viel anders als heute. Wie sollen das die Aymara hinbekommen haben? Denn sie erzählen uns nur, dass sie es nicht erbaut hätten, und das, was sie über die Erbauer zu wissen scheinen, ist äußerst wenig.

Diese Region der Erde scheint der liebe Gott wohl nur für das Vikunja und den Kondor geschaffen zu haben, damit auch sie ein gemütliches Zuhause haben.

Was würde passieren, wenn die Steine von Tiwanaku zu uns sprechen würden, um uns ihre Version der Geschichte zu erzählen? Wir würden ihnen doch glatt das Reden verbieten und ihnen vorwerfen, dass sie lügen. Nach offizieller Lehrmeinung ist Chavin de Huantar das älteste Bauwerk auf amerikanischem Boden! Aber schon Uhle und Posnansky waren unabhängig davon einander der Meinung, dass Tiwanaku älteren Datums sei.

Was das Alter Tiwanakus betrifft, so bleibt nur die Zeit vor der Sintflut übrig, auch wenn es weit hergeholt klingen mag. Aber Arbeiten dieser Art, in einer beispiellosen Genauigkeit, die ihresgleichen sucht, und in dieser Größenordnung passen zu keiner der uns bekannten Kulturen der letzten 10.000 Jahre. Das einzig Vergleichbare wäre die Terrasse von Baalbek, nur dass diese nicht ganz so mächtig in ihrer Ausdehnung erscheint, aber bei den verwendeten Bausteinen und deren Gewicht spielt sie allemal in der Oberliga der Megalith-Epoche mit. Dabei soll nicht vergessen werden, dass es Megalithbauten rund um den Globus zu bestaunen gibt, und zwar in den verschiedensten Ausführungen. Einige werden wohl aus der Zeit nach der Flut stammen, aber die

Giganten unter ihnen werden mit Sicherheit einer Zeit weit vor der unseren zuzuordnen sein.

Bei den Bauwerken von Tiwanaku sprechen wir wohlgemerkt von Andesit, ein vulkanisches Ergussgestein, das zwar nicht so hart wie Granit ist, aber auf alle Fälle härter als Marmor. Es tritt vorwiegend in Subduktionszonen auf, und es ist ein homogenes Gestein, das gleichzeitig nach allen Seiten platzt, was dann auch wieder bedeutet, dass es sehr schwer zu bearbeiten ist, zumal wenn man davon ausgeht, dass sie es mit Steinen bearbeitet haben sollen. Hierzu bedurfte es schon einiger Werkzeuge, die uns auch heute noch in Erstaunen versetzten würden, und so etwas findet man wohl nicht so ohne Weiteres in den Baumärkten der Steinzeit.

Der Namensgeber für Andesit ist im Übrigen die Cordillera de los Andes. Die Bearbeitungsspuren an den Andesitblöcken, die Exaktheit der Arbeit selbst, sind in der Steinzeit durchgeführt wurden. Dies lässt aber den Schluss zu, dass die steinzeitliche Technik eine Kleinigkeit der unseren voraus gewesen sein müsste. Erschwert wird das Ganze dadurch, dass unsere Technik noch nicht bewiesen hat, dass sie dazu auch in der Lage wäre. Die Größe der Steine selbst führt den Begriff „Megalithbauten" ad absurdum. Die Länge von 40 Metern zwingt schon mal zum Nachdenken, das Gewicht ist ein ganz anderes Problem, denn immerhin sprechen wir von Schätzwerten von einigen hundert Tonnen. Um das Ganze auf die Spitze zu treiben, es ist da noch die exakte Bearbeitung, der Aufwand muss gigantisch gewesen sein, so etwas baut man nicht mal so nebenbei. Wohlgemerkt für *uns* gigantisch, sie scheinen damit keine wirklichen Probleme gehabt zu haben, denn auch wenn es uns nicht gefällt, sie haben es gebaut.

Wie löst man solche riesigen Platten aus dem natürlichen Gestein und wozu eigentlich? Das Ganze muss einst für die

Ewigkeit konzipiert worden sein, und letztlich haben sie es auch noch gebaut, Menschen für ihresgleichen, denn Aliens hätten dafür wohl kaum Zeit aufgewendet. Diese, davon dürfen wir wohl ausgehen, verfügten sicher über andere Möglichkeiten, ohne diesen riesigen Aufwand vor allem, ganz zu schweigen vom Energieaufwand. Wenn wir eines Tages zu den Sternen fliegen, dann nehmen wir doch nicht Werkzeuge mit, um solche gigantischen Wohnstätten zu errichten, der Aufwand steht sich hier wohl selbst ein klein wenig im Wege. Die riesigen Steinblöcke müssen während ihrer Bearbeitung in allen drei Ebenen gleichzeitig bewegt worden sein, und ausrichten in allen drei Ebenen musste man sie auch noch, wie löst man so viele Probleme, ohne zu verzweifeln? Von den Kräften, die da auf einen Steinblock dieser Größe einwirken, einmal ganz abgesehen, wo findet man heute Reste dieser Produktionsanlagen und wo liegen die Abfallprodukte der Bearbeitung? Dazu ist mehr nötig als nur ein paar erfahrene Steinmetze oder ein religiöser Hintergrund. Da spielt es auch keine Rolle mehr, ob Sandstein, Andesit oder Granit verarbeitet wurde. Wo sind die Werkhallen, die Maschinen, wo befanden sich die Energieanlagen? Und wir dürfen getrost davon ausgehen, dass sie auf Holz verzichtet haben, denn das sprengt das menschliche Denkvermögen. Deshalb gelangen wir stets und ständig zu den Aliens, denn nur sie können uns aus dieser misslichen Lage befreien.

Nennt es ein Gedankenspiel oder wie auch immer, es bleibt bei allem berechtigten Zweifel letztlich doch wieder nur eine Hochkultur vor der Sintflut übrig, alles andere sieht irgendwie nach Verzweiflung aus, weil es in sich nicht stimmig ist!

Wie wir sie dann nennen, liegt nicht in unserem Ermessen, denn dies haben die Menschen der Antike schon erkannt und bewusst auch so schon in Umlauf gebracht. Denn sie waren noch im Besitz von winzigen Teilen dieses Wissens aus einer Zeit vor der unsrigen und sie wussten es noch zu nutzen.

Für eine Kultur, die solche riesigen Steine mit derart gigantischen Gewichten heben, bearbeiten und auch noch transportieren kann, ist es unerheblich, ob sie diese Steine 1 km oder 60 km weit transportiert. Wer über solche (technischen) Mittel verfügte, für den stellte die uns bekannte Physik keine unlösbaren Probleme mehr dar; wir sollten vielmehr davon ausgehen, dass sie uns hierbei ein klein wenig überlegen waren und unserer Zeit um einiges voraus! Was dann auch wiederum bedeutet, dass wir dieses Problem nicht im Ansatz verstehen können und es für uns besser ist, es dabei zu belassen, denn solche Probleme sind nichts für unsere Zivilisation. Unsere Naturwissenschaften sind zur Zeit noch unantastbar und wir werden mit Sicherheit noch einige Generationen von Wissenschaftlern verheizen, bevor wir erkennen, dass es doch anders war. Ihre Ansichten über Physik sind mit unserer bekannten Schulphysik wohl kaum erklärbar, was aber nicht heißen darf, dass sie nicht darüber verfügten. Die uns Heutigen bekannte und genutzte Physik erweckt den Eindruck, dass ihre Möglichkeiten sich langsam erschöpfen, denn ihre letzten großen Erkenntnisse liegen schon einige Zeit zurück, und was noch gefunden wird, bringt kaum noch einen Nobelpreis.

Was verbindet nun Chavin de Huantar und Tiwanaku miteinander? Erst einmal nichts, aber Chavin de Huantar ist ohne eine Vorgänger-Kultur nicht ansatzweise erklärbar und deshalb können wir es nicht verstehen. Wir weigern uns beharrlich, hier einen tatsächlichen Zusammenhang zu sehen, und damit kommen wir auch noch durch. Wir verstehen diesen Ort Tiwanaku nicht im Ansatz, das mag daran liegen, dass wir es hier mit einer Architektur zu tun haben, die uns so unverständlich daherkommt, dass es nur Aliens gewesen sein können. Diese Art von Bau kann nicht von Menschen stammen, und wenn doch, dann würde dies bedeuten, dass wir nicht wirklich was vom Bau verstehen. Man versteht Tiwanaku nur, wenn man anerkennt, dass unsere Vorfahren das leidige Problem mit der Schwerkraft für sich gelöst haben und somit problemlos solcherart Steine verarbeiten konnten.

Da wir dies nicht beherrschen und es den uns bekannten Physikgesetzen widerspricht, bildet sich eine unheilige Allianz. Die eine Partei verweist auf die Aliens und die andere Partei ergeht sich in Schweigen und beide haben fürs Erste mal wieder recht. Hier kommt dann des Menschen Ego zum Tragen, denn wir könnten nur schwer akzeptieren, dass unsere Vorfahren uns in irgendeinem Punkt etwas voraushatten; das betrifft so ziemlich alle Bereiche unseres Lebens.

Wir brauchen nicht einmal mehr zuzugeben, dass wir nur die Nummer 2 sind, schließlich haben wir uns schon so schön an die Außerirdischen gewöhnt, dass man hier nicht einmal mehr nachdenkt. Man könnte wahrlich glauben, dass die kosmischen Gesetze nur für uns gelten und die Aliens diese außer Kraft gesetzt haben.

Dass Arthur Posnansky Fehler unterlaufen sind, ist nur allzu menschlich, nur vergessen wir dabei viel zu leicht, dass er der Erste war, der sich ernsthaft mit Tiwanaku beschäftigte und versuchte, eine Datierung vorzunehmen – mit Rechenschieber, wohlgemerkt. Heute versuchen wir es erst gar nicht mehr, denn es ist geklärt und daran wollen wir ja bitte schön nichts mehr ändern: Es waren die Aymara und damit Schluss der Diskussion.

Wenn es denn nur so schön einfach wäre – ist es aber nicht. Nach der Quantentheorie müsste die Archäologie wie folgt beschrieben werden: Archäologie setzt sich aus Hypothesen, Theorien, Beobachtung und Erfahrung zusammen, und damit es glaubhaft wird, wird es mit viel Glauben zusammengebunden und mit Autorität verklebt, so hält es mehrere Generationen. Das ist dann der Stoff, aus dem Zivilisationen oder große Kulturen mit großen Persönlichkeiten entstehen, nur die Wahrheit bleibt dabei zurück. Zum Glück hat die Wahrheit einen guten Draht zur Zeit und so kommt es ihr nicht darauf an, als Erste durchs Ziel zu gehen.

Arthur Posnansky glaubte, den rechten Weg zu gehen, und zu seiner Zeit war dieser Weg mehr als nur recht, es war damals wohl der einzig richtige Weg, wenn auch ein beschwerlicher. Zu dieser Zeit am Ende der Welt gab es niemand, der sich Gedanken um Tiwanaku machte, auch dies sollten wir bedenken, wenn wir heute so gezielt mit Steinen werfen. Worin liegt für uns der Nutzen, sein Werk zu beschmutzen? Wir sollten vielmehr aus seinen Fehlern (wenn es denn welche sind) die richtigen Schlüsse ziehen und seinen Gedanken zu Ende bringen. Es ist leicht möglich, dass dieser Weg zur Lösung führen würde, wenn wir denn wollten!

Warum nur verursacht dieser Gedanke uns solches Unbehagen?

Auf der Suche nach Antworten auf drängende Fragen betreffs der Geschichte Südamerikas stieß ich auf folgende Aussage: *„Völker zu allen Zeiten, aus allen Kulturen, auch aus der Zeit vor der Sintflut, hatten Zugang zu einem Wissen, das wir uns heute erstaunlich mühsam wieder aneignen müssen."*

Zum Schluss noch dies, entliehen aus *Quantenphilosophie und Spiritualität* von Ulrich Warnke: *„Ein Paradigma ist nichts anderes als eine Abstraktion, die sich eine Gesellschaft in einer bestimmten Phase ihrer Geschichte zu eigen macht."*

„Wir machen uns diese Abstraktion zu eigen, halten sie für die Wahrheit und verfahren mit allem, was nicht dazu passt, nach dem Motto: Was nicht sein darf, ist auch nicht."

Das Ganze klingt wie der erste geheime Leitsatz der Archäologie.

Das Problem sind wir Menschen, nicht die Wissenschaften, denn an uns liegt es. Das Wissen ist vorhanden, wir haben nur verlernt, es zum Wohle der Menschheit einzusetzen.

Wir tun uns keinen Gefallen, wenn wir Südamerika auf 2700 v. Chr. festlegen (präkeramische Zeit), denn da ist einfach zu viel davor passiert! Wie viele Generationen von Archäologen müssen noch verschlissen werden, bis wir endlich begreifen, dass es doch anders verlaufen ist?

Unsere utopische Vergangenheit

„Von ›Utopie‹ spricht man für gewöhnlich dann, wenn man etwas nicht ändern will, und nicht, wenn man etwas nicht ändern kann.“
Gerald Dunkel

Unsere utopische Vergangenheit ist etwas, woran wir nicht glauben können, denn sie liegt jenseits unserer Vorstellungskraft. Selbst Erich von Däniken benutzte schon einmal einen ähnlichen Begriff, nur hält er ihn für zu utopisch, sodass er lieber Aliens die Arbeit machen lässt, da wir nicht akzeptieren können, dass vor circa 10.000 Jahren schon einmal eine Hochkultur existierte, welche ihren Zenit zwar schon überschritten hatte, aber deshalb ändert dies nichts an unserer misslichen Situation. Ich wiederhole mich, wir haben nur gut 6000 Jahre benötigt, um auf dem Mond zu landen, wenn wir denn dort waren. Es ist einfacher, von der Erde aus den Weltraum zu erobern, denn das können wir mittlerweile auch geistig nachvollziehen. Das mit den Aliens ist super, aber auch diese müssen gezwungenermaßen mit den Gesetzen des Universums fertigwerden und stehen somit vor den gleichen Problemen wie wir heute! Wir müssen auch akzeptieren, dass die Gesetze des Universums wohl für alle bewohnten Planeten da draußen gelten.

Wir suchen heute nach bewohnbaren Planeten, und das ziemlich verzweifelt, denn die Möglichkeiten, solche zu finden, gehen ins Unvorstellbare und wo, bitte schön, fängt man an zu suchen? Wir können also getrost davon ausgehen, dass die Aliens sich vor der gleichen Vielzahl von Problemen stehend finden wie wir auch. Irgendwie haben unsere Ahnen dieses Problem auf ihre ureigenste Weise für sich schon gelöst – wie ihnen dies gelang und wie sie mit den Problemen letztlich fertig wurden, wird wohl für immer ihr Geheimnis bleiben.

Nur weil wir nicht in der Lage sind, bestimmte Funde der Vergangenheit korrekt zuzuordnen, können wir doch nicht automatisch davon ausgehen, dass es Aliens waren, genauso gut können unsere Archäologen recht haben. Hier küsst ein Dogma das andere. Was ist, wenn unsere Vergangenheit vielschichtiger war, als wir bereit sind zu glauben?

Als man im Jahre 1929 im Topkapi-Palast die mittlerweile weltberühmte Karte des Piri Reis fand, glaubte niemand an die Kopie einer Alien-Karte. Erst viel später interpretierte man sie als eine Kopie von einer Kopie usw., die von einer Karte der Aliens stammen musste. Aber genauso gut kann sie von einer der irdischen Hochkulturen stammen, welche vor 10.000 Jahren vom Angesicht unserer Erde verschwand, aus welchen Gründen auch immer. Ob diese Kultur von Atlantis oder dem noch mysteriösen Mu stammt, ist da nicht ausschlaggebend, wichtig ist hier nur, dass wir auch diese Möglichkeit ins Auge fassen sollten, was vergeben wir uns denn? Wir sollten endlich anfangen, die Schlüssel hervorzukramen, mit deren Hilfe es uns möglich sein wird, hinter jede Tür der menschlichen Evolution zu schauen. Wir würden wahrscheinlich vom Glauben abfallen, was wir da zu sehen bekämen.

Dass das Zentrum der Piri-Reis-Karte Kairo ist, lässt auf Atlantis schließen, es zu beweisen ist eine ganz andere Herausforderung. Es waren auf alle Fälle Kartographen am Werk, die genau wussten, was sie taten; dass ihr Koordinatensystem ein anderes ist als die uns bekannten, ist einfach nur logisch. Als ein Werk von Aliens kann die Piri-Reis-Karte jedenfalls keine Unruhe mehr stiften, ist sie jedoch von Menschen ge macht, dann ergeben sich riesige Probleme mit noch unbekanntem Ausgang.

Wir wollen es ja hier nur einmal gedanklich durchspielen. Die *Readings* von Edgar Cayce lassen auf jeden Fall vermuten, dass da mehr dran ist, als uns lieb sein kann. Es gibt zu viele unbekannte Faktoren und einer der wichtigsten ist die Eisdecke der Antarktis. Sie ist über Jahrtausende entstanden – was wäre aber, wenn sie sich in ihrer jetzigen Ausdehnung erst nach dem Sintflut-Impakt gebildet hätte? Im Inland der zwei antarktischen Inseln wird es sicherlich Festlandeis gegeben haben, aber die Küsten hätten so eisfrei sein können wie die grönländischen Küstenstreifen um 1000 n. Chr. Wir wissen heute, dass die Regenfälle in Ägypten vor 7000 Jahren nachließen, infolge der Klimaveränderung durch den Sintflut-Impakt. Was wäre, wenn es sich in der antarktischen Inselwelt auch so verhalten hätte? Dreitausend Jahre Schneefall, das ergibt eine mächtige Eisdecke, und hinzurechnen muss man noch den Festlandeispanzer der Antarktis. Es muss sich so verhalten haben! Die Regenfälle hätten mit Sicherheit ausgereicht, die heutige Mächtigkeit der Eisdecke zu erreichen. Was dafür spricht und den Eispanzer erklären könnte, wäre die jüngere Dryas. Mir ist bewusst, dass in dieser Richtung nicht nachgeforscht wird, denn wer will so etwas schon wissen?

Erich von Dänikens Lieblinge sind ohne jeden Zweifel die Nazca-Linien, aber leider sind sie schwer mit Aliens in Einklang zu bringen. Wer Lichtjahre im Universum zurücklegt, braucht mit Sicherheit keine Landebahnen, aber irdische Flugvehikel brauchten Landemöglichkeiten, welche schon von Weitem aus der Luft erkennbar sind. Erich von Däniken hat seit dem Erscheinen seines Buches *Erinnerung an die Zukunft* in den sechziger Jahren eine wahre Fleißarbeit geleistet, nur halt alles auf Aliens bezogen. Die Menschen

196

bekamen nicht den Hauch einer Chance bei ihm, denn auch für ihn stand fest: Steinzeit ist gleich Steinzeit. Er beging also den gleichen Fehler, den er der etablierten Wissenschaft vorwirft, und erhob seine Thesen zur ultimativen Wahrheit; den ultimativen Beweis konnte auch er bis heute nicht erbringen.

Damit das mit den Aliens aber auch so funktioniert, braucht er auch wieder die etablierte Archäologie, und bei ihr gibt es keine Hochkultur vor der unseren, und damit kann er leben. Leider schließt er sich dabei selbst von einem der interessantesten Kapitel der menschlichen Evolution aus. Ich bin mir ziemlich sicher, dass er mehr weiß, als er uns mitteilt, er ist sich dessen bewusst, dass unsere Vorfahren eine grandiose Vergangenheit hatten, nur die Zeit war zu seiner Zeit noch nicht reif dafür. Außerdem brauchen wir diese Irrtümer, denn ohne sie keine Provokation und ohne Provokation kein Anreiz zum Widerlegen derselben. Dies bringt uns der Wahrheit zwar langsam, aber stetig ein Stück näher.

Da Götter nach Erich von Däniken körperliche Existenzen waren, müssen wir wohl von Menschen ausgehen. Denn Aliens werden ja nicht wie Menschen daherkommen. Oder doch? Die Beweise finden sich in der gesamten Sanskrit-Literatur, die da wären: *Mahabharata, Ramayana, Rigweda* – um nur einige der bekanntesten zu nennen, die den Weg aus der Zeit vor der Sintflut in unsere Zeit gefunden haben, denn ihr Inhalt lässt sich schwer mit der Zeit nach der Sintflut in Einklang bringen.

Wir sollten wohl auch anerkennen, dass die Inder ein besonderes Verhältnis zu ihrer ureigensten Geschichte und Literatur hatten und haben, im Gegensatz zum Rest der Welt. Die Geologie des indischen Subkontinentes wird hierbei sehr hilfreich gewesen sein.

Hier ein Satz aus dem *Rigweda: „Alle, die aus dieser Welt verreisen, gehen zunächst zum Monde ... Der Mond ist die*

Pforte zur Himmelswelt, und wer ihm auf seine Fragen antworten kann, den lässt er über sich hinausgelangen … " (Rigweda, 1. Adhyaya, entnommen aus Erich von Däniken, *Botschaften und Zeichen aus dem Universum*) Das hat für mich einen sehr irdischen Charakter, klingt so gar nicht nach Aliens, denn wir werden es, wenn wir denn wieder einmal so weit sein sollten, genauso machen. Der zweite Satz lässt vermuten, dass nur Wissende diese Reise antreten dürften, selbst in unserer heutigen Zeit dürfen nur ausgesuchte und speziell Geschulte den Weg in den Weltraum antreten. Es kostet in unserer Epoche Unsummen an Steuermitteln, und warum soll es vor der Sintflut anders gewesen sein? Irgendwer musste dafür Mittel zur Verfügung stellen und von irgendwoher müssen diese Mittel ja gekommen sein. Wir können also davon ausgehen, dass es auch schon in Atlantis Finanzämter mit den dazugehörigen Beamten gegeben hat. Denn irgendwie sind wir ja doch miteinander verwandt, obwohl es den Anschein hat, dass sich ein Zweig von uns schon vor langer Zeit auf den Weg ins Universum begeben hat. Wenn es „sie" noch geben sollte, dürften sie uns ein klein wenig in Weltraumtechnik und Moral und Ethik voraus sein, und würden sie morgen ihre alte Heimat, die Erde, besuchen wollen, würden wir unsere eigene Verwandtschaft als Aliens bzw. Götter betrachten. Für sie selbst wäre die Erde nur noch eine Jahrtausende alte Legende ohne einen wirklichen Bezug zur Realität. Es hätte sich somit nichts zu früheren Besuchen geändert, rein gar nichts, bis auf die Zeit, und diese verstehen wir nicht wirklich. Erst ein DNA-Test würde hier hilfreich sein, aber wer würde den ersten Schritt tun wollen?

Dass dieser Gedanke nicht gar so weltfremd ist, liegt wohl daran, dass alles schon einmal gedacht worden ist. Die Filmindustrie hat es schon mal vorgemacht, erinnert sei hier nur an den Film *Kampfstern Galactica*, Universal Pictures, aus den Jahren 1978 – 1980, wo man ziellos durchs Universum reist auf der Suche nach bewohnbaren Welten und sich an die Legende der Heimatwelt Erde erinnert. Mir ist schon klar, dass dieses Beispiel an den Haaren herbeigezogen und nicht beweiskräftig ist, aber das soll es auch gar nicht, es zeigt vielmehr nur, dass dieser Gedanke kein Einzelgedanke ist. Er ist mit Sicherheit schon das eine oder andere Mal in der menschlichen Geschichte gedacht worden und wird es in Zukunft wohl auch wieder.

Die menschliche Evolutionsspirale kann es so nicht geben, denn dies würde bedeuten, dass der Mensch sich zum Höheren entwickelt. Der Mensch hat bis heute nicht bewiesen, dass dem so ist, denn unsere Entwicklung unterliegt wohl anderen Gesetzen. Beweise liefern uns die bekannten Hochkulturen. Dass sich die menschliche Entwicklung in einem ständigen Auf und Ab bewegt, ist allgemein bekannt und dürfte seine Gründe in der Wellendynamik des Universums haben.

Die Mythen der Dogon ließen sich aus diesem Blickwinkel auch erklären, ohne gleich wieder Aliens hinzuzuziehen. Nehmen wir an, vor Jahrtausenden verließen einige Dogon die Erde in Richtung des Sirius-Systems, immer unter der Annahme, ihre Kultur war zur damaligen Zeit schon so weit. Sie kehrten nach Jahrtausenden der Abwesenheit zurück und mussten feststellen, dass ihr Volk in der Entwicklung einen negativen Weg eingeschlagen hatte, denn es waren Jahrtausende vergangen. Was dann letztlich zum heutigen Dogon-Mythos führte. Wenn wir nur die letzten 100.000 Jahre neu anschauen würden, würden sich einige rätselhafte Fundstücke von selbst erklären und uns somit wertvolle Hinweise liefern.

Zum besseren Verständnis sei hier noch einmal an unsere Entwicklungsgeschichte der letzten 6000 Jahre erinnert. Es gibt mit Sicherheit handfeste Beweise der einen oder anderen Art, die hierbei sehr hilfreich sein könnten, nur hat man sie vorsorglich vergessen? Ägypten bietet sich dafür wahrlich an. Wozu dienen denn die vielen Sperrbezirke, wozu die befremdliche Geheimniskrämerei im Land der Pharaonen? Wozu hat man eine gewaltige Mauer um das Gizeh-Plateau gezogen? Was hat es mit Herodots Bericht aus seinem zweiten Band der Historien auf sich, in welchem er das Labyrinth beschreibt? Auch wenn ein Bezug fehlt, das Labyrinth lässt an Tiwanaku denken, gigantisch und aus Stein. Unser so schön verklärtes Mittelalter war nur bedingt aus Stein, wir sollten hier vom Holzzeitalter sprechen, denn schließlich haben wir Europa wenigstens einmal komplett von jedem Baum befreit.

Wir sollten uns auch eingestehen, dass wir die letzten 6000 Jahre überwiegend damit verbracht haben, unsere Entwicklung von einer kriegerischen Auseinandersetzung zur nächsten zu gestalten und die dabei verwendeten Waffensysteme als Fortschritt zu lobpreisen. Der Mensch selbst wurde hierbei als notwendiges Opfer betrachtet und wird es wohl heute noch. Erst wenn wir akzeptieren, dass der einzelne Mensch ein fester Bestandteil der Natur ist, werden wir in der Lage sein, unsere vorgesehene Aufgabe zu erkennen und zu erfüllen. Es gab in der Vergangenheit der Menschheit wohl Menschen, die dieses Prinzip bereits erkannt hatten, aber ihrer Zeit so weit voraus waren, dass sie nicht wirklich vom Rest verstanden wurden und ihr Wirken von den Menschen und der Zeit entfremdet wurde. Ich werde mich hier hüten und Namen nennen, das mag der gefällige Leser bitte für sich selbst entscheiden.

Epilog
Apophis 13. April 2036

*„Vielleicht gibt es keine Antwort auf die Frage, warum
das Universum existiert.
Aber wenn es eine Antwort gäbe, und wir würden sie
finden. wwüssten wir so viel wie Gott.“*
Stephen Hawking

Apophis, der altägyptische Gott der Finsternis und des Chaos, kehrt zurück, und das in einer Miniatur-Ausgabe. Aber dieser kleine Störenfried (circa 325 m im Durchmesser, +/- 15 m) kann uns das Leben noch schwer machen, denn seine offiziellen Bahnbeobachtungen sind erst einmal beruhigend. Aber es gibt da noch viel Berechnungs- und Beobachtungsbedarf, darüber sollten wir uns schon im Klaren sein. Dieses Problem bedarf noch einer ausgiebigen Klärung; wenn nicht 2036, dann halt später, denn er gehört zu denen, die für eine Überraschung immer gut sind.

Bei Apophis sollten wir uns keinen noch so winzigen Fehler leisten, denn der kleine Stinker würde es skrupellos zu seinen Gunsten ausnutzen.

Man geht davon aus, dass bei einem Einschlag die Energiemenge von circa 900 Megatonnen freigesetzt würde, das entspräche in etwa einem Erdbeben der Stärke 8 auf der Richterskala, also die Kleinigkeit von circa 1000 Megatonnen. Es ist in diesem Fall unerheblich, ob es ein paar Megatonnen mehr oder weniger wären. Da man bis jetzt noch nicht berechnen kann, wo er in etwa aufschlagen würde, wenn er denn doch einschlagen sollte, ist es müßig, sich jetzt schon Gedanken wegen des Überlebens zu machen. Bis jetzt geht man davon aus, dass Apophis ganz knapp an uns vorbeischlittert. Nur, wenn er vorbeischlittert, was am 13. April 2029 in einem Abstand von circa 31.000 km erfolgen soll, ist das ganz schön eng und das Problem nicht aus der Welt, es verlagert sich nur in der Zeit, und somit bleibt es unser Problem bzw. das unserer Kinder!

Es heißt, 250 km vom Aufschlagpunkt entfernt wäre man sicher. Was steht im Handbuch für kosmische Katastrophen unter der Definition „sicher“? Wirklich beruhigen kann diese Aussage nicht, denn wo befindet sich der Aufschlagpunkt? Wie versteht man Überleben in der Apokalypse und was hat man dort vom Leben zu erwarten, wenn man es dann noch „Leben“ nennen kann? Natürlich ist er zu klein, um weltweite Zerstörungen zu verursachen, aber wir haben so viel richtig falsch gemacht und uns so verachtend um Pachamama gekümmert, dass wir da so einfach wohl nicht davonkommen werden. Immerhin hat der kleine schnuckelige, gerade mal 50 m im Durchmesser messende Asteroid vor circa 50.000 Jahren den Barringer-Krater in Arizona mit 1200 m Durchmesser und 180 m Tiefe hinterlassen. Nur damit wir mal eine kleine Vergleichsmöglichkeit haben. Es bedarf nicht besonders viel Fantasie, sich das kleine mickrige Loch vorzustellen, das uns Apophis hinterlassen würde.

Die Erdbeben nach dem Einschlag, in Verbindung mit Vulkanismus bzw. Tsunamis, werden uns lehren, dass da mehr kaputt gehen kann als nur unser Tafelsilber. Die Gefahr geht nun wirklich nicht in erster Linie von Apophis selbst aus, sondern von unserer so viel gepriesenen Zivilisation selbst, und genau das blenden wir hier lieber aus, um nur keine wie auch immer geartete Diskussion darüber aufkommen lassen. Selbst unsere selbst ernannten Umweltschützer scheinen dieses Szenario auszublenden, was erhoffen sie sich wohl für Vergünstigungen?

Unsere so viel gepriesene Atomindustrie ist nicht mal gegen einen irdischen Tsunami gefeit, geschweige denn gegen einen Tsunami, den ein kleiner Weltraumstreuner verursachen würde. Dass die Masse der Erdbevölkerung den Impakt überlebt, steht hier nicht zur Diskussion, aber kommen die überlebenden Menschen mit der nuklearen Verseuchung klar und werden sie über diesen Teil des Impaktes auch ausreichend informiert? Mit Sicherheit steht irgendwo ein Reaktor rum, der rein zufällig in der Flugbahn von Apophis liegt – oder wird dies im höheren Interesse ausgeschlossen?

Genauso wie sich die Staubwolke des Impaktes über die Erde ausbreiten wird, wird sich die Radioaktivität mit den Luftströmungen ausbreiten und ihr unheimliches Werk in Gang setzen, und wir werden es erst merken, wenn es zu spät ist. Hinzu kommt bei Objekten dieser Art leider ihre Umweltgiftproduktion, über die es auch keine gesicherten Erkenntnisse gibt, wobei allerdings als sicher gilt, dass große Mengen von Stickoxiden und Salpetersäure entstehen werden. Bedingt durch die hohe Geschwindigkeit beim Aufschlag und der dadurch freigesetzten Energie in Form von Hitze entstehen synthetisierte Gifte von Pyrotoxinen und anderen Pestilenzen, und dieser kleine liebliche Cocktail in Verbindung mit was auch immer wird dann an die Überlebenden in der näheren und weiteren Umgebung verabreicht. Eigentlich will man es ja auch gar nicht wissen, was einen da verabreicht wird, denn man ist so hilflos, dass „hilflos“ es nicht annähernd beschreibt; wir müssen dafür wohl erst noch einen neuen Begriff kreieren.

Wie will und soll man die Menschenmassen aus einem Gebiet von 250 km Durchmesser evakuieren, egal wo auf dieser Welt? Diese 250 km beziehen sich wohl auf den zu erwartenden Totalverlust im Epizentrum. Unterbringung, Versorgung und medizinische Betreuung sind überhaupt nicht machbar, denn es gibt zu viele unbekannte Faktoren, und logistisch bekommen wir das schon deshalb nicht hin, weil wir immer noch in unseren egoistischen Denkmustern verharren, jede Nation anders. Aber letztlich ist das Ergebnis doch dasselbe, es geht auf das alte Prinzip „Jeder ist sich selbst der Nächste" zurück. Selbst unsere Europäische Union wird daran nichts ändern; nur weil es auf Papier steht, heißt es noch lange nicht, dass es auch so ist. Dahinter steht das Wunschdenken der Politiker. Die Menschen selbst sind davon noch viel zu weit entfernt, denn sie müssen sich mit der Bürokratie herumschlagen. 2000 Jahre europäische Kriegskultur und bis heute nicht wirklich beseitige Vorurteile kann man nicht mit Papier und ein paar Willensbekundungen aus der Welt schaffen, so schön der Gedanke auch sein mag. Der Europäer will sein Leben leben, so wie das schon seine Vorfahren taten – was er nicht will, ist ein Leben, das ihm übergestülpt wird und er nicht versteht.

Wir müssten froh sein, wenn wir das zu erwartende Chaos am Rande halbwegs in der Griff bekämen. Wir würden uns Jahre vorher schon darum streiten, wer was bezahlt und wie viel, diese Zeit wäre dann bereits für die Menschheit verloren. Hinzu käme, dass wir uns in Planfeststellungsbeschlüssen, oder wie auch immer man dies dann nennen würde, verzetteln und festfahren würden. Denn erst wenn unsere ach so gepriesene Bürokratie zu 110 % befriedigt wäre, dürfte Apophis sein Werk verrichten, vorausgesetzt, er hätte alle nötigen Anträge termingerecht und ohne Formfehler durch seinen Anwalt eingereicht, für ihn gibt es schließlich keine Ausnahmeregelung; unsere gewählten Volksvertreter legen fest, was sein darf, und nicht die Naturgesetze. Wer für was bezahlt oder wer für was aufkommt, darüber wird dann in New York ausgiebig und endgültig verhandelt, denn ohne die UNO geht so ein Ereignis schon gar nicht über die Weltbühne. Wir werden die Steuern erheben mit dem Verweis auf die enormen Kosten, die Apophis verursachen wird, und um die Rettungsarbeiten zu finanzieren – und wir werden es glauben?

Über diese nicht vorhandene Zeit verfügen nur unsere gewählten Volksvertreter, denn so etwas wie Apophis sieht die Parteidisziplin leider nicht vor. Es sind nur noch wenige Jahre und wir werden sie optimal verschwenden, das kann als gesichert hingenommen werden.

Für den kleinen Apophis ist deshalb keine Neuauflage der Arche Noah vorgesehen, denn man hat ja da noch die nicht gebrauchten alten Atombunker aus der Zeit des Kalten Krieges und könnte sie preiswert reaktivieren, denn für einen bestimmten Kreis von Auserwählten würden sie langen. Für die Masse gilt also der berühmte Spruch: „Rette sich, wer kann.“

Die größte Gefahr stellen mit Sicherheit die bis heute überirdischen Endlager der Atomindustrie dar, denn man kann sie weder gegen Meteore noch Asteroiden sichern. Das Gute an dieser Sache ist, dass im Wortschatz der Atomindustrie weltweit die Wörter *Meteor* und *Asteroid* nicht vorgesehen sind, folglich gibt es diese Bedrohung aus dem All nicht, was das Problem schon mal ad absurdum führt. Wir sehen, so einfach kann man es sich machen, wenn man nur will, und das Problem wird auf den kleinstmöglichen Nenner heruntergerechnet.

Wir haben aus Fukushima und der daraus folgenden Nuklearkatastrophe nicht wirklich etwas gelernt und es war nur ein mickriger Tsunami. Bis heute sind die radioaktiven Probleme immer noch nicht gelöst, aber wen interessiert das schon, ist ja alles so schön weit entfernt. Das Töhuku-Erdbeben wird mit der Stärke 9 angegeben und löste eine nur 10 bis 30 Meter hohe Tsunamiwelle aus und die Folgen werden Japan noch gut 30 bis 40 Jahre verfolgen. Bei

Apophis müssten wir, wenn er im Meer einschlagen würde, wohl mit einer Höhe des Tsunamis von bis zu 100 m rechnen. Das Schöne an Japan ist, die Japaner müssen mit ihrem Problem letztlich allein fertigwerden, nicht wir. Dieser uns Menschen innewohnende Egoismus ist es, der verhindert, dass wir Menschen als Menschen diesen schönen Planeten in Frieden bewohnen können.

Was nun Apophis anbelangt, so funktioniert er wie eine überdimensionale Bombe, da hilft es wenig, wenn wir die wahrscheinliche Sprengkraft von Apophis mit der Sprengkraft der Hiroshima-Bomben zu vergleichen suchen. Die Sprengkraft ist auf jeden Fall gigantisch und ausreichend, um nach der Explosion ein zerstörerisches Erdbeben mit allem, was man sich nur vorzustellen vermag, in Gang zu setzen, und dessen Begleiter erscheinen sowieso unberufen auf dem Plan; das Ergebnis (welches nie eintreten möge) wird uns dann deutlich vor Augen führen, wie klein und unwichtig wir doch eigentlich sind.

So toll, wie unsere Technik auch sein mag, was die Apokalypse anbelangt, so ist sie wertlos, denn für so etwas wurde sie nie konzipiert.

Die Hochkultur vor der unseren war sich wohl bewusst, dass ihre technischen Errungenschaften ihnen nicht weiterhelfen würden, und sie legten Depots an für den Fall der Fälle.

Die japanische Industrie war auch überzeugt, dass sie alles in ihren Kräften Stehende getan hatte, und musste sich dann eines Besseren belehren lassen, mit weit reichenden Folgen für ihre gesamte Nation, nur gelernt hat man nichts daraus. Dass es schließlich so schlimm kam, war nicht vorausberechnet worden, denn es lag außerhalb unserer menschlichen Denkstrukturen und wer hätte beim Bau die Mehrkosten tragen sollen? Solange wir versuchen, das Problem mit dem großen Unbekannten durch Wahrscheinlichkeit klein zu rechnen, stehen wir auf der Verliererseite, siehe die „Jahrhundertflut" in Deutschland: Es brauchte gerade mal 10 Jahre und 100 Jahre waren vorüber.

Sollte Apophis in Europa niedergehen (die Astronomen verneinen dies), dann ist hier für lange Zeit das Licht aus. Denn in Europa leistet sich jeder Staat, der etwas auf sich hält, wenigstens einen kleinen Reaktor, es können auch paar mehr sein, um Energie zu erzeugen, nur um dem Rest der Welt zu zeigen: Schaut her, wir sind die, welche die Natur beherrschen, nur um in der großen Politik mitspielen zu dürfen. Da spielt es auch keine Rolle, ob sie abgeschaltet sind oder nicht, strahlen tun sie alle. Die Endlager, wer kennt schon Endlager, die sind gut, um Politik zu machen und um sich zu profilieren, politisch sind sie somit ein wichtiges Element, egal für welche Art von Partei.

Dabei vergessen wir aber gerade das, was uns so sehr ans Herz gewachsen ist, und ohne diese eine, so viel gepriesene Errungenschaft unserer Zivilisation können wir ja nicht leben! Die Handyverbindungen sind entweder zerstört oder überlastet, dem Internet geht es nicht besser und ohne diese zwei Dinge geht heute zutage ja nichts mehr, wie soll die Hilfe dann bloß koordiniert werden? Würden die vorhandenen Satelliten diese Überbelastung überhaupt durchstehen? Der kleine Apophis würde schon für genügend Unordnung bei den Flugbahnen der verschiedenen Satelliten sorgen und dadurch ihre Funktion erheblich beeinträchtigen. Man macht es sich zu leicht und lässt die Masse der Erdbevölkerung in dem Glauben, dass alles unter Kontrolle sei. Aber ist es so?

Hinzu kommt, dass Europa über genügend aktive Vulkane verfügt und sehr erdbebenfreundlich durchkonstruiert ist, sodass die Vulkane mit Sicherheit auf der Bühne des Impaktes mitmischen werden. Danach werden wir wohl das Wort

Erdbeben neu definieren müssen und Vulkaneruptionen werden dann nach der Apophis-Skala eingeschätzt.

Das schlimmste Szenario würde eintreten, wenn Apophis in den USA einschlagen und die Yellowstone Caldera dadurch aufbrechen würde, aber dieses Szenario ist auch ohne Apophis schon apokalyptisch genug und bedarf hier keiner weiteren Erklärung.

An das bei einem Impakt entstehende Ozonloch hat natürlich auch keiner denken können und es wird um einiges größer sein als das, was man von der Antarktis her kennt. Auch die Folgen werden um einiges gravierender sein, als wir es uns vorstellen können. Die Folgen, Schäden bei Menschen, Tieren und der Pflanzenwelt, sind nicht vorhersehbar. Hauterkrankungen, Genschäden, um die zwei übelsten hier zu benennen, werden nicht allzu lange auf sich warten lassen. Die Nahrungskette würde weltweit in Mitleidenschaft gezogen, und zwar in unterschiedlichster Form. Mit Zunahme der Entfernung vom Epizentrum würden die Folgen zwar geringer ausfallen, aber sie würden immer noch die Existenz gefährden bzw. stark in Mitleidenschaft ziehen. Das Weltwetter würde sich auch erst einmal ändern und das würde nicht wirklich zur Verbesserung der Gesamtsituation beitragen.

Diese Nachricht haben uns schon unsere Vorfahren hinterlassen, denn sie haben dies ja schon einmal stellvertretend durchmachen müssen, wir brauchten nur etwas genauer hinzusehen. Ob kosmische oder Nuklearstrahlung, beides ist für uns Menschen nicht wirklich zu empfehlen, schon gar nicht als jahrzehntelange Dauerbestrahlung, wir wissen darum und gleichzeitig auch wieder nicht. Selbst Notfallpläne für kosmische Katastrophen dürfen wohl zu Recht angezweifelt werden. Kein Mensch verfügt zur Zeit über die erforderliche Fantasie, um diese auszuarbeiten. Es sind einfach zu viele unbekannte Faktoren, die hier einfließen und selbst bei größter Sorgfalt nicht vorhersehbar sind.

Also wollen wir mal davon ausgehen, dass unsere Astronomen richtig gerechnet haben und Apophis jetzt noch nicht zum Zuge kommt, da uns die geeigneten Mittel zu seiner Abwehr jetzt noch nicht zur Verfügung stehen.

In Deutschland würden wir es mit der Vulkaneifel zu tun bekommen und da diese noch vulkanisch aktiv ist, kann man sich mit einiger Fantasie verstellen, dass da mitgespielt werden möchte. Italien bietet sich als Extrakandidat geradezu an, das Mittelmeer ist hervorragend für Tsunamis geeignet und Italiens Vulkane haben immer, wenn es drauf ankam, munter mitgespielt, sie haben in der Geschichte ständig ihre Zeichen hinterlassen und dies ohne Zutun von Asteroiden bzw. Meteoren.

Die großen Kulturen vor unserer Zeit haben uns Botschaften hinterlassen, denn sie hatten stellvertretend das zweifelhafte Vergnügen, dies alles schon einmal erleben zu dürfen, und ein paar wenigen wurde sogar erlaubt, es zu überleben, mit allem Für und Wider.

Die Apokalypse des Johannes, welche eine in die Zukunft projizierte Vergangenheit symbolisiert, ist ideal, um uns zu zeigen, was auf uns zukommt, wenn es denn so kommen sollte. Dass es eines Tages wieder dazu kommt, steht außer Frage; dass es im Jahre 2036 an uns vorbeigeht, sollten wir als wohlgemeinten Hinweis akzeptieren. Wir sollten versuchen, es zu verstehen und innerlich anzunehmen, alles andere würde uns nur vom eigentlichen Problem entfernen, und das darf nicht sein.

Es drängt sich hier der Verdacht auf, dass Apophis sich auf den Weg zur Erde macht, um seinen Verwandten El Lanzon endlich, nach 10.000 Jahren, aus seinem Gefängnis zu befreien.

Das Platonische Jahr

Wer braucht ein Platonisches Jahr? Wir mit Sicherheit nicht, denn wir haben da unsere eigenen Vorstellungen bzw. Wortschöpfungen und einige von uns verstehen sogar, was damit gemeint ist oder sein könnte. Hier ein paar Beispiele für die Definition *Zeit*. Wir belassen es bewusst beim Pleistozän, es ist lang genug für unser Anliegen. Es begann in etwa vor 2,588 Millionen Jahren und endete in etwa zum Zeitpunkt von Atlantis, man könnte auch sagen, es endet mit der Sintflut, wo wir dann wieder bei etwa 11.000 Jahren liegen. Bei solchen Jahresangaben spielen ein paar Jahrzehnte mehr oder weniger keine wirkliche Rolle. Wir unterteilen das Pleistozän in fünf große Abschnitte, welche da wären: Gelasium 2,588–1,806 Millionen Jahre/Altpleistozän (Calabrium) 1,806–0,781/Mittelpleistozän 0,781–0,126 Millionen Jahre/Jungpleistozän 0,126–0,0117 Millionen Jahre; das Holozän, das für uns von besonderem Interesse ist, beginnt dann genau zum richtigen Zeitpunkt vor ca. 11.000 Jahren.

Diese Zeitspanne nannten die Griechen *Weltenjahr*, später wurde daraus das Platonische Jahr. Wir tun uns heute schwer, in Generationen zu denken, das ist der Grund, warum wir das Platonische Jahr den Griechen überlassen und es der Einfachheit halber ignorieren. Anhand des letzten Platonischen Jahres soll hier aufgezeigt werden, wo etwas stattgefunden haben könnte oder was sich von uns aus schlecht oder gar nicht zuordnen lässt. Das Platonische Jahr entspricht dem Präzessionszyklus, welcher ca. 25.920 Erdenjahre andauert. Die Antike war womöglich weiter in ihrer Entwicklung, als uns lieb ist, denn wir müssen wohl davon ausgehen, dass sie über uraltes Wissen verfügte, das uns heute nicht mehr zur Verfügung steht. Das würde bedeuten, dass die antiken Griechen die letzten waren, die Zugang zum Wissen der *Tabula Smaragdina* hatten, obwohl davon auszugehen ist, dass es zu diesem Zeitpunkt nur noch fragmentarisch erhalten gewesen sein dürfte. Hermes Trismegistos, der „Dreimal Weise", war also in der Lage, das Wissen der alten Atlanter weiterzugeben, und dies über 8000 Jahre, welch große Leistung. Wir können leider nicht davon profitieren, denn es würde ja einer Anerkennung von Atlantis gleichkommen, und da ist es besser, wir erfinden alles noch mal neu und rein wissenschaftlich. Alchemie oder Spiritualität lassen wir lieber mal beiseite, denn uns hilft so etwas Mittelalterliches hier nicht weiter.

„Fische"

Die Fische sind das letzte Tierkreiszeichen und somit Bestandteil der Präzession. Diese hat zwei Seiten, eine mythologische, welche die bekanntere ist, und eine empirische. Die empirische Seite interessiert eigentlich nur die Astronomen, denn hierbei handelt es sich um nackte Mathematik. Die mythologische Seite ist damit zufrieden, dass sich die Äquinoktien nach 72 Jahren um einen Grad verschieben. 72 x 360 = 25.920 Jahre.

Etwa 2150 endet der natürliche Zyklus des Sternbildes „Fische", somit endet ein weiterer Platonischer Monat, der auch gleichzeitig das bestehende Platonische Jahr beendet. Die Fische entsprechen dem zwölften Abschnitt des Tierkreiszeichens von 330°–360° ekliptikaler Länge. Die Fische werden dann um die Mitte des nächsten Jahrhunderts vom Wassermann abgelöst und ein neues Platonisches Jahr beginnt. Wir wollen einmal, soweit dies möglich ist, aufzeigen, was in den vergangenen zwölf Platonischen Monaten in der menschlichen Entwicklung so passierte. Nur um es klarzustellen: Der uns bekannte Tierkreis ist astrologischer Natur, denn er ist mythologischer Herkunft, und diese verliert sich im Dunkel der Geschichte, denn nur so passen 12 Sternbilder zu 30 Grad in den 360-Grad-Kreis der Wissenschaft.

Nur kurz zur Erinnerung, auf der Ekliptik liegt auch noch das dreizehnte Sternbild, der Schlangenjäger, welcher es nicht geschafft hat, in den Messkreis aufgenommen zu werden, denn er hätte die Harmonie des gesamten mythischen Tierkreises empfindlich gestört. Unsere Vorfahren waren von zwölf Monaten überzeugt und rein rechnerisch wäre es viel zu kompliziert geworden, zumal sie ja den Kalender auch nur geerbt hatten. Auch wenn wir uns noch so dagegen wehren, wir werden früher oder später akzeptieren müssen, dass unsere Vorfahren ihn nur geerbt haben, denn sein Ursprung liegt im mythischen Dunkel der Zeit. Was das Platonische Jahr noch merkwürdiger macht, als es ohnehin schon ist: Da gibt es die zwölf Aufgaben des Herkules, wir kennen die zwölf Stämme Israels, und im Christentum – wie sollte es anders sein – die uns bekannten zwölf Apostel; ein Schelm, wer dabei Böses denkt.

Ein Platonisches Jahr oder auch ein kompletter Präzessionszyklus sind nicht konstant, sie unterliegen vielen Faktoren. Einer dieser Faktoren ist die Nutation, welche dafür sorgt, dass es zu einem kleinen Ausrutscher kommt, diese Winzigkeit von 18,6 Jahren sieht nicht nach viel aus, aber es summiert sich. Eine Frage sollte erlaubt sein: Seit wann wissen die Menschen um die Präzession? Heute geht man mittlerweile davon aus, dass die alten Sumerer sowie die Maya um die Präzession wussten, aber es bedeutet nicht zwingend, dass sie der Sache gewachsen waren. Ein Verständnis der Präzession erfordert mehr als nur simple Mathematik, sie erfordert eine Kultur, die in ihrer Entwicklung so weit fortgeschritten ist, dass sie Zeit, die erforderlichen Mittel und geeignetes Personal zur Verfügung hat, ein solches Projekt anzugehen. So ein Projekt ist nicht in einer Generation abgeschlossen, hier ist mehr vonnöten.

Begeben wir uns also circa 25.920 Jahre zurück und sehen einmal, was in dieser Zeit aktuell alles passierte. Bei den Angaben bitte berücksichtigen, dass es sich hierbei um Jahreszahlen handelt, die vor Christi Geburt liegen.

Der Königspapyrus Turin stammt vermutlich aus der Regierungzeit Ramses II., geschrieben in hieratischer Schrift, in welchem die Namen der ägyptischen Pharaonen und deren Regierungszeit aufgeführt sind. Er wurde 1820 in Luxor gefunden und durch Bernardino Drovetti nach Italien ins Ägyptische Museum von Turin gebracht, wo er sich noch heute befindet.

In der ersten Kolumne werden die Götterdynastien, welche Ägypten regierten, aufgeführt. An ihrer Spitze steht Gott *Ptah*. Seine Wirkungsstätte war Memphis. Man bezeichnet ihn auch als den „Uralten". Sein Sohn gilt als Erbauer von Djosers Stufenpyramide in Sakkara und ist kein Geringerer als Imhotep selbst.

Dieser Papyrus-Turin in Verbindung mit den Zeittafeln des Manetho zwingt zum Nachdenken, denn es kann doch unmöglich alles erlogen sein? Wenn es eine Fälschung durch den Pharao gewesen sein sollte, wer war vor Jahrtausenden daran interessiert und wem hat es genützt?

Allein die Herrschaftszeit der Halbgötter, gefolgt von den Horus-Königen, beträgt die Winzigkeit von 15.150 Jahren. Hinzu kommen noch einmal 13.777 Jahre Regierungszeit der vordynastischen Könige, was zusammen 28.927 Jahre vor Menes ergibt. Der altägyptische Pharao Menes soll um 3000 v. Chr. gelebt haben und gilt als der Gründer der 1. Dynastie, frühdynastische Zeit. Nach spätägyptischen Quellen gilt Menes als mythische Figur.

Rechnet man zu den 28.927 Jahren noch die 3000 Jahre bis Christus Geburt hinzu, so gelangt man zu einer wirklich beeindruckenden Zahl von 31.927 Jahren, zu der wir dann noch einmal 2000 Jahre bis zu uns hinzuaddieren müssen. So kommt man auf eine Zahl, die weit vor der unseren liegt, aber sie gibt schon Hinweise auf eine frühe Hochkultur. Mit unserer Summe an Jahren, 33.927, liegen wir fast vier Platonische Monate vor dem Sternbild der Fische. Was bedeutet, dass der für uns interessante Beginn einer Hochkultur im Sternbild des Skorpions liegen müsste.

Zu etwa dieser Zeit passiert etwas Eigenartiges (+/- ein paar tausend Jahre, was soll es): Hier entsteht plötzlich der Mais, den Chromosomen nach ein Verwandter der Teosinte, doch die kann sich an nichts erinnern, und zu allem Übel kann sich der Mais nicht allein fortpflanzen, er braucht dazu den Menschen. Der Mais hat dem Menschen also sein Überleben zu verdanken, wie seltsam.

Das Nachtschattengewächs dieser unserer Welt, unsere Kartoffel, ist nicht giftig, und doch sind alle anderen Nachtschattengewächse (Solanaceae) giftig, wie merkwürdig? Was mag Aliens bewogen haben, diese gentechnisch so zu verändern, dass sie für Menschen genießbar wurden? Aber wenn es Aliens waren, warum gab es sie dann nur in Mesoamerika und Südamerika? Das macht überhaupt keinen Sinn, denn Aliens konnten sich schließlich frei bewegen, oder? Bei einer frühen Hochkultur sähe das etwas anders aus, denn sie hätte ein Interesse daran, dieses neue Lebensmittel für sich zu nutzen. Der Kreis der Nutznießer bliebe auf bestimmte Regionen begrenzt. In den letzten 30.000 Jahren muss es eine Hochkultur gegeben haben, die sich mit Gentechnik beschäftigt hat, und das auch noch mit ziemlich großem Erfolg. Somit bleiben Kartoffel und Mais die ungekrönten Könige einer Zeit, die sich im Dunkel der menschlichen

Evolution verliert.

Vom Höhlenmenschen bis zum Mondflug haben wir keine 10.000 Jahre benötigt, unsere Vor-Vorfahren hatten also alle Zeit der Welt dazu; und warum sollten sie dies nicht zu ihren Gunsten genutzt haben?

„Wassermann"

Er entspricht dem elften Abschnitt des Tierkreises von 300°–330° und läge ca. 23.650 Jahre zurück. Dies entspräche in etwa dem Beginn der Horus-Pharaonen. Das Amt des Osiris wurde aufgrund einer Götterentscheidung dem Horus übertragen und Seth wurde an eine Stelle verbannt, die im südlichen Sternbild des Orion lag. Dies alles basiert auf dem Mythos von Osiris und Isis und der wundersamen Zeugung und späteren Geburt von Horus. Wie man sieht, bewegen wir uns in einer äußerst wichtigen Zeitspanne der menschlichen Entwicklung, welche uns mit unglaublichen Legenden und Mythen bis heute in ihren Bann zieht.

Der Wassermann zählt zwar zu den alten Sternbildern, ist selbst aber ein eher unscheinbares Sternbild. Nach der griechischen Mythologie stellt es Deukalion dar, welcher die Sintflut überlebte und somit zum Stammvater der Menschheit wurde. Deukalion ist in der griechischen Mythologie der Sohn des Prometheus und der Pronoia. In ihm begegnen uns Noah aus der Bibel und auch Utnapischtim aus dem *Gilgamesch-Epos* wieder, und wie man sieht, sie kannten sich alle. Jetzt fehlt bloß noch der Vertreter aus Mesoamerika und Südamerika.

Betrachten wir in diesem Zusammenhang einmal das Platonische Jahr als Ganzes. Wir können heute sehen, wozu wir in gut 72 Generationen zu je 30 Jahren = 2160 Jahren fähig gewesen sind, und dies nicht nur im negativen Sinne, aber die negativen Seiten überwiegen halt. Dabei handelt es sich nur um einen Platonischen Monat. Was könnten wir, wenn wir es richtig anpackten, erst in einem ganzen Platonischen Jahr vollbringen?

Man muss erst mal auf ein Platonisches Jahr kommen, dazu gehört schon etwas mehr als nur simple Mathematik. Die Hochkultur vor der Sintflut war sich dessen wohl bewusst, denn dieses Problem und auch das eines exakten Kalenders hatte sie schon stellvertretend für uns gelöst. An diesem Fakt der Geschichte werden wir wohl nicht vorbeikommen, da können wir tun und lassen, was wir wollen. Vielmehr könnten wir, wenn dies möglich wäre, von ihnen lernen. Dazu müssten wir allerdings anerkennen, dass es sie einst gab! Hinterlassen haben sie jedenfalls einiges, und einiges davon wurde mit Sicherheit schon entdeckt.

Eine provokative Frage sollte hier erlaubt sein: Wo würden wir heute stehen, wenn es die Sintflut nicht gegeben hätte? Was wäre aus der menschlichen Zivilisation geworden, wenn es die gigantischen Kriege, welche in den indischen Epen erwähnt werden, nicht gegeben hätte? Wir wären die Aliens, welche andere Planeten besuchten, und wir würden das Leben weitergeben. Nur leider ist der Mensch auf dem Wege zu einer höheren Entwicklungsstufe sich selbst im Wege.

„Steinbock"

Capricornus entspricht dem zehnten Abschnitt des Tierkreiszeichens, 270°–300° ekliptikaler Länge ab dem Frühlingspunkt. Schon die uns so lieb gewordenen alten Babylonier kannten den Ziegenfisch. Denn für sie und die antike Welt war er eine Ziege, jedenfalls das Vorderteil, das Hinterteil bestand aus einem Fischschwanz. Sein Zeitraum beginnt vor circa 21.500 Jahren. Wir wollen lieber von *Circa*-Jahren sprechen, da die Zeitdauer der Präzession nicht wirklich exakt bekannt ist; sie unterliegt zu vielen Unbekannten.

„Schütze"

Die alten Römer nannten ihn *Sagittarius* und er entspricht dem neunten Abschnitt des Tierkreises von 240°–270°. Auch er war Teil des babylonischen Tierkreises und er erschien dort als „Glanz des Gottes". Auch der Schütze ist wieder ein Mischwesen. Sein Oberteil ist menschlich, mit Pfeil und Bogen in den Händen, sein Unterteil ist ein Pferd. Sein Zeitraum beginnt vor circa 19.350 Jahren. Was hierbei auffällt, ist, dass es schon das zweite Mischwesen ist; irgendwie kommt einem das bekannt vor, zumindest aus Südamerika und aus Babylon sind uns solche Mischwesen bekannt.

„Skorpion"

Scorpius im Lateinischen, entspricht dem achten Teil des Tierkreiszeichen von 210°–240°. Wie kann es anders sein, auch hier haben die alten Babylonier wieder ihre Hand im Spiel, auch wenn sein Ursprung im Unklaren liegt. Seinen letzten Auftritt hatte er vor 17.200 Jahren. Hier befinden wir uns in einer Zeit, wo wir so etwas wie eine Hochkultur überhaupt nicht akzeptieren können.

Es ist dies die Zeit, die wir „Jungpaläolithikum" nennen. Wir haben deren Mitte aber bereits überschritten und nähern uns nun langsam dem Mesolithikum (Mittelsteinzeit). Hier befindet sich die Geburtsstunde der Venus von Willendorf. Der Neandertaler und der Cro-Magnon-Mensch lebten nebeneinander her und begannen die Welt zu verändern, in unserem Verständnis von Zeit. Was aber eine Hochkultur nicht ausschließt, denn sie können ohne Weiteres

nebeneinander existiert haben, so wie es auch heute bei uns
der Fall ist.

„Waage"

Die Griechen übernahmen den „Weg des Mondes" aus dem
altbabylonisch-assyrischen Kulturkreis und nannten es fort-
an „Schere des Skorpions", erst unter den Römern wird es
Libra genannt. Die Waage ist der siebente Teil des Tierkreises
von 180°–210°. Die Waage beginnt ihren Lauf vor 15.050
Jahren. Langsam aber sicher nähern wir uns der Epoche, die
für uns von Interesse ist und zu der auch Belege existieren,
ob anerkannt oder nicht. Dabei spielt es keine Rolle, ob wir
von „Mu" oder „Atlantis" reden, denn es wird beides negiert.

Nach Arthur Posnansky ist hier die Zeitspanne zu vermuten, in der Tiwanaku erbaut worden ist, und die Menschen
am Nil waren mit Sicherheit auch nicht untätig, ganz zu
schweigen von dem, was sich in Indien abspielte.

„Jungfrau"

Die Römer nannten sie *Virgo*, bei den alten Babyloniern
wurde sie „Kornähre" genannt. Erst seit der Antike wird sie
durch eine junge Frau mit einer einzelnen Kornähre dargestellt. Die Jungfrau entspricht dem sechsten Teil des Tierkreises, von 150°–180°. Mit der Jungfrau sind wir fast am
Ziel unserer Reise, denn zu Beginn der Jungfrau schreiben
wir das Jahr 12.900.

Da von einer Hochkultur auszugehen ist – und vermutlich wird es bei Atlantis bleiben –, sind hier auch die Anfänge der berühmten Karte von Piri Reis zu vermuten bzw. zu
finden.

„Ich habe es noch gesehen; es übersteigt alle Worte."

Mit diesem Satz beginnt Herodot seine Beschreibung des Labyrinthes. Wenn er schreibt: *„Das Labyrinth überbietet sogar die Pyramiden"*, dann sollten wir uns fragen, hat er oder hat er nicht? Und Herodot hatte wahrlich keinen Grund, seinen Landsleuten etwas vorzumachen; hinzu kommt, dass er vergleichen konnte. Kein anderer seiner Zeit war so in der ihm bekannten Welt herumgereist und hatte sich ein Bild des Bestehenden gemacht wie Herodot. Da man über das Labyrinth nur von Herodot weiß, es keine Aufzeichnungen der Pharaonen darüber gibt, bleibt nur eine fiktive Zeit weit vor der unseren. Was aber aufhorchen lässt, ist die Tatsache der riesigen Steine, die Herodot vor Staunen in Ehrfurcht versinken und an Tiwanaku denken lassen.

Sehen wir uns einmal den Pazifik an, und schon stoßen wir wieder auf Gigantomanie, und das in einer Form, die Ehrfurcht aufkommen lässt. Es handelt sich um Nan Madol (6°59 Nord und 158°59 West), welches den Eindruck macht, als habe hier jemand im Übermut Streichhölzer übereinandergestapelt, um sich eine festungsartige Stadt zu schaffen; selbst noch unter Wasser geht dieses Spektakel weiter. Nur dass diese Streichhölzer aus Basaltsäulen bestehen, welche halt nur die Ähnlichkeit mit Streichhölzern haben, aber nicht deren Maße und Masse. Im Durchschnitt sind sie 7,5 m lang, im Querschnitt circa 60 Zentimeter, und bringen es im Schnitt auf 5 Tonnen, manche weniger, andere dafür etwas mehr. Frage: Wer verbaut so etwas unter Wasser? Wir reden hier von 20 bis 30 Metern Tiefe. Die verwendeten Basaltsäulen sind hier um einiges größer und dicker.

Kein Südseeinsulaner hat so etwas je gebraucht, nicht in den letzten 10.000 Jahren. Warum es erbaut wurde und für welche Funktion es vorgesehen war, wird sich wohl nie klären lassen, und was seine Erbauer anbelangt, so sind alle

Hinweise auf sie in der Geschichte der Erde verloren gegangen.

„Löwe"

Der Löwe befindet sich im Tierkreis an fünfter Stelle, bei 120°–150°. Von Geburt her ist er ein Alt-Babylonier, nur so zur Erinnerung. Man gewinnt den Eindruck, dass der Tierkreis, so wie wir ihn heute kennen, eine Erfindung der alten Babylonier sei, aber daran darf wohl gezweifelt werden. Sein wahrer Ursprung liegt im Dunkel der Zeit verborgen. Der Beginn des Sternbildes Löwe ist für uns von großem Interesse, denn er beginnt vor 10.750 Jahren. Zu Beginn des Löwen ist die neolithische Revolution in vollem Gange. Die jüngere Dryas setzt vor circa 10.730 ein, in deren Folge eine rasche Abkühlung innerhalb eines Jahrzehnt erfolgt, mit Vergletscherungen in höheren Regionen. Zu dieser Zeit in etwa soll ein Meteorit geringer Dichte über Kanada explodiert sein. Ein Begleiter des Sintflut-Kometen, ja oder nein? Nach dem amerikanischen Hellseher Edgar Cayce ist dies die Zeit, in der die große Pyramide zumindest als Entwurf in Angriff genommen wurde. Der islamische Gelehrte Muhammad al-Makrizi (1364 – 1442) schreibt in seinem Werk *Hitat* Folgendes über die große Pyramide: *„Die Ursache der Erbauung der Pyramide war, dass 300 Jahre vor der Sintflut Saurid folgenden Traum hatte: Die Erde kehrte sich mit ihren Bewohnern um, die Menschen flüchteten in blinder Hast, und die Sterne fielen herab …"* Nachzulesen bei Erdogan Ercivan, *Das Sternentor der Pyramiden*.

In diesem Zusammenhang fast noch wichtiger ist die große Sphinx von Gizeh, denn sie steht für den Löwen. Nachdem der Oriongürtel um das Jahr 10.500 v. Chr. seinen tiefsten Punkt über dem Horizont erreicht hatte, war der Frühlingspunkt so weit verschoben worden, dass er vom Zeichen des Löwen beherrscht wurde. Diesen Ausführungen von Robert Bauval ist nichts weiter hinzuzufügen, wir müssen schon das eine oder andere akzeptieren, auch wenn wir mit Mathematik und deren Zahlen alles und nichts beweisen können.

Das Ganze gibt einer Hochkultur vor der unseren einen realen Hintergrund, auch wenn wir beim Wort „Atlantis" ein Lächeln nur schwer unterdrücken können.

Mit Sicherheit ist dies der Platonische Monat, wo die Sintflut ihren großen Auftritt hatte.

Hier dürfte auch der Baubeginn der riesigen unterirdischen Welt im Südosten Chinas liegen. Sie liegt in der Provinz Anhui unweit von Huangshan. Dieses rätselhafte Labyrinth zwingt einen, das Wort „Gigantismus" völlig neu zu definieren. Wie bei den Alten Ägyptern oder bei Tiwanaku gibt es keine Hinweise auf ihre Erbauer. Diese zu klein geratenen Kavernen bieten alles, was man braucht, um sich vor äußeren Einflüssen zu schützen, und zwar für eine ziemlich große Anzahl von Personen. Luc Bürgin möge mir verzeihen, wenn ich jenes mysteriöses Höhlenlabyrinth der Zeit vor der Sintflut zuordne, denn nach der Flut macht so etwas nicht wirklich Sinn.

Woher das Wissen der Chinesen um den Verchromungsprozess, was versetzte sie in die Lage, Axtkeile aus Korund herzustellen? Wenn man in China suchen würde, würde man finden, aber man sucht nicht, denn man findet auch ohne Suchen, und keiner wird hellhörig!

Aus diesem Grund möchte ich noch kurz Shamballah erwähnen. Dieser mystische Ort wurde bis heute nicht lokalisiert und behält dadurch seinen geheimnisvollen Status. Das Wort stammt aus dem tibetischen Buddhismus und bedeutet „Schutzzone" oder „Stelle neben dem Wasser"; das klingt nach einem Schutzraum für die Elite einer uns unbekannten Hochkultur im asiatischen Kulturraum, obwohl hier nur Mu selbst in Frage kommt.

Der bekannte Forschungsreisende Professor Nicolas Constantine Roerich berichtet in seinem 1928 erschienenen Buch *Herz von Asien* ausführlich darüber. Von ihm sind die erstaunlichen Legenden von „Aghartis", Shangri La" und Shamballah" überliefert, welche ihm von Lamas erzählt wurden, die die Expedition begleiteten. Wenn diese Legenden ein Körnchen Wahrheit enthalten – und was spricht dagegen? –, dann liegt ihr Ursprung in der Zeit vor der Flut, denn nur so lässt sich eine Schutzzone glaubwürdig erklären.

Die Metallblattbibliothek von Ecuador erinnert uns ein wenig an die Kammern des Wissens, welche in der großen Pyramide verborgen sein sollen. Sie wurden mit Sicherheit vor der Flut angelegt, um das bisher Erworbene zu bewahren und wenn möglich nach der Flut wieder benutzen zu können – wohlgemerkt beiderseits des Atlantiks.

„Krebs"

Der Krebs, auch *Cancer* genannt, entspricht dem vierten Teil des Tierkreises bei 90°–120° und ist, wie sollte es anders sein, auch wieder so ein Alt-Babylonier. Sein Erscheinen am Himmelszelt erfolgte vor 8600 Jahren. Es dürfte sich hierbei um jene Epoche der Menschheit handeln, in der man damit beschäftigt war, die Folgen der Sintflut zu überwinden und das Leben als solches wieder lebenswert zu machen, in ihrem Verständnis von „lebenswert".

Ein kleiner Abstecher nach Salisbury in Südengland zu einem der interessantesten Megalithbauten in Nordeuropa, nach Stonehenge. Da wir bei Stonehenge nur von angenommener Datierung sprechen, darf man wohl auch sagen, dass es sich hier um das Abbild eines Kometen handeln könnte, der seine sich ringförmig ausbreitenden Einschlagswogen im Meer erkennen lässt.

Die Höhlenarchitektur in Kappadokien ist sehr vielschichtig, und durch die in den Jahrtausenden vorgenommenen Veränderungen ist es heute schwer bis unmöglich, ihren wahren Ursprung zu finden. Das ausgeklügelte Belüftungssystem und die imponierenden Rollsteine als Türen lassen vermuten, dass es etwas mit der vergifteten Umwelt nach den Impakt zu tun haben könnte; leider wird sich das wohl nie beweisen lassen.

Wir können nicht glauben, dass es vor Urzeiten schon einmal eine technisch hoch stehende menschliche Kultur gegeben hat? Solange wir an dieser unserer Sicht der Dinge nicht wirklich etwas ändern, bleibt uns der Blick in die goldene Vergangenheit verborgen.

„Zwilling"

Auch bei den Gemini handelt es sich um Alt-Babylonier, stehen sie doch an dritter Stelle des Tierkreises von 60°–90°. Bei den Römern war er die II, welche für die Zwillingssterne Castor und Pollux stehen. Die Zwillinge erschienen vor circa 6450 Jahren und dürften die Kinderstube der uns bekannten Hochkulturen in sich bergen. Hier im Sternbild der Zwillinge. Ich gestehe, es ist rein spekulativ, aber es macht Sinn, hier die ersten Anfänge von Chavin de Huantar zu vermuten. Die Erinnerung an die Flut war noch lebendig und man brauchte dringend ein Mittel, um sich von diesem Trauma Flut zu befreien. Ob im Sternbild Zwilling oder doch vielleicht schon im Sternbild des Löwen, wird schwer zu klären sein, ist hier aber nicht weiter wichtig. Wichtig ist vielmehr, dass es in dieser frühen Zeit geplant und umgesetzt wurde.

„Stier"

Der Himmelsstier – *Taurus* – aus dem altsumerischen *Gilgamesch-Epos* nimmt den zweiten Teil des Tierkreises ein, bei 30° - 60°. Vor circa 4.300 Jahren nimmt er den ihm zugedachten Platz am Firmament ein und beeinflusst dabei nachhaltig unsere Geschichte. Wir hätten da zu bieten den minoischen Stierkult auf Kreta, sein bekanntester Vertreter ist ohne jeden Zweifel der mythische Minotaurus. Dann kommt noch der Apis-Stier der Alten Ägypter hinzu, welcher als Verkörperung des Gottes Ptah gilt. Ursprünglich galt er als Fruchtbarkeits-Symbol und schon bewegen wir uns wieder auf spekulativem Terrain, denn die Folgen im Zuge der Sintflut dürften lange nachgewirkt haben. So macht dieses Fruchtbarkeits-Symbol Sinn. Die Alten Ägypter nannten den Stier übrigens *Hep*.

„Widder"

Aries ist ein alter Bekannter aus der Zeit der Babylonier und Erster des Tierkreises von 0°–30°. Aber erst die Griechen führten ihn in den uns bekannten Tierkreis ein. Sein Lebenszyklus begann vor circa 2150 Jahren. Es ist dies ein geschichtsträchtiger Monat in der menschlichen Evolution und wohl einer der am besten dokumentierten überhaupt.

Es ist dies das Zeitalter JHWH, des Gottes der Israeliten im Tanach, der hebräischen Bibel. Jahwe, der Gott des Alten Testamentes, befiehlt Abraham, seinen Sohn zu opfern, doch im letzten Augenblick wird der Junge durch einen Widder ersetzt. Dies alles soll sich 1760 v. Chr. abgespielt haben, natürlich im Sternbild des Widders. Zwei Bedeutungen des Namens *Abraham* sind in diesen Zusammenhang interessant: „Vater der vielen Völker" und „Vater des Glaubens".

Gut circa 240 Jahre früher wurden in Ägypten die Bauarbeiten am Hauptheiligtum des Amun begonnen, dem Tempel von Karnak, mit der Widder-Sphinxen-Allee.

Im Sternbild des Widders tauchen auch zum ersten Mal um 1500 die Olmeken auf. Man nennt sie „die Leute aus dem Kautschukland", siehe auch La-Venta-Kultur. Ethnisch lassen sie sich keiner Kultur zuordnen. Die Olmeken waren auch die Ersten, die die Region um den Monte Alban besiedelten, dies soll sich um 800 – 300 v. Chr. zugetragen haben.

Zur gleichen Zeit machen auch die Aymara auf sich aufmerksam, denn sie erscheinen um circa 1580 v. Chr. auf dem Altiplano, durchschnittliche Höhe 3600 m.

Dass Tiwanaku ihre Hauptstadt gewesen sein soll, darf ruhig in Frage gestellt werden, denn wenn es so wäre, wäre dies noch krasser als bei den Pyramiden von Gizeh.

„Fische"

Wir haben nun ein Platonisches Jahr vollendet, und das astronomische Zeitalter in Form der Fische als Platonischer Monat beginnt. Jesus Christus wird geboren und mit ihm hält das Christentum Einzug in die menschliche Geschichte, mit allen negativen wie positiven Errungenschaften.

In Mittelamerika machen die Zapoteken auf sich aufmerksam. Sie folgen den Olmeken in direkter Linie und gründen auf dem Monte Alban in 2000 m Höhe ihr kulturelles Zentrum. Ihren kulturellen Höhepunkt erreichen sie um das 5. bis 6. Jahrhundert. Der Monte Alban bewahrt bis heute das gewaltige Vermächtnis eines der großen Völker Mesoamerikas!

Der Höhepunkt der menschlichen Entwicklung in diesem Sternbild war die bis heute umstrittene Mondlandung, aber wir haben es trotz aller Polemik verstanden, den Widrigkeiten des Universums Paroli zu bieten und das Tor zum Universum eine Winzigkeit so zu bewegen, dass uns ein kleiner Blick in seine Weiten gelungen ist. Wie viel weiter waren sie in der Zeit vor der Flut?

Astronomen mögen mir meine oberflächliche Rechnerei nachsehen, sie dient hier nur als Gehhilfe auf der Suche nach den möglichen Wurzeln unserer Zivilisation und einer Hochkultur vor der unseren, mit der wir uns nicht abfinden können.

Zu den letzten 2000 Jahren braucht hier nichts weiter gesagt zu werden, denn diesen Teil der Geschichte kennen wir mehr oder weniger gut.

Quantenphilosophischer Epilog

„Die Quantentheorie ist so ein wunderbares Beispiel dafür, dass man einen Sachverhalt in völliger Klarheit verstanden haben kann und gleichzeitig doch weiß, dass man nur in Bildern und Gleichnissen von ihn reden kann."
Werner Heisenberg, *Physik und Philosophie*

Auch wenn uns der Gedanke nicht gefällt, müssen wir wohl oder übel akzeptieren, dass uns die frühen Hochkulturen spirituell weit voraus waren und sie durch die Spiritualität zu den Erkenntnissen gelangten, derer sie bedurften, um ihre Kultur zu dem zu machen, was uns nur in Fragmenten erhalten geblieben ist. Dies zu akzeptieren sind wir leider nicht bereit und unsere Erziehung lässt dies schon gar nicht zu, denn wir haben es verstanden, unser geistiges Ich, unsere natürliche Spiritualität dem Zeitgeist der Wissenschaft zu opfern. Somit besteht keine wirkliche Verbindung mehr zu unseren ureigensten Wurzeln, selbst der Weg dahin ist der Vergessenheit anheimgefallen, und unsere Wissenschaft tut sich schwer mit quantenphilosophischen Erkenntnissen. Ohne die Erkenntnisse der Spiritualität wird es uns nicht möglich sein, die nächsthöhere Stufe der menschlichen Entwicklung zu erreichen, denn das Leben selbst ist vielfältiger, bunter und geheimnisvoller, als wir bereit sind, ihm zuzugestehen. Wir haben noch einen weiten Weg zurückzulegen, und keiner von uns weiß, wo er uns Menschen hinführen wird.

Wie steht schon zu Recht im Thomasevangelium geschrieben: *„Erkenne das, was dir vor Augen liegt, und das, was vor dir verborgen ist, dies wird dir enthüllt werden. Denn es gibt*

Nachdem die Naturwissenschaften durch die Quantentheorie bereichert wurden und Professor Heisenberg die Quantenphilosophie für unsere Zivilisation wiederentdeckte, gab er uns damit ein Instrumentarium an die Hand, mit dem es möglich sein sollte, auch in der Archäologie den Staub der Jahrtausende nach und nach zu entfernen. In einer hoffentlich nicht allzu fernen Zukunft wird die Archäologie wohl oder übel auf die Erkenntnisse der Quantenphilosophie zurückgreifen müssen, um zu den Erkenntnissen zu gelangen, denen sie sich jetzt noch so eifrig widersetzt.

Sie ist heute schon in Erklärungsnöten und trotzdem wird weitergemacht, koste es, was es wolle. Was der Archäologie fehlt, ist ein neuer Schliemann, der die orthodoxen Denkstrukturen außen vor lässt und ungezwungen neue Wege bestreitet.

Der schlafende Prophet Edgar Cayce gilt heute als das begabteste Medium der Neuzeit und seine *Readings* bestätigen dies ja zur Genüge. Wir brauchen hier nicht noch einmal auf sie einzugehen, man kann sie in einer Vielzahl von Veröffentlichungen nachlesen. Die Quantenphilosophie hilft uns zu verstehen, dass sie logisch sind und keine Fantasieprodukte. Dies zeigt uns aber auch, dass sich Menschen unbewusst mit quantenphilosophischen Problemen auseinandersetzen, ohne überhaupt je etwas von der Quantentheorie gehört zu haben. Was nur den einen Schluss zulässt, dass da etwas in unserem Unterbewusstsein am Werke ist, von dem wir glaubten, wir hätten es dank der modernen Wissenschaft überwunden. Zum Glück müssen wir aber anerkennen, dass es dies noch bei den heute lebenden Naturvölkern gibt und diese sich an diese ungeschriebenen Gesetze unbewusst halten. Aber auch hier müssen wir leider zur Kenntnis nehmen, dass diese Entwicklung rückläufig ist, denn die Jungen wollen von den Alten nichts annehmen, und so wird auch hier ein Verlust an spirituellem Wissen stattfinden, welcher irreparabel sein wird. Irgendwann in nicht allzu ferner Zukunft werden wir feststellen, dass uns da etwas verloren gegangen ist, und wir werden es unter Schmerzen und Leid wieder erfinden müssen, denn es gehört zu den ureigensten Bedürfnissen der Menschheit. Auch wenn wir es konsequent leugnen, wir unterliegen trotz allem den uns unbekannten kosmischen Gesetzen.

Wir versuchen krampfhaft die Megalith-Kultur zu erklären und finden keine Erklärung, denn mit unserem Verständnis von Wissenschaft lassen sich diese Bauwerke nicht erklären. Geht man das Problem von der Quantentheorie her an, dann ergibt das Ganze einen Sinn und es wird möglich, einen Weg aus der Finsternis zu finden.

Eine Textstelle aus dem *Buch des Rates* lässt unweigerlich an die Quantenphilosophie denken: *„Die wussten Kriege voraus, offenbart wurde es ihnen, alles wussten sie. Ob Krieg, Hunger, Zerwürfnis bevorstand – sie wussten es gewiss."* Nicht von ungefähr wird es auch als „Buch der Prophezeiungen" bezeichnet, und das ist genau die Stelle, die uns wieder zur Quantenphilosophie zurückbringt. Wir sollten uns fragen: Woher hatten die alten Kulturen ihren hohen Kenntnisstand und woher kommt dieses besondere Wissen, über das sie ohne jeden Zweifel verfügten? Dieses besondere Wissen geht doch wohl weiter, als wir wahrhaben wollen, und es betrifft nicht nur die Astronomie, die Architektur und das Kalenderwesen, hier wird es nur am deutlichsten sichtbar.

Unter Berücksichtigung der Quantentheorie wird aus Hermes Trismegistos, dem „Dreimal Weisen", eine real existierende Person und seine *Tabula Smaragdina* zum ersten universellen Nachschlagewerk über angewandte Quantenmechanik und Philosophie. Wie sagte doch einst eine unserer großen Geistesgrößen; *„Es ist alles schon einmal gedacht worden."*

Wir dürfen wohl zu Recht davon ausgehen, dass die uns bekannten antiken Bibliotheken die Heimstätte von Pistis Sophia waren. Glaube und Weisheit ist jene unlösbare Verbindung, welche es erlaubt, sich der absoluten Erkenntnis zu nähern. Frühere Generationen verstanden darunter das Licht der Erkenntnis bzw. die Erkenntnis Gottes. Allein, das Wort Gottes verbietet es unserer Logik, sich weiter mit diesem Thema zu beschäftigen. Unsere missverstandenen Vorfahren lebten aber anscheinend danach und sind so zu Erkenntnissen gelangt, die es ihnen erlaubten, Dinge zu tun, die sich uns nicht erschließen. Mit Logik sollten wir uns Pistis Sophia nicht nähern, der bessere Weg sind Bilder und Gleichnisse, um zum Licht der Erkenntnis zu gelangen.

Damit bestätigt sich wieder, in jedem Fortschritt liegt auch schon dessen Ende bereit, und aus dieser Konstellation können selbst wir uns nicht befreien, denn auch wir unterliegen den allgemein gültigen universellen Gesetzen.

Die indischen Epen weisen schon sehr früh darauf hin, nur wurden sie bis jetzt noch nie unter diesem Gesichtspunkt betrachtet. Die technische Beschreibung der Vimanas sind so detailgenau, dass es nach irdischen Flugmaschinen klingt, von Alien-Flugvehikeln sind kaum solche Details möglich. Und wie sollten die damaligen Erdbewohner sie fliegen? Ein wenig technisches Verständnis wäre sicherlich von Vorteil gewesen; ob dies so einfach möglich war, sei dahingestellt. Man vermutet wohl zu Recht, dass die vedischen Schriften prähistorischen Ursprungs sind, denn wo sollten die alten Indern, bei allem Respekt ihrer Kultur gegenüber, das Wissen um die Lichtgeschwindigkeit herhaben? Wie können wohl zu Recht ausschließen, dass sie durch Zufall darauf gekommen sind, denn das wäre etwas zu viel Zufall. Hier in den indischen

Veden wird die Lichtgeschwindigkeit exakt mit 2 x 18² höher als die Geschwindigkeit der Sonne angegeben, und dies denkt man sich nicht aus, dazu bedarf es etwas mehr; dieses „mehr" dürfte in der Zeit vor der Sintflut zu suchen sein.

Wir sollten uns einmal die Zeit nehmen und unsere Vergangenheit nach uns selbst durchforsten und wir sollten den Aliens die Zeit einräumen, die sie brauchen, um hier bei uns zu erscheinen; auch für sie ist ein Lichtjahr dasselbe wie für uns.

Wir glauben den großen Historikern nur dann, wenn es uns nützt. Passen ihre Berichte nicht zu unserem gerade vorherrschenden Weltbild, dann haben sie sich eben geirrt oder sie haben übertrieben, im schlimmsten Fall haben sie eben an der bewussten Stelle gelogen, denn wer weiß schon, wozu sie irgendwann noch gut sind? Da wir es nicht besser wissen, sollten wir der Fairness halber davon ausgehen, dass unsere großen Historiker der Antike ihr Wissen korrekt an die Nachwelt weitergaben. Wir wissen, der Mensch hat in seiner Geschichte immer versucht, sie sich passend zu machen, damit der, welcher den Auftrag dazu gab, im richtigen Licht der Zeit erschien. Unsere Epoche ist leider diejenige, die sich die Geschichte so zurechtzimmerte, dass es schon wieder weh tut; aber dies tun wir dann wenigstens mit einer beängstigenden Perfektion. Sollte die Menschheit die Kurve kriegen und zu sich selbst zurückfinden, dann wird man die Geschichte, in der wir zurzeit aktiv sind, neu schreiben müssen!

In allen Epochen der Menschheit gab es immer wieder vereinzelte Personen, die sich durch ihr Wissen von der grauen Masse abhoben. Sie verließen die zu ihrer Zeit bekannten Pfade, beschritten völlig neue Wege und beeinflussten so die Entwicklungsgeschichte der Menschheit nachhaltig, mitunter erst Jahrhunderte später. Sie waren ihrer Zeit so weit voraus, dass sie zu ihren Lebzeiten als Exoten galten, denn ihre Zeitgenossen konnten ihnen, selbst wenn sie gewollt hätten, nicht folgen, sodass es oft Generationen bedurfte, bis ihr Wissen Früchte trug. Man gewinnt den Eindruck, dass unsere Zivilisation sich bewusst für den steinigen Weg entschieden hat, aber wir tun dies in dem Glauben, dass unsere gewählten Volksvertreter schon wissen, was für das Fußvolk richtig und wichtig ist. Alle wissen, dass es nicht der richtige Weg sein kann, aber aus Gehorsamkeit der politischen Elite gegenüber machen alle erst mal mit, in der Hoffnung, dass man sich später nicht wundern muss.

Zum Schluss noch eine Bemerkung von Friedrich Schiller, welcher unbewusst eine Brücke zwischen den Kontinenten errichtete. Denn man könnte glauben, dass er um die steinernen Zeugen in Ägypten und Südamerika wusste:

„Ich bin alles, was ist, was gewesen ist und was sein wird. Kein sterblicher Mensch hat meinen Schleier aufgehoben.“
Friedrich Schiller, *Vom Erhabenen* (1793)

Im Heiligtum der Isis steht geschrieben: *„Ich bin das All, das gewesen ist, das ist und das sein wird; noch nie hat ein Sterblicher meinen Schleier aufgedeckt.“*

Dabei soll es sich um ein Gedicht von Plutarch handeln, welches Schiller als Quelle heranzog, und er tat gut daran.

Was uns Schiller wahrscheinlich mitteilen möchte, ist, dass ein gewisser Grad an Bildung notwendig ist, um die tiefere Wahrheiten zu erkennen und sie als solche anzunehmen. Was unsere geistige und sittliche Entwicklung anbelangt, so sollten wir innehalten, um sie nicht ungestraft zu überspringen, denn hierin liegt mit Sicherheit unsere größte Schwäche.

Das Wissen, das die Alten verschleierten, war somit Wissen, das nicht für die Masse gedacht war, sondern für einen kleinen elitären Kreis, der diesem Wissen angeblich gewachsen war und mit ihm umzugehen wusste. Dieses Wissen muss so mächtig gewesen sein, dass es die absolute Macht beinhaltete, und wer von uns kann schon sagen, dass er mit so viel Macht umzugehen weiß! Diese Fülle an Macht kann nicht gut sein, zumal wenn sie von wenigen Einzelnen beansprucht wird, denn dies ist eine direkte Aufforderung zum Missbrauch, welcher dann auch nachgegeben wird. Da die Verantwortung so groß ist, reden uns die gewählten Volksvertreter ein, dass es das Volk nicht verstehe und froh sein soll, dass es so ist, wie es ist, und dass sie, die armen Volksvertreter, sich für das Volk aufopfern. Der Volksentscheid mag da als Beispiel genügen, denn vor der Entscheidung des Volkes hat man Angst.

„Das verschleierte Bild zu Sais und *El Lanzo"* hat in der Antike nie ein Mensch gesehen, es war und blieb den Priestern vorbehalten, und beide verkörpern sie das Gleiche: die Natur in ihrer wahren Ursprünglichkeit und die daraus resultierende Verantwortung zukünftigen Generationen gegenüber.

Wir, die da glauben, zivilisiert zu sein, haben die Kontinente überschreitende Symbolik weder geahnt, gesehen noch verstanden, und so bleibt unsere rätselhafte, unverstandene Frühgeschichte auch weiterhin ein mysteriöses, geheimnisumwittertes Sammelsurium von Thesen allerlei Art, welche noch Generationen von Menschen beschäftigen werden. Nur zu einen Ende wird man nicht gelangen, denn je näher wir kommen sollten, umso weiter entfernt es sich von uns.

Eine profundere Kenntnis der vorgeschichtlichen Bewohner von Chavin de Huantar, und wir könnten uns die ganzen Spekulationen sparen. Was hier notwendig ist, sind neue Gedanken und Ideen, die sich ohne den derzeitigen Einfluss des bestehenden Dogmas frei entfalten können. Zurzeit gibt es für Quereinsteiger leider nur diesen lausigen Ausblick – er kann nichts gewinnen, auch ein Unentschieden ist nicht möglich, und ab diesem Punkt ist ein Ausscheiden aus dem Spiel auch nicht mehr möglich und man wird zwischen den Fronten geopfert.

Sollten wir eines Tages unsere jetzigen Ansichten über Spiritualität überdenken und in ihr das sehen, was unsere Vorfahren in einer uns unbekannten Vergangenheit lebten, vielleicht sind wir dann bereit, unseren Vorfahren das zuzugestehen, was sie von ihren Nachfahren hätten erwarten dürften. Denn sie verstanden darunter etwas anderes, was sich mit unserer Ansicht über Spiritualität in keinster Weise auch nur annähernd erklären lässt. Wir neigen nun einmal zum Glauben, man muss uns nur lange genug etwas einreden, selbst wenn es wissentlich falsch ist, ab einem gewissen Punkt glauben wir es einfach, wohlwissend, dass es nicht richtig sein kann! Wissen im tatsächlichen Sinne von Wissen muss etwas anderes sein. Frage: Kann es sein, dass wir genau davor Angst haben?

Die Geschichte der Menschheit ist vielgestaltig und ihr Wert liegt in der Vielfalt der Kleinigkeiten, die von uns nicht immer mit der nötigen Sorgfalt betrachtet werden. Es ist ein dem Menschen innewohnender Impuls, der es uns nicht erlaubt, die Geschichte als das zu sehen, was sie in Wirklichkeit ist. Geschichte ist in der Lage, sich als lange Kette von Verbesserungen darzustellen, und gleichzeitig kann sie sich in komplizierten Phasen rückwärts entwickeln; nur wird dies dann den Massen immer noch als Fortschritt verkauft – mit einem Wort: Wir sind das Ziel. Das ist zwar schmeichelhaft für uns, hilft aber nicht wirklich weiter bei der Problemlösung, Transparenz in die Frühgeschichte zu bringen.

Literaturverzeichnis

Und die Sintflut gab es doch; Alexander und Edith Tollmann Buchgemeinschaft Donauland, Kremayr & Scheriau, Wien

Tränen der Götter, Die Prophezeiung der 13 Kristallschädel; Chris Morton, Ceri Louise Thomas, Scherz Verlag

Verbotene Archäologie, Die verborgene Geschichte der menschlichen Rasse; Michael A. Cremo, Richard L. Thompson, Kopp Verlag

Knaurs Lexikon der Mythologie, Gerhard J. Bellinger

Die Versunkene Stadt Z; David Grann, Kiepenheuer & Witsch

Bericht aus Yucatan; Diego de Landa, Reclam Verlag Leipzig 1990

Popol Vuh, Das Buch des Rates; Eugen Diederichs Verlag, Düsseldorf, Neuauflage 1978

Die EDDA, Marixverlag, 2004

Mythos und Philosophie im alten Amerika,
Prof. Dr. Habil. Heinz Krumpel, Peter Lang – Internationaler Verlag der Wissenschaft 2010

Auf den Königstrassen der Inkas, Pedro de Cieza de Leon, Steingrüben Verlag Stuttgart, 1971

Mythen der Inka; Gary Urton, Philipp Reclam jun. Stuttgart 2002

Tayos Gold; Stan Hall, Kopp Verlag

Atlantis und Lemuria; Heinrich Kruparz, Weishaupt Verlag 2009

21. Dezember 2012; Adrian Gilbert, Kopp Verlag 2009

Der Schlüssel der Sphinx, Robert Bauval, Graham Hancock, Kopp Verlag 2008

Das Geheimnis des Orion; Robert Bauval, Adrian Gilbert, Bertelsmann Club GmbH, Gütersloh

Die Prophezeiung der Maya, Adrian Gilbert, Maurice Cotterell, Econ Verlag 2000

Geheimsache Zukunft, Viktor Farkas, Michaels Verlag 10/2004

Chinas mysteriöses Höhlenlabyrinth; Luc Bürgin, Kopp Verlag 2013

Lexikon der Verbotenen Archäologie; Luc Bürgin, Kopp Verlag 2010

Im Labyrinth des Unerklärlichen; Klaus Dona, Reinhard Habeck, Kopp Verlag 2004

Das Sternentor der Pyramiden; Erdogan Ercivan, bettendorf´sche verlagsanstalt 2001

Verbotene Ägyptologie; Erdogan Ercivan, Kopp Verlag 2004

Die Stargate-Verschwörung; Andreas von Rétyi, Kopp Verlag 2002

Der Dresdener Maya-Kalender; Nikolai Grube, Verlag Herder GmbH 2012

Timaios – Kritias; Platon, Insel Verlag Taschenbuch 1991

Botschaften und Zeichen aus dem Universum; Erich von Däniken, Goldmann Verlag 1996

Erinnerungen an Atlantis; Roland M. Horn, Bohmeier Verlag 2001

Das verschollene Wissen der Vorzeit; Glenn Kreisberg (Hrsg.), Kopp Verlag 2011

Das Geheimnis der Osterinsel; Jean Prachan, Verlag Fritz Molden1982

Das Gilgamesch-Epos; Walther Sallaberger, Verlag C.H. Beck 2008

Quanten-Philosophie und Spiritualität, Ulrich Warnke, Scorpio

Die Verbotenen Evangelien / Apokryphe Schriften, Katharina Ceming, Jürgen Werlitz – marixverlag

Wurde Amerika in der Antike entdeckt? Hans Gifhorn Verlag, C. H. Beck oHG, München 2013

ATLANTIS – Der Ursprung der Zivilisation
Joscelyn Godwin; Aquamarin Verlag / 1. Auflage 2014
Daten zu Apophis siehe unter Wikipedia

Bill Bryson, Eine kurze Geschichte von fast allem, Goldmann Verlag